民國歷史與文化研究

初 編

第 10 冊

在政治與學術之間：
錢端升思想研究（1900～1949）（下）

潘惠祥 著

花木蘭文化出版社

國家圖書館出版品預行編目資料

在政治與學術之間：錢端升思想研究（1900～1949）（下）／
潘惠祥 著 — 初版 — 新北市：花木蘭文化出版社，2015〔民
104〕

目 6+260 面；19×26 公分

（民國歷史與文化研究 初編：第 10 冊）

ISBN 978-986-404-146-6（精裝）

1. 錢端升 2. 學術思想 3. 政治思想

628.08   103027661

民國歷史與文化研究
初 編 第 十 冊   ISBN：978-986-404-146-6

在政治與學術之間：
錢端升思想研究（1900～1949）（下）

作　　者　潘惠祥
總 編 輯　杜潔祥
副總編輯　楊嘉樂
編　　輯　許郁翎
出　　版　花木蘭文化出版社
社　　長　高小娟
聯絡地址　235 新北市中和區中安街七二號十三樓
　　　　　電話：02-2923-1455／傳眞：02-2923-1452
網　　址　http://www.huamulan.tw 信箱 hml810518@gmail.com
印　　刷　普羅文化出版廣告事業
初　　版　2015 年 3 月
定　　價　初編 32 冊（精裝）台幣 56,000 元

在政治與學術之間：

錢端升思想研究（1900～1949）（下）

潘惠祥　著

目次

第六章　書生報國（下）：參與戰時外交
（1937～1945）

第一節　國聯同志會與《今日評論》時期

一、注重國際宣傳

　　錢端升雖於 1936 年出任國際聯盟同志會（下簡稱「國聯同志會」）理事，但他對國際聯盟的關注，最早可追溯到他剛回國後不久。在《晨報》上，他發表了兩篇文章：《莫索爾問題》（1925 年）和《國際法庭》（1926 年）。此二文與他在 20 代北平學術界聲名鵲起和奠定作為國際問題專家的地位有一定的關聯。

　　《莫索爾問題》即伊拉克問題。它是我國近現代史上較早研究伊拉克問題的文獻之一。在此文中，錢端升將當時英國政府如何通過戰爭手段和條約體系，及利用威爾遜的民族自決原則，假借莫索爾地方民意等各種手段，來豪取巧奪伊拉克的石油資源過程，並將英國在土耳其強烈反對之下，最後訴諸國際法庭，弄得進退兩難的窘境刻劃得淋漓盡致。[註1] 錢端升此文雖短小精悍，不到五千字（文言文體），但它將伊拉克問題的來龍去脈十分清晰地呈現在當時國人眼前。即以今日眼光看之，它的學術價值並未因時光流逝有所減損。若能細心一讀此文，則民國時期英國對中國西藏的覬覦和當代美國的

〔註1〕　錢端升：《莫索爾問題》，《晨報副鐫·社會周刊》，第 12 期，1925 年 12 月 25 日。

伊拉克政策，亦可思過半矣。

《國際法庭》主要爲介紹性質。全文分三部分：一、由來；二、權限；三、優劣評述。對於國際法庭，錢端升的評價是頗高的。他說：「若是沒有這個不偏不倚，不激不徐的國際法庭。各國對於國際聯盟的信用還要小」。〔註2〕錢端升的看法並不孤立。時昭瀛在《東方雜誌》上肯定國聯的功績時，也以國際常設法庭爲其機構效能最大者。〔註3〕

此外，1928 年 5 月發生的「濟南慘案」，也對錢端升對國際輿論的重視產生了深遠的影響。「濟案」發生後，《現代評論》同人提出將日本的暴行提交國際聯盟決斷。不幸的是，當時中國正處於南北政府交替時期。5 月 12 日，錢端升發表《應付濟南事變的方針》一文，建議國民政府聯絡美英法三國。儘管當時國民政府尚未加入國聯，但他建議：「儘可根據《聯盟盟約》，要求聯盟秘書長召集理事會會議，採取防止日軍暴行之必要手段（按：重點爲原文所有）」。〔註4〕一個星期後，署名「純」的《現代評論》同人和周鯁生也發表類似意見。〔註5〕

更不幸的是，當時國民政府對外宣傳機關不健全。錢端升指出，「國民黨及國民政府，在廣州時代，尚有一個西字日報，同時並在北京辦有一個西字日報；在武漢時代，也有一個西字日報，並有一個西字電信通信社。南京政府成立後，既無西字電信通信社，亦無任何西字報紙。數月以前，本刊即竭力主張恢復這一類的宣傳機關，而擴大其規模。無論外交當局或黨部，始終不甚注意及此。現在日本以暴力相加，……所以我們鄭重主張，中央黨部應……辦一兩種完善的西字報紙，辦一個偉大的西字報通信社（按：重點爲原文所有）。……這是我們對於應付濟南事變之首要的主張。切盼主持黨國大計者勿再忽視」。〔註6〕

〔註2〕 錢端升：《國際法庭》，《晨報副鐫》，第 52 號（本刊國際周刊第 15 號），1926年 1 月 22 日。

〔註3〕 時昭瀛：《改造國聯之途徑》，《東方雜誌》，第 33 卷第 16 號，1936 年 11 月 1日，第 34 頁。

〔註4〕 錢端升（山木）：《應付濟南事變的方針》，《現代評論》，第 7 卷第 179 期，1928年 5 月 12 日，第 2～4 頁。

〔註5〕 純：《今日對日的方略》（時事短評），《現代評論》，第 7 卷第 180 期，1928年 5 月 19 日，第 1 頁。周鯁生：《山東事件（一）》，《現代評論》，第 7 卷第181 期，1928 年 5 月 26 日，第 5～6 頁。

〔註6〕 錢端升（山木）：《應付濟南事變的方針》，《現代評論》，第 7 卷第 179 期，1928

　　錢端升此一建議，應該說，影響國民政府外交宣傳甚巨。上述主張後被蔡元培、譚延闓聯名向國民黨第二屆五中全會提交的《關於外交問題提案》所吸收。〔註7〕出於對國際輿論的重視，錢端升在 20 年代擔任國民黨中央宣傳部國際組編纂、〔註8〕1934 年出任《益世報》主筆、1936 年加入國聯同志會。在抗戰期間，更是大力進行國民外交和國際宣傳。

　　1928 年的「濟南慘案」教訓是深刻的，日本政府顛倒是非，中國外交陷入國際孤立的地步。後國民政府痛定思痛，在朱家驊的帶領下，重建了國聯同志會。1937 年「蘆溝橋事變」發生後，7 月 22 日，中國國聯同志會，致電日內瓦國聯同志會世界總會、各國分會告知「蘆溝橋事變」之經過，敦促各國政府制裁日本，以維正義而保和平，在輿論上贏得了主動權。《全面抗戰與國民外交》一書指出，「自蘆溝橋事變後，我們的民眾團體首先展開對外民眾宣傳活動的，就是中國國際聯盟同志會」。〔註9〕國聯同志會的重要性由此可見一二。

二、國聯同志會的再興

　　1919 年 1 月 18 日，巴黎和會召開。25 日，美國總統威爾遜提出國際聯盟案。1920 年 1 月 10 日，《凡爾賽條約》正式生效，國際聯盟同時宣佈成立。

〔註7〕　年 5 月 12 日，第 3 頁。

《關於外交問題提案》國際宣傳部分內容如下：「本黨國際宣傳工作，邇來有日就衰歇之趨向。本黨在廣州時代，尚有一西字日報及一西字通訊社；同時在北平有一西字日報。在武漢時代亦有一西字日報及一西字通訊社。自中央遷寧後，西字日報迄未舉辦，而西字通訊社亦只於外交部例行文件之宣傳而已。濟案發生，日人譸張爲幻，向國際間作擴大之宣傳，而我國因工具之缺乏，宣傳上遂大受障礙」。與錢端升所言基本一致。據錢端升曾爲蔡元培先生撰寫《大學院公報》發刊詞推論，提案或有可能出自錢端升手筆。蔡元培、譚延闓：《關於外交問題提案》（1928 年 8 月 2 日），高平叔編：《蔡元培全集（1925～1930）》，第 5 卷，北京：中華書局，1988 年 8 月，第 274 頁。原載《國民日報》，1928 年 8 月 10 日。高平叔撰著：《蔡元培先生年譜長編》，第 3 卷，北京：人民教育出版社，1999 年 3 月，第 271 頁。

〔註8〕　徐友春主編、王卓豐等編撰：《民國人物大辭典》，河北人民出版社，1991 年 5 月，第 1533 頁。在錢端升的遺稿中，有一由國民黨宣傳部（Nationalist Publicity Bureau）出版、共 25 頁的英文小冊子──《上海問題及其他相關問題》（「The Problems of Shanghai and Other Related Questions」）。據內文來看，應爲 20 年代作品。上有錢端升修改的痕跡，應爲他任職國際組編纂期間負責的工作之一。按：該小冊子出版年月、地點不詳。錢大都先生提供。

〔註9〕　尹衍：《全面抗戰與國民外交》，中山文化教育館，1938 年 2 月，第 18 頁。

爲響應威爾遜的號召，國內紛紛成立各種支持團體，其中以國際聯盟同志會最有影響力。對於這個甚有影響力的民間團體，本文意外發現，目前學界的研究幾乎空白一片。〔註10〕

　　就錢端升參加國聯同志會的貢獻而言，主要有二：一爲擔任理事，參與各種會務建設；一爲國際輿論宣傳。在朱家驊和錢端升等理事們的努力下，國聯同志會再次在 1936 年浴火重生。由於國聯同志會的理事們，均爲當時黨政學三界津要聞人，因此在國際輿論宣傳上，頗得到國外輿論的信任和支持，尤其是英國國聯同志會在輿論上的大力支持。限於張伯倫政府的綏靖政策，國聯同志會的國聯路線大受打擊，亦因此埋下了 1942 年中英衝突的根源。

　　國聯同志會的發展大致可分爲三個時期。第一個時期爲 1919～1925 年，此時期爲國聯同志會發展的黃金時期。〔註11〕第二個時期爲 1926～1935 年，會長爲熊希齡。北伐前後，北方政局瀕臨破產，形勢動蕩不安，影響力銳減。〔註12〕第三個時期爲國聯同志會的復興時期。從 1936 年朱家驊出任會長直至 1963 年逝世爲止，可再分爲三個時期：一、國聯同志會時期（1936～1944）；二、聯合國同志會時期（1945～1949）、三、國民黨政府撤至臺灣後（1950～1963）。

　　國聯同志會自從朱家驊出任會長後，不但會務大有改善，會刊也大加整頓，國聯同志會進入另一個黃金發展時期。儘管影響力在當時國際形勢下有所局限，但國際輿論宣傳仍爲當時英美外交一個重要手段。以英國爲例，據丘吉爾回憶，當時英國首相鮑爾溫（1935～1937）採取了一個「新奇的權宜措施」，他任命艾登爲國際聯盟事務大臣，在外交部辦公，地位與外交大臣相等，並有審閱一切文件及指揮部內人員之權。〔註13〕國際宣傳的重要性，還可從 1936 年的中澳關係看出。當時，澳洲國際關係研究會爲促進邦交起見，特派亞洲組主任郭瑞（W. M. Gray）訪華。國聯同志會於 12 月 17 日接

〔註10〕　本文在「中國期刊網」和「萬方」全文數據庫中，分別用「國際聯盟同志會」、「國聯同志會」和「聯合國同志會」作爲「主題」及「關鍵詞」搜尋，均爲「零」。搜尋日期：2011 年 8 月 19 日、2012 年 5 月 27 日。

〔註11〕　《中國國際聯盟同志會復興緣起》，《中國國際聯盟同志會月刊》，創刊號，1936 年 5 月 15 日，第 95～96 頁。下簡稱《國聯同志會月刊》。

〔註12〕　《中國國際聯盟同志會復興緣起》，《國聯同志會月刊》，創刊號，1936 年 5 月 15 日，第 96 頁。

〔註13〕　〔英〕邱吉爾著、吳澤談譯：《第二次大戰回憶錄》，第 1 冊，商務印書館，1948 年 7 月，第 99 頁。

待之。在會上，郭瑞說：「中國因缺乏國際宣傳，故大部分澳洲人民心目中之中國，尚係幾十年前之中國……直至此次來華始發現種種方面有驚人之進步」。〔註14〕

朱家驊出任會長後，除將名稱加上「中國」二字外，宗旨和組織基本上無甚大改變。

1919年成立時的章程（宗旨）〔註15〕	1933年修訂後的章程（宗旨）〔註16〕
第一條　本會定名為國際聯盟同志會。 第二條　本會以主張國際聯盟及援助其實行促進其發展為宗旨。 第三條　本會事務為左列三項 （一）研究國際聯盟各種問題及其他問題與國際聯盟有關係者 （二）講演或刊布中外文字以鼓吹國際聯盟之主張 （三）與他國同類之團體互通聲氣提攜進行	第一條　本會定名為中國國際聯盟同志會。 第二條　本會以擁護國聯，促進國際合作及各民族間相互之瞭解為宗旨。 第三條　本會工作範圍如下： （一）研究及探討國聯與世界政治、經濟及文化諸有關問題，務使國人明瞭世界大勢及中國民族之地位。 （二）聯絡世界各國之國聯同志會，並與其他性質相同之團體提攜合作。 （三）刊行中西文雜誌及叢書。 （四）舉行定期演講。

1936年3月27日，熊希齡呈辭會長一職，出任名譽會長，由朱家驊繼任。朱家驊接手後，立即在三個月內召集了十次理事會，主要為重選理事會、修訂會章宗旨和理事會規則等。1936年5月的《中國國際聯盟同志會月刊》（下簡稱《國聯同志會月刊》）創刊號，只記載了第八次理事會以後概況。從這次理事會記載「加推……陳立夫先生等十五人為理事」來看，錢端升參加理事會（名單見下）應在此之前。這次加推人數眾多，官方色彩日顯濃厚。

除選舉理事和修訂會章、理事會規則之外，還重新整頓會刊，將季刊（實際上不定期）改為月刊。1936年4月2日，編輯主任召集編輯工作審查會議，決定發刊三種刊物：（一）月刊（中文）；（二）季刊（英文）及（三）專刊（各國文字）。〔註17〕9月24日，國聯同志會召開理事會，出席者有：程錫庚、陳

〔註14〕　《國聯同志會招待澳洲代表》，《中央日報》，1936年12月18日，第7版。
〔註15〕　《國際聯盟同志會之成立·章程》（國內事情），《時事旬刊》，第1卷第4期，1919年3月1日，第49頁。
〔註16〕　《中國國際聯盟同志會章程》（1936年3月3日修正通過），《國聯同志會月刊》，創刊號，1936年5月15日，第99頁。
〔註17〕　《本會會務消息》，《國聯同志會月刊》，創刊號，1936年5月15日，第89～90頁。

登皞、錢端升、樓光來、蔣復璁、杭立武、梁敬錞、謝壽康、褚民誼、羅家倫、朱家驊、楊公達，列席幹事周書楷。通過決議：「同志會的英文季刊西文名稱定爲「Chinese Nation」，中國譯名定爲《中國民族》；並推樓光來、錢端升、程錫庚、謝壽康、陳登皞諸理事爲英文季刊編輯委員會委員會，由陳登皞理事召集」。〔註18〕《中國民族》後在 1936 年 10 月發行，其創刊號載有「蔣委員長爲英語讀者所作之《中國之統一與建設》一文」。〔註19〕1938 年 2 月在漢口改名爲「China Forum」（《中國論壇周刊》）。〔註20〕此二英文刊物，筆者目前無緣一見。在此之前，理事會在 1937 年 3 月通過編印法文《中國年鑑》和籌備設立國際問題圖書室。〔註21〕

　　從朱家驊出任會長後的理事名單來說，復興後的國聯同志會的理事陣容可說十分鼎盛，均爲社會一方之俊彥，與創刊時期的理事會不遑多讓。詳參如下：

　　《國聯同志會月刊》創刊號會長、理事會名單：〔註22〕

名譽會長	熊希齡、蔡元培、吳敬恒
會長	朱家驊
副會長	羅文幹
理事 （以姓氏筆畫繁簡爲序）	王正廷、王景歧、吳頌皋、何炳松、周樹堯、周鯁生、杭立武、胡適、徐悲鴻、郭有守、曾鎔浦、程錫庚、傅斯年、楊公達、褚民誼、樓桐蓀、樓光來、蔣復璁、錢端升、謝壽康、羅家倫、顧維鈞

從上表可看出，除具有外交經驗官員外，主要以學者爲主，如胡適、周鯁生、杭立武、何炳松、傅斯年、楊公達等，可以說不但陣容鼎盛，且有政治經驗結合學術研究之搭配，如王正廷、顧維鈞等。這個陣容的影響力從創刊後發行的《國聯同志會月刊》就可看出。1936 年 5 月 15 日，《國聯同志會月刊》

〔註18〕　《本會會務消息》，《國聯同志會月刊》，第 1 卷第 6 期，1936 年 10 月 15 日，第 85 頁。

〔註19〕　《本會會務消息》，《國聯同志會月刊》，第 1 卷第 7 期，1936 年 11 月 15 日，第 116 頁。

〔註20〕　《中國國際聯盟同志會會務簡訊》，《世界政治》，第 3 卷 10 期，1938 年 12 月 15 日，第 60 頁。

〔註21〕　《中國國際聯盟同志會會務消息》，《世界政治》，第 1 卷第 3 期，1937 年 3 月 15 日，第 141～142 頁。

〔註22〕　《本會理事會名單》，《國聯同志會月刊》，創刊號，1936 年 5 月 15 日，第 98 頁。

創刊。除將大部分寄至全國 22 大都市書局代售外，其餘分贈各會員，中國駐外各使館，及各專科以上學校圖書館。此外，與國內各種著名刊物交換。〔註23〕由於撰稿人均爲一方之俊彥，第二號開始，就有許多有關訂閱和投稿的查詢。〔註24〕連遠在歐洲的中國人也函索月刊。〔註25〕到了第四期出版不數日即銷售一空。〔註26〕

　　後因銷量理想，1936 年 12 月，理事會議決定擴大篇幅，充實內容，新增譯述傳記等欄，並通過理事胡適提議，改名爲《世界政治》。1937 年 2 月 5 日，《中央日報》報導說：「因執筆者悉爲國內名家，所討論者皆爲國際間當前重要問題，言之有物，故頗得學術界之好評」。〔註27〕以上爲《中央日報》說法，不免有溢美之嫌。1936 年 9 月 7 日，《申報》也評論說：「執筆者皆爲國內學術界之權威。所作文字皆當前重要問題，見解深刻，持論平允，其分析國際形勢及討論中國外交尤多獨到之處」。〔註28〕爲擴大影響力，國聯同志會在 1937 年決定延聘外交教育界等碩彥十五人爲徵求會員。〔註29〕

　　1939 年 2 月，國聯同志會舉行第二十屆理事，通過決議：「（一）增聘李迪俊、周炳琳、楊蔭溥、劉鍇、張彭春、李惟果、蔣廷黻、陳豹隱、張忠紱、傅斯年、程天放、郭斌佳等爲理事……（五）籌組研究部，並著手翻譯國際問題名著……（七）設置國際問題專門圖書室；（八）世界政治佳稿，先送各報登載」。〔註30〕從這份名單中，不難看出分量又加重了不少，如蔣廷黻、周炳琳、張忠紱等均爲學界重鎮。

〔註23〕　《本會會務消息》，《國聯同志會月刊》，第 1 卷第 2 期，1936 年 6 月 15 日，第 76 頁。

〔註24〕　《中國國際聯盟同志會啓事》，《國聯同志會月刊》，第 1 卷第 3 期，1936 年 6 月 15 日，目錄頁。

〔註25〕　《本會會務消息》，《國聯同志會月刊》，第 1 卷第 4 期，1936 年 8 月 15 日，第 80 頁。

〔註26〕　《本會會務消息》，《國聯同志會月刊》，第 1 卷第 5 期，1936 年 9 月 15 日，第 96 頁。

〔註27〕　《中國國際聯盟同志會會務消息》，《世界政治》，第 1 卷第 3 期，1937 年 3 月 15 日，第 141～142 頁。

〔註28〕　《本會會務消息》，《國聯同志會月刊》，第 1 卷第 5 期，1936 年 9 月 15 日，第 96 頁。

〔註29〕　《國聯同志會決定徵求會員》，《中央日報》，第 7 版，1937 年 6 月 13 日。

〔註30〕　《中國國聯同志會舉行理事會，決議設置國際問題圖書室，增聘李迪俊等爲理事》，《中央日報》，1939 年 2 月 12 日，第 4 版。按：傅斯年與《國聯同志會月刊》創刊號所列理事名單重複，原因不明。

三、代理國聯同志會秘書

關於錢端升在國聯同志會的具體工作，散見《國聯同志會月刊》（1937年 1 月改名《世界政治》）和當時報章媒體如《中央日報》等對國聯同志會的報導。須注意的是，同志會會刊消息有時未必確切。如 1937 年 3 月，《本會會務消息》記載：「本會三月份廣播演講，業於十六日晚間舉行，係由理事錢端升先生擔任，題爲《中國在國聯應有的地位》」。〔註31〕然筆者發現 3 月 16 日《廣播周報》刊登的稿件，並非錢端升所撰。〔註32〕

錢端升在擔任國聯同志會理事後，工作量是頗爲吃力的，尤其 1936 年底朱家驊出任浙江省省長，及秘書兼理事樓光來，也擔任浙江省政府秘書長之後。〔註33〕在此期間，錢端升曾一度代理秘書職務。不過理事會開會時，朱家驊仍從浙江趕到會址在南京成賢街四十八號的國聯同志會，可見其對會務之重視。

1936 年 4 月 23 日，國聯同志會理事會舉行第十一次會議，通過要案多起。其中最重要者爲在格拉斯哥舉行之國際聯盟協會第二十屆年會。同志會推定王景春、湯良禮代表國聯同志會出席，樓光來撰寫工作報告，錢端升、陳登皞、樓光來三人擬提案，並商請管理中英庚款董事會酌派若干留學生代表參加該年 9 月總會在日內瓦所舉辦之世界青年大會。〔註34〕中英庚款董事會薦舉了錢清廉、伍啓元和錢鍾書三人爲代表。〔註35〕伍啓元後協助錢端升主管《今日評論》財務工作，〔註36〕與王贛愚成爲錢端升的左右手。

〔註31〕 《世界政治》，第 1 卷第 4 期，1937 年 4 月 15 日，第 113 頁。

〔註32〕 3 月 6 日的《廣播周報》節目預告上記載，3 月 16 日，「二〇、四〇演講：中國國際聯盟同志會理事樓桐蓀先生講：國際形勢」。4 月 3 日《廣播周報》上刊有樓桐蓀《國際形勢》一文，其副標題明確記載「三月十六日在本處中央電臺播講」。《中央廣播電臺播音節目預告（三月十四日起三月二十日止）》，《廣播周報》，第 131 期，1937 年 3 月 6 日，第 3 頁。樓桐蓀：《國際新形勢》，《廣播周報》，第 131 期，1937 年 4 月 3 日，第 8 頁。

〔註33〕 樓光來於 1936 年 12 月 15 日赴任。《中國國際聯盟同志會會務消息》，《世界政治》，第 1 卷第 1 期，1937 年 1 月 15 日，第 115 頁。

〔註34〕 《本會會務消息》，《國聯同志會月刊》，第 1 卷第 2 號，1936 年 6 月 15 日，第 73 頁。

〔註35〕 錢清廉和伍啓元當時均在英國倫敦大學政治經濟學院分別攻讀法律學和經濟學博士、錢鍾書則在牛津大學專攻文學。由於名額有三十人之多，國聯同志會並請駐法大使顧維鈞設法遴選部分人選。《本會會務消息》，《國聯同志會月刊》，第 1 卷第 3 號，1936 年 7 月 15 日，第 95～96 頁。

〔註36〕 錢端升遺稿：《〈今日評論〉停刊公告》（拍攝件），錢大都先生提供。

　　1937 年 3 月 10 日，錢端升出席國聯同志會第十四次理事會議。在這次理事會上，通過錢端升擔任代理秘書、籌備參加本屆總年會案提案召集人、會員委員會委員、并指示分會工作範圍案等案。《會務消息》記載：「三月十日下午三時本會理事會舉行第十四次理事會議，出席者朱家驊、樓桐蓀、程錫庚、蔣復璁、梁敬錞、錢端升、陳登暤、楊公達、郭有守、杭立武、曾鎔浦（杭代），列席幹事周書楷，主席朱會長，各情志略如下：乙、討論事項。一、籌備參加本屆總年會案。……（三）推定錢端升、陳登暤、杭立武、樓桐蓀諸先生於本月內擬具提案，由錢端升先生召集。……二、推定會員委員會人選案。決議：推定羅家倫、程錫庚、謝壽康、傅斯年、錢端升、何炳松（上海）、胡適之、周鯁生（武漢）諸先生為會員委員會，由羅家倫先生召集。……四、指示分會工作範圍案。決議：推定錢端升先生擬具分會工作原則。……七、推定錢端升先生代理本會秘書案」。〔註 37〕除擔任代理秘書和前述英文季刊編輯委員外，理事會還以「本屆總年會案提案召集人」委諸錢端升，說明他在國聯同志會復興時期扮演了舉足輕重的角色。

　　1937 年 6 月 12 日，錢端升與朱家驊、羅家倫、樓桐蓀、杭立武等出席國聯同志會理事會。秘書處報告如下：（甲）推定曾鎔浦理事出席總會年會首席代表；（乙）向瑞士同志會抗議該國人民公司所拍之辱華影片《永久的中國》。據該會函覆，已加以修改，此後不再製造。（丙）倫敦華僑籌設分會。（二）編輯處報告不定期外國刊物已出版二十餘種，定期之英法文刊物，將於最近問世。（三）通過開始徵求會員案。（四）決議推全體理事，並延聘外交教育等界碩彥十五人為徵求委員等。〔註 38〕正當國聯同志會大張旗鼓，計劃增聘外交、教育界等碩彥十五人為委員，出版各種英法文刊物，試圖通過輿論影響世界，為中國外交爭取生存空間時，抗日戰爭爆發了。二位國聯同志會理事胡適和錢端升，還有張忠紱（1939 年 2 月加入）被國民政府徵召出使美英法，實行國民外交，爭取外援。

　　1938 年 7 月 5 日，適逢國聯同志會總會第 22 屆年會在丹麥首都開會。錢端升和謝壽康、楊蔭溥、劉鍇諸等代表中國國聯同志會出席之，並提出提案。提案主要分五部分：

　　（一）加強國聯

〔註 37〕　《中國國際聯盟同志會會務消息》，《世界政治》，第 1 卷第 3 期，1937 年 3 月 15 日，第 141～142 頁。

〔註 38〕　《國聯同志會決定徵求會員》，《中央日報》，1937 年 6 月 13 日，第 7 版。

（甲）會員國對於國聯決議案必須嚴屬遵守，無論如何不得違反，任何會員國（尤其已投贊成票者），如有違反行為，國聯應加制裁。

（乙）任何改造方案必須重在強化國聯之機關及權威

（二）請求國聯轉請各會員國執行去年十月六日國聯大會所通過援助中國之決議

（甲）消極方面至少不承〔認〕任何偽組織及不與日本作任何不利於中國之交涉

（乙）積極方面充分給中國以財政及軍需品之援助並擴大救濟運動尤以戰地兒童之救濟最為重要

（三）對日實行經濟制裁

（甲）停止對日貸款

（乙）停止對日供給軍用品及重要原料如棉花煤油之類

（四）請求國聯組織特備委員會討論積極設立國際警察維持世界和平案

（五）請總會發起並召集太平洋一帶之國聯同志會會議；討論太平洋問題並設法使此項會議能繼續舉行。〔註39〕

在這次大會上，從朱家驊當選為國聯同志會世界總會副會長，可以看出總會繼續去年的援華立場和態度。〔註40〕在去年9月13日年會期間，總會曾應中國之請，召開臨時會議。各代表除日本外，一致通過決議，主張國聯向日本作最後之呼籲，若其不遵守國聯決議，會員國應集體制裁之。〔註41〕儘管各國國聯同志會對其政府的外交政策影響有限，但在影響世界輿論和各國民眾方面，應當說，還是有相當的影響力。

1938年9月，國際聯盟召開第19屆大會。9月27日，國聯大會通過援用盟約第十六條，由各會員國分別採取適當步驟對日本實施制裁。對於國聯

〔註39〕 《中國國聯同志會會務簡訊》，《世界政治》，1938年6月15日，第3卷第2期，第66頁。《國聯同志會總會在丹京開會，我代表四人出席》，《中央日報》1938年7月5日，第3版。

〔註40〕 《朱家驊當選國聯同志會總會副會長》，《中央日報》，1938年7月10日，第2版。

〔註41〕 《世界國聯同志會決議向日本警告，準備對日作集體制裁》，《中央日報》，1937年9月15日，第2版。

上述決議，英國國聯同志會執委格拉斯東勳爵認爲不足以構成強有力制裁，主張實施集體制裁，並獲得該會通過。〔註42〕在眾多國家中，英國國聯同志會對中國的同情僅次於國聯同志會世界總會。亦因此，在《各國國聯同志會對於中國抗戰的援助》一文中，國聯同志會秘書周書楷首先提到的是總會對中國的同情。「其次我們應該講到英國國聯同志會種種值得感佩努力」，尤其在對該會的領導人薛西爾爵士（Lord Robert Cecil），在未講到具體工作前，對他表示最高的敬意。〔註43〕薛西爾對中國抗戰的同情，顏惠慶回憶錄亦有記載。他說薛西爾甚至因此丟了國聯行政院的公職。〔註44〕英國聯同志會既對中國同情，其他各國同志會的立場不難想見，從中可窺世界輿論同情中國抗戰與中國國聯同志會貢獻之一斑。

四、改造國聯：建立超國家世界政府

在國聯同志會期間，錢端升發表了四篇文章。從日期可知，後二篇發表於抗戰期間。本文發現，錢端升主張一個強有力的新國聯，恰是他在國內主張一個強有力的法治政府的擴充版。此一主張後成爲《戰後世界之改造》一書立論之基礎。在《世界資源重新分配問題》（1936.5.15）中，錢端升主張一個超國家的世界政府，與他主張戰後國際法一元論一致。在《國聯與和平機構》（1937.2.15）中，他對國聯功過和改造國聯的評析，充分展現了他淵博的國際政治知識，以及對當時國際形勢的深刻觀察。《論國聯政策爲唯一正大有利的政策》（1938.12.1）一文，則繼續堅持自《益世報》以來的國聯和美俄外交路線。《國聯政策的實施及運用》（1939.1.1）則展現了其國際政治理想的一面。

1936 年 3 月 10 日，國聯同志會舉行第九次理事會議。決議要案如次：「（1）通過本會每月預算案。（2）推王景岐、錢端升、杭立武、樓桐蓀諸理

〔註42〕　《不容暴日侵華，個別制裁缺少實效，英國聯同志會通過決議案》，《中央日報》，1938 年 12 月 12 日，第 2 版。

〔註43〕　周書楷：《各國國聯同志會對於中國抗戰的援助》，《世界政治》，第 3 卷第 1 期，1938 年 6 月 1 日，第 57 頁。

〔註44〕　至於法國國聯代表保羅·邦庫爾（M. Paul-Boncour）雖不完全贊成向日本施壓，但忠於國聯程序和慣例，每當日本從技術上反對中國時，他總能「從國聯檔案中引經據典給予中國強有力的支持」。吳建雍等譯：《顏惠慶自傳——一位民國元老的歷史記憶回憶錄》，北京：商務印書館，2003 年 3 月，第 229 頁。

事研究本會對於世界資源重新分配問題及移民問題應取之態度」。〔註45〕理事會此舉目的，一方面旨在籌劃世界和平，爲國聯貢獻一分力量；一方面未雨綢繆，爲將來中日衝突爭取國際輿論好感。

在《世界資源重新分配問題》一文中，錢端升在原則上贊成重新分配，但在實行上認爲不宜操之過急。在實行資源分配之前，必須建立一個強有力的超國家機構或組織。

錢端升認爲，世界政治衝突的根源不在於資源的分配不均，而在於不健全的政治制度和強烈的民族主義情緒。他以當時國際間兩大糾紛——意阿和法德衝突爲例，不健全的政治制度或不良的政治空氣，以及強烈民族主義情緒才導致了戰爭。「經濟的原因多半仍是間接地」。〔註46〕他和周鯁生早在1928年就指出，日本出兵山東，與國內政局有莫大干係。〔註47〕

對於世界資源的分配，錢端升認爲，應以人口和工業需要爲標準。此一標準，不論就當時還是當代，不免紙上談兵。這一點他自己也說：「我不否認，我所提議的活動標準是極難確定的，且有過於理想之譏」。〔註48〕在文章結尾，錢端升指出，「列強爲避免與日本決裂起見，或竟會贊成日本把持我國大部分的資源。所以我們更應主張由強有力的國聯來主持分配事宜」。〔註49〕從錢端升的結論中，不難看出其國際宣傳意味大於實際作用和未雨綢繆的一面。

《世界資源重新分配問題》一文同時也展現了錢端升思想中理想與現實並存的一面。關於世界的重新資源分配，他說：「以上所言，乃假設有一個超國家的公平機關能存在著，而世界各地的資源又可自由支配者」。〔註50〕在現

〔註45〕《本會會務消息》，《國聯同志會月刊》，創刊號，1936 年 5 月 15 日，第 89 頁。除錢端升的《世界資源重新分配問題》發表在創刊號外，何廉的《世界自由移民問題與中國》發表在 1936 年 7 月 15 日第 1 卷第 3 期上。

〔註46〕錢端升：《世界資源重新分配問題》，《國聯同志會月刊》，創刊號，1936 年 5 月 15 日，第 10～11 頁。

〔註47〕錢端升（文）：《田中內閣的壽命延長》，《現代評論》，第 7 卷第 179 期，1928 年 5 月 12 日，第 2 頁；周鯁生（松子）：《日本出兵與我們的抵制手段》，《現代評論》，第 7 卷第 177 期，1928 年 4 月 28 日，第 3 頁；周鯁生（一鳴）：《濟案的觀察和應付方法》，《現代評論》，第 7 卷第 180 期，1928 年 5 月 19 日，第 2 頁。

〔註48〕錢端升：《世界資源重新分配問題》，《國聯同志會月刊》，創刊號，1936 年 5 月 15 日，第 17 頁。

〔註49〕錢端升：《世界資源重新分配問題》，《國聯同志會月刊》，創刊號，1936 年 5 月 15 日，第 21 頁。

〔註50〕錢端升：《世界資源重新分配問題》，《國聯同志會月刊》，創刊號，1936 年 5

實中，他認識到缺乏以上兩大因素，則重新分配世界資源只會爲列強分贓提供機會。因此，他在文中，初步提出「增厚國聯的權威」，〔註51〕向建立一個超國家的世界政府目標邁進。

　　錢端升所言的超國家組織，與 20 年代羅素主張一致。羅素說：「蓋從根本上防止戰爭之手段，唯有創設世界國家（World-State），即超國家（Super-State），使其能力強固，可以法律裁決各國民間之一切爭議」。〔註52〕羅素的觀點和應了威爾遜在一戰後提出的國際理想主義。未有確鑿證據表明錢端升與二者之間的關係，但極有可能受到他們的影響，尤其是錢端升在美期間，深諳威爾遜的政治學著作。

　　《國聯與和平機構》一文主要解答國聯作爲一個和平機構，其存在是否還有價值可言。此文寫於抗戰爆發前 5 個月，也是國聯威信正處於最低潮時期。作爲國聯同志會理事，錢端升自然對國聯仍抱有一定的信仰與期待。此外，從 1933 年 4 月墨索里尼提出改造國聯以來，改造呼聲一直未曾中斷，〔註53〕表明世界各國對國聯的高度關注。

　　錢端升認爲，要評價一個機構成功與否，須從其成立的宗旨出發。按國聯盟約前言，有兩大目的：一、提倡國際合作；二、建立國際和平及安全。關於前者，錢端升指出，國聯過去將近 20 年的歷史充分證明了它的成功，成立前的合作「俱不足與近二十年來的合作相比」。至於後者，「沒有同樣的顯著」，有些對國聯持苛論者，甚至謂「已完全失敗」。〔註54〕對於國聯未能完成第二使命，錢端升認爲原因眾多。他將這些原因分爲兩類：一、國聯本身缺陷；二、各國不利於國聯的舉動。

　　在國聯本身缺陷方面，盟約第八條原本規定各國應裁減軍備。但國聯行政院成立多年，未能積極籌備此項工作。到 1932 年開軍縮會議時，形勢已不

月 15 日，第 19 頁。
〔註51〕 錢端升：《世界資源重新分配問題》，《國聯同志會月刊》，創刊號，1936 年 5 月 15 日，第 21 頁。
〔註52〕 〔英〕羅素著、昔塵譯：《現今混亂狀態之原因》，《東方雜誌》，第 18 卷第 7 號，1921 年 4 月 10 日，第 8 頁。
〔註53〕 于程九：《一九三三年之國際聯盟》，《外交月報》，第 4 卷第 1 期，1934 年 1 月 15 日。孫麟生：《意大利改組國聯計劃之展望》，《外交月報》，第 4 卷第 4 期，1934 年 4 月。
〔註54〕 錢端升：《國聯與和平機構》，《世界政治》，第 1 卷第 2 期，1937 年 2 月 15 日，第 1 頁。

利於軍縮。盟約第十九條規定國聯應勸告會員國修改不適合實行的條約，但對《凡爾賽和約》隻字未動，德國因此走上獨裁的道路。盟約第十六條規定會員國對於侵略國應實施經濟及其他必要的制裁，但國聯在 1935 年前多方規避。及至 1935 年 10 月對意大利實施經濟制裁後，又不能貫徹始終，「徒使第十六條成爲眾矢之的」。〔註55〕

除國聯本身問題外，錢端升指出，美國的孤立主義、法西斯和納粹主義的興起，及國際政治大家的缺乏亦是原因。〔註56〕傅斯年亦持類似看法，認爲原因有三：一、「這幾年來自由民主主義之衰落」；二、「這幾年中世界經濟情形之紊亂」；三、「英法的領袖資格運用得太拙劣了」。〔註57〕錢、傅的看法，借用當時輿論說法是：「先天不足和後天營養缺乏」。第一、美、蘇不在國聯之內。第二、國聯行政權握於少數列強之手。〔註58〕

然而國聯工作「眞已完全失敗了麼？」錢端升的答覆是否定的。他指出，如果沒有國聯，「無數的局部戰爭恐早已發作；因局部戰爭而引起大戰的可能也是很大。這一點，即對國聯持最嚴酷的態度者恐亦不能不予承認」。〔註59〕周鯁生也認爲：「在過去十餘年中，國聯在國際政治上雖然無赫赫之功，也不能說有何罪過」。〔註60〕朱家驊亦指出，「國聯自成立以來，其有助於歐洲和平之維持，世界正義之伸張者，亦非無實傚之可言」。〔註61〕國聯同志會理事兼秘書周書楷也認爲：「在人類思想沒有完全改善以前，國聯只是一種『運動』而已，有很多事情它是無法解決的，不能期望過高」。他指出，「九・一八」

〔註55〕 錢端升：《國聯與和平機構》，《國聯同志會月刊》，創刊號，1936 年 5 月 15 日，第 2 頁。

〔註56〕 錢端升：《國聯與和平機構》，《國聯同志會月刊》，創刊號，1936 年 5 月 15 日，第 2～3 頁。

〔註57〕 傅斯年：《國聯組織與世界和平》，《國聯同志會月刊》，創刊號，1936 年 5 月 15 日，第 5～6 頁。亦見歐陽哲生主編：《傅斯年全集》，第 4 卷，湖南教育出版社，2003 年 9 月，第 150～151 頁。

〔註58〕 周匯瀟：《改組國聯與擁護國聯的面面觀》，《大道》，第 4 卷第 4 期，1935 年 8 月 20 日，第 2～3 頁。

〔註59〕 錢端升：《國聯與和平機構》，《世界政治》，第 1 卷第 2 期，1937 年 2 月 15 日，第 3～4 頁。

〔註60〕 周鯁生：《國聯改組問題之另一觀察》，《外交評論》，第 3 卷第 3 期，1934 年 3 月，第 15 頁；《周鯁生文集》第 115 頁記載第 3 卷第 1 期，有誤。此文亦見梁鋆立等：《最近國際法上幾個重要問題》，南京：正中書局，1934 年 10 月。

〔註61〕 朱家驊：《復刊詞》，《世界政治》，第 3 卷第 1 期，1938 年 6 月 1 日，第 3 頁。

事變後，「假如當時沒有國聯，那麼恐怕就是這一點道義上的勝利，也不一定
會給我們的」。〔註62〕蕭公權亦說，國聯「實際上的效果雖尚無著落，但道德
上的援助不能說是不大」。〔註63〕因此，錢端升認為，就歷史功過而言，「現
在國聯的存在已遠勝於任何國聯的不存在」。〔註64〕

　　更重要的是，錢端升指出，本世紀民族間的利害衝突比前世紀更烈。「要
消弭這種舊有新起的衝突，本需要一個比現國聯較強較大的國聯，更需要若
干偉大國際政治家的產生」。而具備這些條件的美國，偏又陷於孤立主義。既
往之不可諫，知來者之可追。錢端升對國聯的期望寄託了在未來上，「我們之
所欲注意者究不是過去，而是將來」。〔註65〕

　　對於將來和平機構的設想，錢端升採用了排除法。他認為，「另起爐灶的
辦法是講不通的……美國如不願加入國聯……這層困難亦不會因另組和平機
構而消滅」，蘇俄亦是。1928年的非戰公約是「離國聯另起爐灶」的一個具體
表現」。雖可彌補國聯不能包括一切國家在內的缺陷，但它缺乏常設機構，所
以沒有「任何實際的意義，亦無維持和平的何種實效」。〔註66〕

　　除以上外，還有人主張設立區域國聯。如「歐洲國聯」、「美洲國聯」和
「亞洲國聯」等。〔註67〕傅斯年亦曾提出「歐洲國聯」的主張。〔註68〕但錢
端升認為其可實現性更小，因為現存「國聯本身的失敗——如果是失敗的話
——本是歐洲國家的責任」。至於「美洲國聯」，1936年12月泛美會議時，美
國曾提議美洲各國訂一公約，但因大多數國家尚不願「有這樣密切的關係」

〔註62〕　周書楷：《中國對國聯應有的正確認識》，《廣播周報》，第121期，1937年1
　　　　月23日，第9頁。
〔註63〕　君衡（蕭公權）：《中央外交方針如何轉變》，第3卷第66號，1933年9月3
　　　　日，第2頁。
〔註64〕　錢端升：《國聯與和平機構》，《世界政治》，第1卷第2期，1937年2月15
　　　　日，第3頁。
〔註65〕　錢端升：《國聯與和平機構》，《世界政治》，第1卷第2期，1937年2月15
　　　　日，第3、4頁。
〔註66〕　錢端升：《國聯與和平機構》，《世界政治》，第1卷第2期，1937年2月15
　　　　日，第4、5頁。
〔註67〕　時昭瀛：《改造國聯之途徑》，《東方雜誌》，第33卷第16號，1936年11月1
　　　　日，第33頁。
〔註68〕　傅孟真：《國聯之淪落和復興》，《獨立評論》，第8卷第200期，1936年5月
　　　　10日，第8～9頁。亦見歐陽哲生主編：《傅斯年全集》（第4卷），第148頁。
　　　　原載《大公報・星期論文》，1936年5月3日。

而告吹。〔註69〕

對於當時國聯，錢端升認為，它是防止同盟制度復活的有力工具。所以要制止同盟制度復活，更應增強國聯作用。他說：

> 如果沒有國聯，則歐戰以前歐洲協調與防守同盟的制度必定復活；……近年來，因國聯威信衰落，防守同盟已漸見流行。先有前年法蘇協定，法蘇聯以防德；近又有德日協定，德日聯以防蘇。這可為沒有國聯，防守同盟的制度必將繼起的明證。然而防守同盟制度與國聯和平之兩不相容，則一九一四年的殷鑒正是不遠。〔註70〕

從上陳述中，錢端升得出以下結論：「第一，於國聯以外另立和平機構，在理論上是不可能的，在事實上是不成功的；第二，沒有國聯，則在現時的國際局勢之下，防守同盟制度將成唯一的避免戰爭的方法，但這種避戰的方法勢必引起比所欲避免的戰爭規模更大的戰爭」。〔註71〕應當說，錢端升這些分析頗有見地。從上述論證中，不難得出結論，國聯對國際和平的重要性和必要性，及無其他可替代的制度，只有從改革國聯本身著手。

墨索里尼在 1933 年改造國聯的目的雖未達到，卻激起了世界輿論一片改革國聯之聲。1936 年 9 月 10 日，國聯第 19 屆大會召開，委派了一個由 28 個會員國所組成的委員會，審查各國所提方案。並令向 1937 年 9 月的國聯大會報告審查結果。所以關於國聯的改組，此時猶在討論時期。〔註72〕由於各國所提的改組方案為數甚多，性質及傾向亦大不相同。錢端升將之大致分為三派一組：即法蘇、北歐、南美三派，其餘的歸成一組。

法蘇派	主張使制裁的決定較易敏捷。至於制裁的實施，主張利用區域互助公約，使鄰近侵略國的國家多負軍事責任。以便藉此表示兩國所訂之軍事協定符合國聯盟約。

〔註69〕 錢端升：《國聯與和平機構》，《世界政治》，第 1 卷第 2 期，1937 年 2 月 15 日，第 5 頁。

〔註70〕 錢端升：《國聯與和平機構》，《世界政治》，第 1 卷第 2 期，1937 年 2 月 15 日，第 6～7 頁。

〔註71〕 錢端升：《國聯與和平機構》，《世界政治》，第 1 卷第 2 期，1937 年 2 月 15 日，第 7 頁。

〔註72〕 錢端升：《國聯與和平機構》，《世界政治》，第 1 卷第 2 期，1937 年 2 月 15 日，第 8 頁。

北歐派 如丹麥、瑞典、挪威、及愛沙尼亞等	主張國際聯盟不予修改，但各條款須全部實施。
南美派 如阿根廷、祕魯	大體上俱贊成取消制裁條款，擴大國聯基礎（即增加會員國），並欲減少會員國的義務者。（與部分歐洲國家如瑞士、匈牙利等主張接近）

中國、紐西蘭、哥倫比亞、伊拉克等方案與以上三派又有不同。「中國所提倡者似爲集法蘇及北歐兩派的方案而成者，但無其堅定。紐西蘭主張國聯設置國際軍隊，但於制裁則又主張各國於實施前應先付國民複決。哥倫比亞主張分散國聯權力，而於各洲或各區分設聯合團體。在此種辦法之下，國聯殆將成爲若干散漫的邦聯的一種散漫團結。伊拉克主張將國聯盟約與凡爾賽和約分離，並主張利用區域互助公協，以增加集體安全」。〔註73〕

從錢端升的歸納中，可以看出各派的主張是從本國的利益出發。法蘇和北歐兩派均強調制裁，只是程度不同而已。法、蘇贊成加強制裁，防禦德國之意呼之欲出。北歐派則清楚大國迴避責任才是關鍵。南美國家比較滑頭，既想擴充權利，又想減少義務。中國爲弱國，立場自不能堅定，只能要求加強制裁和希冀英法出面。紐西蘭態度則一如南美國家；哥倫比亞、伊拉克則明顯關注本國利益，強調區域安全。

錢端升指出，「從以上許多不同的提案中，可知最重要的問題不外制裁應否存在與區域互助公約兩大問題」。這亦是他後來《戰後世界之改造》一書所討論的其中兩個核心問題。至於「其餘的建議或則絕難見諸實行，或則即見諸實行亦與國際和平無大裨益，或則其實行須在國聯已能維持和平之後，所以俱無實際的重要」。〔註74〕因此，他只討論前二者。相較制裁問題，錢端升又認爲，「區域互助公約的有無，比較的仍是不重要的問題」。〔註75〕原因正如上述，歐洲大國不願負責；至於亞洲，則中日俄三國衝突，互助無從談起。在抗戰後期，當中國成爲四強之一後，錢端升在《戰後世界之改造》中對此有所論及。

〔註73〕 錢端升：《國聯與和平機構》，《世界政治》，第 1 卷第 2 期，1937 年 2 月 15 日，第 9 頁。

〔註74〕 錢端升：《國聯與和平機構》，《世界政治》，第 1 卷第 2 期，1937 年 2 月 15 日，第 9 頁。

〔註75〕 錢端升：《國聯與和平機構》，《世界政治》，第 1 卷第 2 期，1937 年 2 月 15 日，第 11 頁。

對於制裁條款，錢端升雖認為對意制裁失敗，「國聯大失威信」，但亦不必「因噎廢食」，將它取消。在具體改革上，他建議在形式上，只「作兩種的修正，即將第十九條修正，而〔和〕將盟約與和約分離」。〔註76〕盟約第十九條，即取得一致同意條文，任何其中一個理事國反對，國聯的決議均將視為無效，日本的情形就是如此。至於盟約和《凡爾賽和約》的分離，應為墨索里尼倡導最力。這二條的修改當時已成為世界輿論共識。周鯁生亦持此種態度。〔註77〕

事實上，除上述兩點外，國聯在其他方面，如機構組織等，確實無可厚非。美國政治學家韋羅貝在詳細研究中日衝突後指出，「簡而言之，中日爭端之經過，顯示國聯之重要問題，非為國聯機體上不可懷疑之弱點或缺點，乃為發言甚有力量之會員國不願履行自承之義務耳（按：重點為原文所有）」。〔註78〕周鯁生也說：「〔國聯〕之所以缺乏力量，其根本的原因與其說是在國聯的組織本身，毋寧說是在國聯的環境……世界兩個大國即美俄，始終立於國聯之外。在國聯的英法兩強，不但不肯以實力擁護國聯的公共行動，而且各唯私利是圖」。〔註79〕值得注意的是，在上文中，錢端升還指出，

> 十九世紀末年英國的觀望態度促成了歐戰。一九三四年英國的含混態度鼓勵了莫索里尼的侵阿。歐戰後英國的游移態度更形成了今日的惡劣循環。解鈴還須繫鈴人，亦惟有英國方能打破此惡劣的循環。〔註80〕

對於制裁問題，錢端升認為英國不能再迴避責任，若此時不負責任，將來爆發更大的衝突，代價還是難以避免。錢端升所言不幸言中，英國的短視後來

〔註76〕 錢端升：《國聯與和平機構》，《世界政治》，第 1 卷第 2 期，1937 年 2 月 15 日，第 11、13、14 頁。

〔註77〕 周鯁生說：「國聯之不應以擁護某某特定的和約為職志，固屬理所當然……根據一般的見地說，國聯組織中最須待改的一點，便是大會及理事會的議決需要全體一致那個原則」。周鯁生：《國聯改組問題之另一觀察》，《外交評論》，第 3 卷第 3 期，1934 年 3 月，第 13～14 頁；亦見《周鯁生文集》，第 114～115 頁。

〔註78〕 〔美〕韋羅貝著、薛壽衡等譯：《中日糾紛與國聯》，上海：商務印書館，1937 年 2 月，第 630 頁。

〔註79〕 周鯁生：《國聯改組問題之另一觀察》，《外交評論》，第 3 卷第 3 期，1934 年 3 月，第 12 頁；亦見《周鯁生文集》，第 113～114 頁。

〔註80〕 錢端升：《國聯與和平機構》，《世界政治》，第 1 卷第 2 期，1937 年 2 月 15 日，第 15 頁。

最終自食其果。

　　對於當時的國聯改革，錢端升認為，要增加實行盟約的可能性，須先謀國際空氣之改善。因為只有「道義的力量大至相當程度時」，制裁才有用武之地或竟不可用。〔註 81〕他指出，如果國聯會員國被侵略，國聯至少「仍應正侵略者之罪」。至於制裁，縱在當時「不易澈底；但究亦聊勝於無；久而久之，亦定能發生不可侮的效力」。〔註 82〕錢端升表示，「以上所言乃純為國聯打算，純為世界和平著想」。若為中國計，當然應實施制裁，不過「在現時國際局勢，及短見的英法政治家眼光之下，恐為絕不可能之事」。〔註 83〕

　　那中國應如何應付這個局面呢？「國人應一方放棄依賴國聯的態度，而一方則應以大國民的態度，力助國聯。……現在正是國聯生死的關頭，我深願政府及國人俱放大眼光，聯合北歐國家，作擁護國聯的運動」。〔註 84〕從以上分析來看，應當說，錢端升對國際形勢的分析和把握是十分深刻的，眼光和目標不能不說十分宏大。但中國缺乏實力，自身難保，「力助國聯」政策，似不免有空想成份和臨時抱佛腳之嫌。

五、國聯政策為唯一正大而有利的政策

　　《論國聯政策為唯一正大而有利的政策》一文，顧名思義，就是認定國聯路線為抗戰時期唯一的外交路線。這是錢端升繼《益世報》之後，又將其他外交路線作了一次大清算。錢端升所言的國聯路線，實際上就是胡適的「苦撐待變」外交。

　　胡適、錢端升和張忠紱三人出使歐美後不久，1937 年 11 月 10 日，傅斯年致函錢端升，陳述陶德曼調停事。傅說，政府中人多數意欲走德、意路線。在信中，傅斯年強烈反對親德、意路線，認為此舉無疑將失去英美同情。他在和汪精衛詳談後，「次日送一意見書」，並將此意見書附件給錢端升。〔註 85〕

〔註 81〕　錢端升：《國聯與和平機構》，《世界政治》，第 1 卷第 2 期，1937 年 2 月 15
　　　　　日，第 17 頁。
〔註 82〕　錢端升：《國聯與和平機構》，《世界政治》，第 1 卷第 2 期，1937 年 2 月 15
　　　　　日，第 16 頁。
〔註 83〕　錢端升：《國聯與和平機構》，《世界政治》，第 1 卷第 2 期，1937 年 2 月 15
　　　　　日，第 17 頁。
〔註 84〕　錢端升：《國聯與和平機構》，《世界政治》，第 1 卷第 2 期，1937 年 2 月 15
　　　　　日，第 17 頁。
〔註 85〕　《北京大學圖書館藏胡適未刊書信日記》，清華大學出版社，2003 年 6 月，

可見錢端升與胡適等使美後，基本已處於胡適、傅斯年等人的核心圈子內。在參政會期間，錢端升更與傅斯年成為一同「倒孔」的親密夥伴。在信中，傅斯年認為蔣介石甚明事理。不過，從信中蔣仍派蔣百里使德來看，國民政府的美英外交仍搖擺不定。

　　1937～1939 年的中國外交猶豫不決，以及國內議和聲音不斷，主要是歐洲局勢仍未明朗。胡適所言的「苦撐待變」之「變」仍未到來。在此期間，每逢抗戰形勢不利時，就有議和和親德意潮。國民政府這種做法，在部分親英美人士看來，甚為不智。1938 年 6 月 24 日，郭泰祺致電胡適說：「來函及端升函均誦悉。覆了端升的信，心裏真是很焦慮。國內居然還有許多人，如此不明白國際情勢，要德義出來做調人，未免太糟糕了！」〔註86〕

　　在 10 月 21、27 日廣州和武漢失守前，8 月 24 日，張忠紱致函胡適說：「國人對戰事之觀感，悲觀者多而樂觀者少」。〔註 87〕廣州、武漢失守後，形勢更是悲觀，議和言論更復熾熱。廣州失陷當天，翁文灝致函胡適，一方面希望蔣介石能制止議和，統一外交，一方面美國能夠盡快實施經濟制裁、聯絡英法，解決中日問題。翁文灝說：「世界政局變化莫測，如不積極尋覓出路，則人人有河清難俟之感」。三天後，翁再函胡適：「廣州不戰而失，武漢守至明日為止，和不可能，戰無可戰，政府中人，毫無挽救辦法。介公至今猶留武漢，孤忠可憫。但大局如此，如何可免亡國之痛，實不能不望美國方面即有負責態度，否則我國已盡其力，只有淪胥以沒耳。」〔註 88〕悲觀神色，躍然紙上。

　　比翁文灝更悲觀的還有蔣廷黻。11 月 29 日，王世杰、蔣廷黻、羅家倫、張忠紱等在晚膳後談及戰局前途。王世杰記載：「蔣廷黻君極悲觀，甚謂國民政府倖存之可能，不過百分之五」。〔註 89〕至於張忠紱，看法與胡適的「苦撐待變」外交相近，在上述致胡適函中，其持相當樂觀之態度，甚至比胡適有

　　　　　第 163 頁。
〔註86〕《郭泰祺致胡適》，《北京大學圖書館藏胡適未刊書信日記》，清華大學出版
　　　　　社，2003 年 6 月，第 151 頁。按：該信日期為二十四日，缺年月。據內容判
　　　　　斷，應為 1938 年。
〔註87〕《張忠紱致胡適》（1938 年 8 月 24 日），《胡適來往書信選（中）》，香港：中
　　　　　華書局，1983 年 11 月，第 379 頁。
〔註88〕《翁文灝致胡適》（1938 年 10 月 21、24 日），《胡適來往書信選（中）》，香
　　　　　港：中華書局，1983 年 11 月，第 384、387 頁。
〔註89〕《王世杰日記》（1938 年 11 月 29 日），第 1 冊，第 436 頁。

過之而無不及。他說：

> 中日戰事自開始之時，即已非中日二國單純之比力。……弟意
> 中國前途之悲觀，若果有之，似在內而不在外。政治是否清明？人
> 事（尤其在高位者）是否已適當？政治效率是否已提高？後方建設
> 是否已竭盡能力與可能？戰事幸而勝利，建國之基礎仍未鞏固，此
> 憂國者之所日夜焦慮者也。〔註90〕

廣州失陷後，陳序經亦表示，當時部分國人的悲觀，「雖不能說是全無根據，
然而也只能說是片面之見」，對抗戰依然抱相當樂觀心態。〔註91〕上述學人意
見之紛歧如此，國民政府內部意見複雜可想而知。上述張忠紱不患軍事只患
國內政治和經濟的態度和立場，與後來錢端升在《今日評論》上的看法大致
相同。不過，在廣州、武漢失守後，錢端升在致美國友人信中似也曾一度動
搖過（詳參本章下一節）。

在《論國聯政策》一文中，錢端升針對當時國內議和潮和親德義外交，
進行了批評。與胡適、傅斯年一樣，錢端升認定國聯外交為唯一的政策，主
要是基於對國際形勢的觀察。不過就實際內容而言，實際上只是一空洞的道
義外交路線。他說：「我也承認國聯政策或和平政策對於我們目下的抗戰，除
了精神上的自慰外，殆難期有多大實在助力」。〔註92〕但亦正因此，才是它的
力量所在。錢端升認為，要得到幫助，首先必須自助。其次，要做到值得他
人幫助。要值得他人幫助，就須做一個光明正大的人。

此時期的錢端升，基本延續了《益世報》時期的外交主張，對外交政策
的批評亦大致相同。針對當時國內外交主張的混亂，錢端升作了頗為尖銳的
批評。他指出，「『弱國無外交』這句話是含有一部分的真實，卻並非全是真
實」。他重提這句舊話，目的在於清算以下兩種外交迷思：第一種為卑躬屈膝
的外交，第二種為自欺欺人的外交，即所謂「弱國的外交」和「自主的外交」
〔註93〕他對這兩種外交的批評，與《益世報》時期，對「西向外交」和「東

〔註90〕　《張忠紱致胡適》（1938年8月24日），《胡適來往書信選（中）》，香港：中
　　　　　華書局，1983年11月，第379頁。

〔註91〕　陳序經：《廣東與中國》，《東方雜誌》，第36卷第2號，1939年1月16日，
　　　　　第44頁。

〔註92〕　錢端升：《論國聯政策為唯一正大而有利的政策》，《世界政治》，第3卷第9
　　　　　期，1938年12月1日，第5頁。下簡稱《論國聯政策》。

〔註93〕　錢端升：《論國聯政策》，《世界政治》，第3卷第9期，1938年12月1日，
　　　　　第1頁。

向外交」的批評頗爲相近。

　　對於前者，錢端升指出，如果中國自視爲弱國，「對外事完全隨時勢漂轉……其結果必是誤國」。至於後者，雖看出「弱國無外交」這句話的弱點，但「沒有顧到這句話的眞實性」，「外交上有許多行動須以實力爲後盾，更有許多行動可無須實力爲後盾」。〔註94〕不言而喻，錢端升主張的是後者，亦即無須以實力爲後盾的外交。

　　就當時國際情勢而言，錢端升認爲，美英還沒有到眞正出手援助的時機，中國必須耐心等待，表現出忍耐與自信心。他說：「我們所遭遇者爲蠻橫不講理性，不服公法的強敵，我們本不應希望人家輕易來拔刀相助。……我們此時妄存奢望，固是無聊；遽告失望，也着〔著〕實顯出我們缺乏忍耐與自信心」。〔註95〕此外，他還指出，弱國不應奢望與強國結成同盟來幫助自己，否則只能成爲強國的陪庸。如果拉攏強國，結果往往未蒙其利，先受其害。〔註96〕證諸春秋戰國時代小國與強國結盟，確實如此。

　　錢端升雖一直強調國聯外交的道義性，但亦不乏功利的一面。他說：「如果丟了國聯，可以取得更大的援助，則爲目前起見，尚有可說。但上面己〔已〕經說明，丟了國聯，更無一可」。〔註97〕甚爲誇張的是，錢端升擔心，過度的民族主義情緒將對戰後中國產生不良影響。他說，民族主義若「過分的濃厚與過度的高強」，則不免「增加國際間緊張的空氣，繼則與各國發生許多的衝突」。相反，若中國採用國聯外交並大力支持，則「我們將永爲世界歷史上最光榮的國家，而中華民族亦可爲人類最大的功臣」，〔註98〕可見理想和宣傳意味之濃厚。

　　在這裡，錢端升又在展示他對長遠問題假設性的看法。他承認：「上述的期望固然偏於理想，但這是最值得提倡的理想，也是拯救蒼生的唯一理想」。

〔註94〕 錢端升：《論國聯政策》，《世界政治》，第 3 卷第 9 期，1938 年 12 月 1 日，第 1 頁。

〔註95〕 錢端升：《論國聯政策》，《世界政治》，第 3 卷第 9 期，1938 年 12 月 1 日，第 1～2 頁。

〔註96〕 錢端升：《論國聯政策》，《世界政治》，第 3 卷第 9 期，1938 年 12 月 1 日，第 2 頁。

〔註97〕 錢端升：《論國聯政策》，《世界政治》，第 3 卷第 9 期，1938 年 12 月 1 日，第 7 頁。

〔註98〕 錢端升：《論國聯政策》，《世界政治》，第 3 卷第 9 期，1938 年 12 月 1 日，第 3 頁。

他認爲，歐洲人「實在是受了運命主義的毒。……在這樣一個悲痛不光榮的過程中……高尚的理想最不容易有滋生之地」。〔註 99〕因而「愈是在這樣的一個世界，愈是需要人來提倡高尚的理想」、「爲永久的將來，我們更應放大眼光，以大民族自居，有大理想，而以建立世界和平的責任自任」。〔註 100〕

　　錢端升上述說法無可挑剔。只是他在武漢、廣州失守後的 1938 年 12 月，就提出對中國戰後極端民族主義的預防，未免太過樂觀和未雨綢繆了。因此，錢端升此文所展現的不僅僅是他的外交主張，還有他的外交理想和戰後大國夢。

　　更能表現錢端升的理想和現實主義的是其對蘇俄的態度。由於在抗戰初期，蘇聯大力援助中國，錢端升對蘇聯抱有好感。他認爲：「世界上最有〔力〕提倡和平理想的國家只有我們和美蘇三國」。其他國家不應該歧視「以擁護國聯，維護和平爲其基本和平政策」的蘇俄。〔註 101〕但當 1939 年蘇德結盟後，錢端升對蘇俄又轉換成現實主義的批判看法了。〔註 102〕

　　那如何大力支持國聯呢？在《國聯政策的實施及運用》中，錢端升將中國政府應做的事情分爲三類：第一類是增加國聯權威。他以乾隆時期抗議瓜分波蘭爲例〔註 103〕指出，「這些事縱與中國無直接的特別的關係」，中國也須關心並採取適當的行動。〔註 104〕第二類是加強參與國聯的力度。這包括：第一、羅致若干能幹人員，設法送入國聯秘書處及勞工局服務。第二，國聯同志會擴大組織，增加活動。第三類是運用國聯取得援助，包括：一、貸款給中國。第二、對日軍火禁運。三、各國慈善機構救濟中國。錢端升指出，「如果上述三項做不到，則其他援助更談不到」。〔註 105〕

〔註 99〕 錢端升：《論國聯政策》，《世界政治》，第 3 卷第 9 期，1938 年 12 月 1 日，第 4 頁。

〔註 100〕 錢端升：《論國聯政策》，《世界政治》，第 3 卷第 9 期，1938 年 12 月 1 日，第 7 頁。

〔註 101〕 錢端升：《論國聯政策》，《世界政治》，第 3 卷第 9 期，1938 年 12 月 1 日，第 4 頁。

〔註 102〕 錢端升：《論蘇德不侵犯條約》，《雲南日報》（專論），1939 年 8 月 25 日，第 2 版。

〔註 103〕 錢端升：《論國聯政策》，《世界政治》，第 3 卷第 9 期，1938 年 12 月 1 日，第 1 頁。

〔註 104〕 錢端升：《國聯政策的實施及運用》，《世界政治》，第 4 卷第 1 期，1939 年 1 月 1 日，第 24 頁。

〔註 105〕 錢端升：《國聯政策的實施及運用》，《世界政治》，第 4 卷第 1 期，1939 年 1

最後，錢端升重申：「國聯政策的成功與否，爲我們興亡所繫。而要國聯成功，我們尤須兼有遠大的眼光，高尚的理想，及淺的近利之圖。沒有前者，我們不能爲人所重，亦不會有不顧一切的大勇。沒有後者，則無以應付目前的大難。所以兩者實不可偏廢」。〔註106〕

從上可見，錢端升所言環環相扣，層層相遞。只有切實執行國聯的路線，才能得到道義和實際的援助。須指出的是，錢端升明確認識到國聯的局限性。他說：「國聯現在的力量是極微小的……但是我們千萬不能恢〔灰〕心。凡事在人爲，有多少努力，必收多少效果。……高度的對日制裁，我們此時不必要求，即要求也是無用。但是可能的制裁以及其他助力，我們務必以全力促其實現」。〔註107〕簡言之，中國仍須「苦撐待變」。

六、《今日評論》時期的外交主張：苦撐待變

進入《今日評論》時期，錢端升的外交主張重心轉移到對美外交。由於錢端升在抗戰期間曾四次訪美，與當時美國政界、輿論界和教育界等各界人士均有密切交往和聯繫。與此同時，他也在國內擔任國民參政會參政員和曾兼任外交事務委員會副主席，以及與國民政府內高層內幕人士關係良好，如王世杰、胡適、周炳琳、張忠紱、翁文灝、傅斯年等。由於有親身訪美第一手資料和內幕消息，加上其本身對各國政府運作的瞭解，因此對國內外局勢的判斷和美國的外交遠較一般政論刊物確切。

就當時國際形勢而言，最關鍵的是美國的態度。日本自「九・一八」事變後，除破壞美國「門戶開放」政策和「九國公約」外，還有意無意侵犯美國在華利益，加上自抗戰後美國輿論大多對華持同情態度，因此日美關係一直處於緊張狀態。〔註108〕儘管如此，由於陷於孤立主義和國內經濟問題，美國政府仍然游離世界政治舞臺，給人時隱時現之感，中立法就是其標誌。錢

月1日，第28、29頁。
〔註106〕錢端升：《國聯政策的實施及運用》，《世界政治》，第4卷第1期，1939年1月1日，第29頁。按：原文爲「及淺的近利國之圖」。
〔註107〕錢端升：《國聯政策的實施及運用》，《世界政治》，第4卷第1期，1939年1月1日，第28頁。
〔註108〕詳參〔美〕約瑟夫・C・格魯著、蔣相澤譯，陳宏志、李健輝校：《使日十年——1932～1942年美國駐日本大使的日記及公私文件摘錄》，第三章從未遂政變到公開戰爭、第四章中國事變，北京：商務印書館，1992年3月，第175～212頁，第213～287頁。

端升指出，「中立法修正，總統才可以放手做去。亦惟中立法修正，總統才可認為民意已有表示」。在歐戰爆發前，錢端升認為，若美國制日範圍不擴大，則英國的行動勢亦難望擴大。美英不前進，則法國的變化自然更小。〔註109〕錢端升的看法並不孤立，當時胡適、傅斯年、王世杰、周鯁生、張忠紱等人均持類似看法。〔註110〕

　　就此時期錢端升外交主張而言，依然是胡適的「苦撐待變」方針，靜待國際形勢朝有利中國方向發展。在此期間，中國必須盡可能地爭取國際輿論的同情和支持。同時，必須作出有效的抵抗，才能贏得上述三國的協助。錢端升分析說：

> 英美法的基本政策，自中日戰爭開始以來，實未有多大變更。他們的政策有二點，第一是維持華府會議所建立的太平洋局面，第二是極力避免用戰爭或可以引起戰爭的手段來維持這局面。這兩點是有連帶的關係的。如果日本之力十分強大，可以容易地破壞原有的太平洋局面，則英美法必無法助我們，因為他們助我時或會有引起戰爭的可能。如果日本之力甚小，別無應付英美法的餘力，則英美法必盡力助我制日，因為如此才可以維持原有的太平洋局面。〔註111〕

可見中國抗戰力度與美英法三國援助之關係，抗日力度越大，則獲援助機會越大，相反則越小。不能不說，錢端升的觀察是相當銳利的。中國抗日須有足夠力度，讓日本騰不出手腳，英美法才會援助之。

　　《今日評論》創刊時，正值國內悲觀論蔓延時期，可說是舉國維艱，生不逢時。在創辦初期，據浦薛鳳回憶說，「〔端升〕近來與我談話，總是提到積極樂觀。其誠摯態度頗有古人風」。〔註112〕以上為公開之言論。但實際上，錢端升在 1939 年初對抗戰前景也是頗為憂慮的。他在致美國友人函中，兩次提及中國戰況只能維持「半年」（詳參第六章二節）。

〔註109〕錢端升：《英美法制日助我的最近形勢》，《今日評論》，第 1 卷第 5 號，1939年 1 月 29 日，第 8 頁。

〔註110〕詳參謝慧：《知識分子的救亡努力》，第四章第三節《今日評論》對美的觀察，北京：社會科學文獻出版社，2010 年 5 月，第 310～340 頁。

〔註111〕錢端升：《英美法制日助我的最近形勢》，《今日評論》，第 1 卷第 5 號，1939年 1 月 29 日，第 9 頁。

〔註112〕浦薛鳳：《太虛空裏一遊塵──抗戰八年生涯隨筆》，臺北：商務印書館，1979年 7 月，第 164 頁。

　　將錢端升致美國友人信函對照《今日評論》上的言論，可發現兩者之間有一些細微的差別。在公開場合，錢端升對美國政府持諒解態度，在私人函件中，則力促美國實施禁運和取消中立法。儘管 1938 年 12 月美國桐油借款成功，但國內部分輿論仍對美國的援助不力表示失望。同時，美英法三國也遲遲不肯對日採制裁措施，也讓國內輿論普遍感到不滿。爲此，錢端升專門進行解說。他指出，

> 世界上六大國，除了德意與日本一鼻孔出氣，無可救藥，蘇聯顯而易見地在助我，均可不論外，其餘英美法三國，確實均是同情於我〔，〕均是想助我，……自從戰事發生以來，國人對於美國固尚少責難，但對於英法則有時期待甚殷，有時疑其不懷好意。這種態度上的驟變，實在對不起英法，也實在表現我們對於英法尚缺乏認識。〔註 113〕

在文中，錢端升剴切指出，美英法受歐洲和國內因素制約，不應對三國抱有太大期望，也不能因此而抱怨之。他通過此文指出美英法三國未能經盡力援華的各種原因，對澄清當時部分輿論對美英法所產生的誤解和認清當時國際形勢有一定的幫助。1942 年 7 月 1 日，胡適在致王世杰函中亦云，「政府領袖對於盟邦務取大度，不可因其一時不能充分顧及我之需要，而多所責難」。〔註 114〕與錢端升看法相近。

　　《今日評論》另外兩位撰稿人傅斯年和崔書琴（西南聯大教授兼國際法法學家）也表達了類似看法。崔書琴說：「對華貸款是援助中國的表示，有很重要的外交意義，但也不過止於此而已」。〔註 115〕對於英美的經濟報復，傅斯年也說：「我們要知道，國際間形勢的演進，總是遲緩迂曲的多，何況這樣大事」。但同時，他推論說：「英美對日之經濟報復將在一兩個月後成爲事實」。〔註 116〕傅斯年的樂觀看法應來自胡適、翁文灝和王世杰等人。胡適在駐美大使期間，與王世杰、翁文灝、傅斯年和錢端升等均有密切聯繫。

　　在抗戰期間，郭泰祺、錢端升和胡適三人經常有電報來往。胡適在駐美

〔註113〕錢端升：《英美法制日助我的最近形勢》，《今日評論》，第 1 卷第 5 號，1939 年 1 月 29 日，第 8 頁。

〔註114〕《王世杰日記》（1942 年 7 月 1 日），第 3 冊，1990 年 3 月，第 323 頁。

〔註115〕崔書琴：《論美國對日報復問題》，《今日評論》，第 1 卷第 2 期，1939 年 1 月 8 日，第 8 頁。

〔註116〕傅孟眞：《英美對日採取經濟報復之希望》，《今日評論》，第 1 卷第 3 期，1939 年 1 月 15 日，第 6、8 頁。

大使期間，接收不到任何來自中央政府的消息，也是通過錢端升轉達給傅斯年的。王汎森甚至稱錢端升爲胡適的助手。〔註 117〕1938 年 11 月 11 日，翁文灝記載：「胡適來佳電言：和比戰更難百倍，除苦撐待變，別無路可走，國際形勢正好轉，秘呈汪、孔諸位，須立定腳跟」。〔註 118〕1939 年 1 月 10 日，胡適致電重慶，「美政府世日復〔覆〕東京電，態度之強硬堅決，爲向來所未有，……昨參院外交〔委員會〕委員長畢德門宣言，日答復〔覆〕若不滿意，美國應採取經濟制裁」。〔註 119〕21 日，胡適致電陳布雷，指出美國外交「實行方向有三：一爲經濟助我，二爲對日經濟制裁之各種方式，三爲大增軍備以威脅日本」。〔註 120〕傅、錢上述二文發表日期分別爲 1 月 15、29 日，應當說，與胡適的函電有一定的關係。

　　中國輿論之所以在 1939 年初，對英美援助盼望如此殷切，主要原因是 1939 年 1 月 15 日軍空軍開始第一次空襲重慶。〔註 121〕此前，日軍已在 1938 年 9 月 28 日首次空襲昆明。〔註 122〕1939 年 2 月 5 日，搬至廣西的浙江大學也遭遇與「南開、昆明聯大、南京中大、梧州西大、長沙之湖大、八步之同濟皆一再被炸」的命運。〔註 123〕2 月 10 日，日本侵佔海南島，形成半包圍之勢。換言之，日本的空襲心理戰對中國造成了相當的影響。連遠在西南的省份也遭到威脅，而英美法三國仍口惠而實不至，輿論自不能不有所埋怨。當危機過後，錢端升道出了其中原委：

　　　　自比京會議失敗，至去年二月我軍士氣恢復，這幾個月是抗戰史中最慘淡也最危險的一頁。國人當時對於自己的支持力估計至低，敵人的進攻力估計過高，對於英美感極大的失望，對於蘇聯雖

〔註 117〕王汎森：《傅斯年：中國近代歷史與政治中的個體生命》，北京：三聯書店，2012 年 5 月，第 210 頁，注腳 1。

〔註 118〕李學通等整理：《翁文灝日記》，北京：中華書局，2010 年 1 月，第 282 頁。

〔註 119〕胡頌平編著：《胡適之先生年譜長編初稿（5）》，臺北：聯經出版事業公司，1984 年 5 月，第 1663 頁。原載《盧〔蘆〕溝橋事變前後的中日外交關係》，第 432 頁；又見《抗戰時期封鎖與禁運事件》，第 253～254 頁。

〔註 120〕《胡適任駐美大使期間往來電稿》，北京：中華書局，1978 年 3 月，第 8 頁。

〔註 121〕「敵機今日大舉襲渝，市區及郊外均擲多彈，死傷甚眾。此爲敵機大舉襲渝市區之第一次」。《王世杰日記》（1939 年 1 月 15 日），第 2 冊，1990 年 3 月，第 16 頁。

〔註 122〕李學通等整理：《翁文灝日記》（1938 年 9 月 28 日），北京：中華書局，2010 年 1 月，第 272 頁。

〔註 123〕《竺可楨全集·日記》（1939 年 2 月 6 日），第 7 卷，上海科技教育出版社，2005 年 12 月，第 26 頁。

存莫大的奢望，而又不敢信其必有動作；德國則有伺機勸和，多方
擾亂。〔註124〕

陳序經也說：「自廣州失陷後，國人有了不少對於廣東在抗戰上，持了悲觀的
態度」。〔註125〕汪精衛逃亡越南河內謀求「和平」，就是此時期抗戰最慘澹的
寫照。期望越高，失望越大，部分輿論因此將失望發洩在道義上理應援助中
國，但到頭來卻還在售賣戰爭物資給日本的美國，自在情理之中。

　　錢端升、傅斯年等人，由於與胡適、王世杰等人的密切關係，及《今日
評論》擁有最高學府西南聯合大學教授群作為撰稿人，其掌握國內外政治形
勢，相對較確切，立論也較有說服力，成為當時最權威的雜誌之一。也因此，
《今日評論》上的各種文章，經常被轉載在其他各種刊物上。如在 1939 年 4
月黎烈文主編的《改進半月刊》創刊號上，就轉載了四篇《今日評論》的文
章，包括上述錢端升、傅斯年二文。〔註126〕錢端升上文，除《改進》外，也
分別被 1939 年 2 月 10 日的重慶《半月文摘》（第 3 卷第 4 期）和 1939 年 3
月 12 日昆明《益世報》（星期評論）轉載，《今日評論》之影響力可見一斑。
因此，《今日評論》作為戰時中國最有影響力的政論刊物之一，它對澄清和指
導當時輿論，應當說，功不可沒。

第二節　抗戰時期的國民外交

一、波普與維拉德簡介

　　就西方各國言，國民外交源於秘密外交。就近代中國言，還源於近代之
積弱。1919 年巴黎和會期間，是「國民外交」蓬勃發展時期。〔註127〕「九‧

〔註124〕錢端升：《抗戰制勝的途徑》，《今日評論》，第 1 卷第 11 號，1939 年 3 月 12
　　　　日，第 3 頁。
〔註125〕陳序經：《廣東與中國》，《東方雜誌》，第 36 卷第 2 號，1939 年 1 月 16 日，
　　　　第 44 頁。
〔註126〕此四篇文章按序為：錢端升：《英美法制日助我的最近形勢》、傅斯年：《英美
　　　　對日採取經濟報復之希望》、張忠紱：《美國政府的遠東外交政策》、張道行：
　　　　《美國中立與遠東政策》。
〔註127〕相關研究，詳參《國民外交雜誌之發刊》，《國民外交雜誌》，創刊號，1922
　　　　年 6 月 1 日。許冠亭：《「五四」前後國民外交協會活動述論》，《江海學刊》，
　　　　2007 年第 4 期。印少雲：《近代史上的「國民外交」》，《甘肅社會科學》，2003
　　　　年第 3 期。賈中福：《中美商人團體與近代國民外交，1905～1927》，中國社

一八」事變後，國民外交再度興起。1932 年 3 月，南京國民政府部分立法、監察委員發起成立「國民外交協會」。9 月，出版《國民外交雜誌特刊》；10 月出版創刊號，宣傳抗日救國。〔註 128〕全面抗戰後，1938 年 7 月第一屆第二次參政會外交報告決議：「國民外交應充分利用，以期增進各國國民之同情與援助」。〔註 129〕

就抗戰期間國民外交言，目標至少有三：一、向西方各國宣傳中國抗戰形勢，以獲世界輿論之同情；二、取得各國政治、經濟和外交等訊息；三、獲取各種可能之援助。

1937 年，錢端升和胡適、張忠紱出訪歐美期間，認識了不少美國政府官員和有影響力人士。從錢端升遺稿可以發現，他至少與下列人士有書信來往：美國下議院外交事務委員會主席皮特曼（Key Pittman）、《芝加哥日報》駐外通訊處主管賓德（Carroll Binder）、英國歷史學家湯恩比（Arnold J. Toynbee）、英國下院議員辛克萊（Sir Archioald Sinclair）、英國情報服務處（British Information Service）維爾斯特（Charles K. Welster）等。〔註 130〕這份名單，應該說是不完整的，甚至可以說只是冰山一角。如他與當時美國最有影響力的政論家和專欄作家李普曼（Walter Lippmann）之間的通信即未包括在內。〔註 131〕

另就筆者收集所得，還應包括：美國前參議員詹姆斯‧P‧波普（James P. Pope）和《民族》雜誌前發行人、出版人兼主編維拉德（O. G. Villard）。由於錢端升遺稿書信部分，獲得時間比較遲，因此未及分析。本節僅集中分析波普、維拉德與錢端升三人對當時國際形勢和中日關係之觀察。

波普曾任美國參議院外交事務委員會委員。1938 年 6 月 8 日，他在參議院就美國向日本銷售戰爭物資發表演說，指陳美國提供了日本進口的『戰爭

會科學出版社，2008 年 11 月。
〔註 128〕左雙文：《九一八事變後的〈國民外交雜誌〉》，《史學月刊》，2007 年第 3 期，第 59 頁及注腳 1。《中華民國史大辭典》第 1172 頁記載《國民外交雜誌》創刊於 1933 年，有誤，應為 1932 年。
〔註 129〕《國民參政會史料》，臺北：國民參政會在臺歷屆參政員聯誼會，1962 年 11 月，第 56 頁。
〔註 130〕這批書信，部分筆者曾於 2012 年 5 月 19 日，獲錢大都先生惠允，得以閱覽。
〔註 131〕美國杜克大學圖書館（Duke University Library）藏有《李普曼文件》（「The Walter Lippmann Papers」）。其中第 61 盒檔案夾 428 號，藏有 1938～1940 年與錢端升之間通信。筆者曾索購 1946～1948 年錢端升與費正清之間來往信件，發現全屬哈佛訪學事宜，故未曾引用。

物資』的 54.4%，〔註 132〕可窺見其對華態度。1939 年 1 月，羅斯福總統指派他擔任田納西流域管理局成員，後出任局長。開發田納西州流域是羅斯福的新政之一。1944 年 5 月，張公權在訪問美國期間，曾參觀過田納西州流域管理局。〔註 133〕可見羅斯福對波普的倚重和兩者非同尋常的關係。

至於維拉德，哈佛大學霍頓圖書館介紹如下：維拉德，記者和作家。《紐約晚郵報》發行人（1897～1918），《民族》雜誌的主編和持有人（1918～1932），《民族》雜誌出版商和特約編輯（1932～1935），美國全國有色人種協進會（NAACP）創始人。〔註 134〕

霍頓圖書館沒有提及的是，維拉德是一位世界和平主義者和孤立主義者（pacifist and isolationist）。胡適在口述自傳曾提及：「我清楚地記得正當一九一六年大選投票的高潮之時……當《紐約晚郵報》出版，休斯仍是領先。該報的發行人是有名的世界和平運動贊助人韋那德（Oswald Garrison Villard）」。〔註 135〕除提倡和平運動外，維拉德還是一位傑出的民權運動者。上述美國全國有色人種協進會，就因其發表《呼喚》（「The Call」）一文而成立。亦因其對民權運動的傑出貢獻，2009 年在全國有色人種協進會 100 週年之際，發行紀念 12 位民權先驅的郵票中，包括維拉德夫婦。〔註 136〕

作爲一位眞誠的和平主義者，維拉德曾反對美國參加一戰。在 1919 年發表《重整軍備就是軍國主義》〔註 137〕和《神秘的威爾遜》〔註 138〕等抨擊威爾遜政府。在二次大戰期間，維拉德像大多數美國人一樣，既持孤立主義態度，又對中國持強烈同情態度。他認爲，羅斯福總統應採取除戰爭戰以外的一切手段協助中國抗戰。

〔註 132〕《包蘭亭備忘錄》（1939 年 1 月 7 日），章伯鋒、莊建平主編：《抗日戰爭》，第 4 卷上，四川大學出版社，1997 年，第 375 頁。

〔註 133〕姚松齡編著：《張公權先生年譜初稿（上）》，臺北：傳記文學出版社，1982 年，第 390 頁。

〔註 134〕Oswald Garrison Villard, http://oasis.lib.harvard.edu/oasis/deliver/~hou00082。參閱日期：2010 年 5 月 27 日。

〔註 135〕唐德剛注譯：《胡適口述自傳》，安徽教育出版社，1999 年 9 月，第 40 頁。

〔註 136〕"Civil Rights Pioneers Honored on Stamps", http://www.usps.com/communications/newsroom/2009/sr09_020.htm。參閱日期：2010 年 5 月 28 日。

〔註 137〕Oswald Garrison Villard, Preparedness Is Militarism, *Annals of the American Academy of Political and Social Science*, Vol. 66, Preparedness and America's International Program, Jul. , 1916, pp.217-224.

〔註 138〕Oswald Garrison Villard, *The Mystery of Woodrow Wilson*, The North American Review, Vol. 204，No. 730, Sep., 1916, pp.362-372.

就錢端升與上述兩位美國友人通信而言，除 1937 年 11 月 16 日致維拉德第一通信爲訪美期間的通信外，餘爲訪美回國後，即 1939 年《今日評論》創刊後的通信，其中以 1939 年和 1941 年居多。錢端升致波普有 7 通，波普回信 4 通，共 11 通；致維拉德有 15 通，維拉德回信 7 通，共 22 通。〔註 139〕

錢端升致波普通信日期一覽：

	錢端升致波普	實際收到日期		波普覆錢端升	頁數
1.	1939 年 1 月 16 日	1939 年 2 月 3 日			2
			1.	1939 年 2 月 25 日	1
2.	1939 年 5 月 1 日	1939 年 5 月 23 日			3
3.	1939 年 7 月 24 日	1939 年 9 月 11 日			1
			2.	1939 年 9 月 14 日	1
4.	1940 年 12 月 2 日	沒郵戳顯示			2
			3.	1940 年 12 月 27 日	1
5.	1941 年 5 月 1 日	1941 年 5 月 22 日			2
6.	1942 年 4 月 7 日	1942 年 9 月 8 日			3
			4.	1942 年 9 月 8 日	2
7.	1942 年 12 月 20 日	沒郵戳顯示			2
總共					22

〔註 139〕據哈佛大學霍頓圖書館（Houghton Library）提供封面顯示，錢端升致維拉德有 14 封信，維拉德覆錢端升有 6 封信。經筆者核對後，發現有 2 通信並未計算在內。這 2 通遺漏信件應是檔案管理人員未細心查看所致。上表中致維拉德第 9 通和覆錢端升第 4 通，應是多出來的 2 通。第 9 通缺第 1 頁，它附有一篇文章「DEMOCRACY IN ONE COUNTRY」，應是錢端升打算投稿用。檢索英文期刊（JSTOR），未發現此文。信件基本按照收發日期存檔，約有三、四封未按時序。1939 年 3 月 12 日《今日評論》節刊了兩封信，第二封信爲「美國以孤立主義出名的某邦的一位老主筆寫來的」，推論應當爲維拉德無疑。此信上述維拉德文件未見記載。由於維拉德曾是《民族》雜誌發行人、出版人兼主編，當時國內的刊物譯載了他的不少文章，如《戰時德國印象記》（1940 年 1 月）和《捷克的慘遇》（1940 年 2 月），這是他訪問歐洲之成果，在致錢端升信函中雖曾提及是次訪歐，但沒有提及此二文。錢端升譯：《英美記者論歐美局勢》（通信），《今日評論》，第 1 卷第 11 期，1939 年 3 月 12 日，第 15 頁。〔美〕O. G. Villard 著、鐵聲譯：《戰時德國印象記》，《中美周刊》，第 1 卷第 16 號，1940 年 1 月 13 日；〔美〕O. G. Villard 著、李嘉璧譯：《捷克的慘遇》，《天下事》，第 1 卷第 4 期，1940 年 2 月 15 日。

錢端升致維拉德通信日期一覽：

	錢端升致維拉德		維拉德覆錢端升	頁數
1.	1937 年 11 月 16 日			1
2.	1939 年 2 月 6 日			4
		1.	1939 年 3 月 15 日	3
3.	1939 年 4 月 17 日			3
		2.	1939 年 6 月 7 日	2
4.	1939 年 6 月 18 日			2
		3.	1939 年 7 月 18 日	2
5.	1939 年 8 月 6 日			3
6.	1940 年 2 月 21 日			5
7.	1940 年 5 月 5 日			2
		4.	1940 年 6 月 27 日	2
8.	1940 年 8 月 25 日			2
9.	1940 年 11 月 18 日			2
		5.	1940 年 12 月 18 日	2
10.	1941 年 2 月 3 日			2
		6.	1941 年 4 月 14 日	2
11.	1941 年 4 月 18 日			3
12.	1941 年 5 月 23 日			2
13.	1941 年 7 月 13 日			4
		7.	1941 年 7 月 28 日	1
14.	1941 年 9 月 16 日			3
15.	1942 年 12 月 13 日			2
總共				55

由於波普在羅斯福新政期間，出任田納西流域管理局局長，遠離華盛頓政治
中心，及維拉德作為一孤立主義者，兩人所得內幕消息相對有限，儘管如此，
兩人對當時國際形勢的看法，仍有極大的參考價值。就三人之間之間通信而
言，有兩個特點：第一、錢端升在函件中的觀點，從日期上來看，大多從《今
日評論》上提煉而來。第二、就世界政治和遠東局勢觀察言，錢端升的分析
遠較二者深刻。原因不難理解，三者的身份、地位和扮演的角色各有不同。
中日戰爭關係中國生死存亡，錢端升對國際和遠東形勢的分析是全力以赴

的。就三者之間通信言，有下列幾個主要議題：一、中日戰局；二、國際補給線；三、中日經濟戰；四、英日妥協；五、歐戰的爆發和法國戰敗；六、日本南進等問題。

二、中日戰局分析

　　1939 年 1 月 16 日，錢端升致函波普。在信的開頭，錢端升表示，儘管上次接受波普的款待已有一年多，但記憶中仍常充滿感激之情。在略述自己離開美國，短暫逗留歐洲，然後回國擔任北大法學院院長和參政會外交事務委員會副主席後，他表示了他對局勢的憂慮。儘管在公開場合，錢端升對抗戰充滿信心，但在此時，語氣看來頗爲沮喪：

> 中國最大的憂慮是如何盡快耗盡日本的國力。我們頗爲肯定（we quite sure），我們能夠繼續維持我們的不敗，最多半年之久。……我國的經濟則十分落後，且目前財政接近枯竭。我們的財政狀況可能僅能繼續維持半年。……如果有一些現成的有效地的經濟援助，則我們可能堅持得更久。或者，美英可向日本施壓，使之在不久的將來在中國之前崩潰。〔註 140〕

除現成經濟援助外，錢端升最關心的是美國中立法的廢除：

> 我聽聞羅斯福總統曾經命令修訂 1936 年的中立法。如果能將侵略者和被侵略者分開的話，我們將會覺得十分鼓舞。……我們主要有兩個希望。通過修改中立法，我們能從美國獲得一些更實質的貸款。我們同樣希望新的中立法，您的政府能有更多和更有效的方法，加速發戰爭狂（war-madden Japan）的日本的經濟崩潰。〔註 141〕

在信尾，錢端升直接向波普呼籲：

> 我可否希望你能盡全力和利用您的權威加速通過新的中立法？您在外交事務上的威信使您的聲音影能讓所有美國人都能聽見。同時，我們對此抱有很大的希望。正是在這種希望之中，我趁著還有自由寫作的機會，向您作個人的呼籲。〔註 142〕

〔註 140〕 T. S. Chien to James P. Pope, *Copy from the University of Tennessee Special Collections Library*, Jan. 16, 1939, p.1. 按：下簡稱 *Copy from the UTSCL*。
〔註 141〕 T. S. Chien to James P. Pope, *Copy from the UTSCL*, Jan. 16, 1939, p.1.
〔註 142〕 T. S. Chien to James P. Pope, *Copy from the UTSCL*, Jan. 16, 1939, p.1.

儘管中美間通信一般最快為 8 天，〔註 143〕但由於戰亂和其他各種原因，信件經常遺失或遲到。〔註 144〕波普覆錢端升第一通信亦不例外。2 月 25 日覆信一直沒有收到。〔註 145〕在此期間，錢端升又於 5 月 1 日和 7 月 24 日追發了長短兩信。前者陳述中國局勢，後者追問前二函是否收到。

在錢端升的催促之下，波普在 9 月 14 日作了甚為簡短的答覆（沒有提及 2 月 25 日覆函）。那已是歐戰爆發後，中國戰事吃緊之時。在信中，波普表示，因羅斯福總統指派他擔任田納西流域管理局成員，已不再擔任參議員。儘管已脫離參議院，波普表現出對中國事務極大的興趣。他對錢端升「提供的信息和對中國目前的狀況」表示感謝和抱歉，希望以後能多接到錢的來信，並「真誠希望中國能夠渡過難關直到日本崩潰為止」。〔註 146〕波普 9 月 14 日的信，錢端升直到 1940 年 12 月才作答覆，原因是出席了 1939 年 10 月的太平洋學會會議。

1939 年 4 月 17 日和 5 月 1 日，錢端升分別致函維拉德和波普。在兩函中，錢端升的語氣恢復了一定的信心，沒有像第一通那樣，表示中國「只能維持半年」，趁還有自由寫作機會，向波普作個人直接呼吁，而是代之冷靜和理性的分析，用迂迴的方式進行游說。由於二信有很大重複，因此合併分析。

錢端升指出，從國家利益層面而言，西方民主國家和中國在對抗日本方面的利益是一致的。只有利用中國才能挫敗日本的野心。錢端升承認，中國

〔註 143〕1937 年 4 月 21 日，泛美航空公司將太平洋航線延伸至香港，從而使中美兩國之間的航程縮短為 8 天。馮舒拉：《〈泛美 14 號國際航空郵路〉郵集》，《集郵博覽》，2010 年第 2 期，第 36 頁。

〔註 144〕James P. Pope to T. S. Chien, *Copy from the UTSCL*, Sept. 8, 1942, p.16. James P. Pope to T. S. Chien, *Copy from the UTSCL*, Sept. 14, 1939, p.8.

〔註 145〕James P. Pope to T. S. Chien, *Copy from the UTSCL*, Feb. 25, 1939, p.3. 此覆函副本現存波普檔案。在函中，波普表示清楚記得 1936 年（按：應為 1937 年）11 月與錢端升的會面情況，對錢的演講印象也十分深刻。波普表示，不知道此屆國會參議員對 1936 年中立法的修改具體進程，據他所知，國會內有很強烈的修改聲音，反對不區分侵略者和被侵略者，所以相信現狀可能會有改變。他指出參議員兼外交事務委員會主席畢德門，對修改中立法持贊成意見。不過他不清楚這股聲音最終能否導致修訂。他表示最近並沒有和羅斯福總統就有關中立法問題進行溝通，但相信羅斯福和國務卿赫爾對中立法的修訂持翼贊態度。他自己本人也支持修訂。在信尾，他表示，只要機會適當，將會推動中立法的修訂。同時熱切期望中國能夠堅持抗戰直到日本戰敗。

〔註 146〕James P. Pope to T. S. Chien, *Copy from the UTSCL*, Sept. 14, 1939, p.8.

的抗戰有種種不足之處，如武漢和廣州失陷後，國內出現的一股悲觀潮，汪精衛亦因此出走。不過這是事出有因，是國內輿論對日本快速的崩潰期待過高所致。最近反攻的成功，中國的信心已經恢復。

錢端升表示，中國欠缺資本和技術，如能獲得美援，將事半功倍。中國雲南和湖南不但人口稠密，且礦產豐富和農產品充足。同時，這些物資亦可從閩、浙運送過來。此外，還對美國提供戰爭物資給日本，表示了適當的指責。錢端升說，沒有中國人指望美國為中國而戰，但美國的舉措對中國抗戰產生了消極影響，在道義上負有一部分責任。

對於當時和談傳聞，錢端升表示，對中國的軍事力量抱有堅定的信心，中國是不會向「不講信義」的日本投降的。在信的後段，錢端升表達了歐洲局勢對遠東的影響和憂慮。他指出，西方民主國家若此時不關注遠東局勢，等到二戰來臨時再重視中國戰場，將為時已晚。錢端升擔心的是英國首相張伯倫在制訂外交政策時將中國排除在外，「如果英國這樣做，肯定會對中國局勢雪上加霜」。在信的最後，錢端升明白表示，在最近的將來，中國無任何計劃可言，除非得到歐美的經援，否則中國的前景不甚明朗。但即便如此，中國也會抗戰到底，爭取最後勝利。〔註147〕

比較二信，5月1日致波普函中明顯增加部分為：中國不會向「不講信義」的日本屈服、對美國售賣物資給日本的適度指責，及對歐戰爆發的憂慮這數段。從兩封信件重疊部分觀察，錢端升所強調的是：中國目前軍事實力不成問題，所欠缺者為心理不夠穩定，直到最近才穩定下來；及缺乏資金和技術（包括運輸工具），希望美國能提供援助。

從日期上看，錢端升兩信寫於1939年「四月攻勢」之後，因此不難理解其對中國軍事力量頗具信心。1938年底，由於日本急於速戰速決，侵略戰果雖然擴大，但兵力已捉襟見肘，不足敷用。〔註148〕1938年12月，蔣介石在南嶽召開軍事會議，提出國軍分三期輪流整理。〔註149〕1939年4月，第一期整理完畢，開始反攻，進入抗爭第二階段。1939年中日間約有三次大規模作戰，分別為：「四月攻勢」、9月第一次長沙會戰和「冬季攻勢」。日軍防衛廳

〔註147〕 T. S. Chien to James P. Pope, *Copy from the UTSCL*, May, 1, 1939, pp.4-6.
〔註148〕 吳相湘：《第二次中日戰爭史（下）》，臺北：綜合月刊社，1974年2月，第574頁。
〔註149〕 吳相湘：《第二次中日戰爭史（上）》，臺北：綜合月刊社，1973年5月，第468頁。

戰史室編撰的《大本營陸軍部》一書記載：「這一年在日德意三國協定交涉及諾門坎事件中已吃苦頭，現在又經歷南寧苦戰及冬季攻勢的防禦戰，這在整個中國事變中成爲陸軍最黯淡的年代」。〔註150〕錢端升上述二信寫於戰局開始扭轉之際，可見他對當時中國軍事力量是頗爲瞭解的。

總之，1939年的中國在經歷1938年底武漢、廣州失守後，形勢相對樂觀。如傅斯年在1939年7月《抗戰兩年之回顧》中說：「第一、愈戰愈疲的倭國，愈戰愈勇的我國⋯⋯第二、我們的軍事力量，實有驚人的偉大」。〔註151〕就是此一時期的寫照。錢端升上述信函反映的雖是1939年4～5月的看法，但直到1942年，除經濟問題每況愈下外，大致持上述立場。

三、國際補給線問題

在上述5月1日致波普函中，錢端升刪減了致維拉德信中一段可能涉及軍事機密的內容。該段內容大致如下：「我的悲觀理由如下：我們與西方國家的補給線，因爲戰爭的緣故，相當落後（quite inadequate）」。他指出，當時中國只有四條公路、一條窄軌鐵路和另一條正在建築中的鐵路通往世界；即新疆通往蘇俄的公路、二條廣西通往法屬越南的印支公路、雲南通往緬甸的公路。第一條公路太長，不經濟；第二、三條公路易給日軍空襲，以及目前已在日軍武器射程範圍以內，再加上法屬越南當局善變；第四條公路則太難行走，雨季來臨，更不能穿越。至於窄軌鐵路，運輸量太小，每年只有九萬噸。興建中的緬甸鐵路，高山太多，至少也得兩年後才完成。不但陸路交通工具如此，海空更是不足。〔註152〕

上述四條陸路線問題，解釋了在緬甸失守後，爲何中美兩國即使冒飛機頻頻失事的危險，也要運用駝峰航空線。錢端升說：「我確實希望西方民主國家能看到維持和改善以上這些交通路線的重要性，以及開闢新的運輸線。我同樣希望這些國家明白發展中國的資源最終將會戰勝日本」。〔註153〕他之所以

〔註150〕《日本軍國主義侵華資料長編（上）——〈大本營陸軍部〉摘譯》，人民出版社，1987年1月，第523頁。

〔註151〕傅孟眞：《抗戰兩年之回顧》，《今日評論》，第2卷第3期，1939年7月9日，第35頁。

〔註152〕T. S. Chien to O. G. Villard, *Copy from the Houghton Library, Harvard University,* Apr. 17, 1939, p.11. 按：下簡稱 Copy from the HLHU。

〔註153〕T. S. Chien to O. G. Villard, Copy from the HLHU, Apr. 17, 1939, p.11.

強調西方民主國家補給線的重要性，主要原因是中國沿海地區均被日本封鎖，關稅、外貿、外匯、國外武器和軍需品等的補給大受影響。1939 年 5 月，王世杰說：「我軍目前最大之困難為由國外至國內之運輸問題」。〔註 154〕錢端升刪除的原因，除事涉機密外，一方面可能是避免暴露弱點過多，一方面「四月攻勢」後，形勢漸佳。

在《今日評論》上，錢端升也十分關注補給線問題。他在 1939 年 2 月指出，「抗戰以來，沿海東南各省大部分淪陷。於是發展內地各省的交通，變為當務之急……交通線是後方的脈絡，脈絡若是滯塞不靈，便失其用處。……湘桂為新成之路，員工亦係舊路指撥之人，而站上車上人員之效率，時有令人表示遺憾之處」。〔註 155〕可能事涉機密，只籠統表示有改善之必要，沒有提及如何改善。錢端升的意見並不孤立，當時輿論對交通部也有所指責。〔註 156〕

綜上所言，錢端升在函中抗戰信心倍增及所陳述內容，與下列蔣介石致羅斯福總統函電大致相近，可見他對當時國內外形勢之瞭解。1939 年 7 月 20 日，蔣介石致羅斯福表示：

> 中國經過過去兩年為國家生存而努力奮鬥之結果，其現時之地位，中正深信已較自戰事開始以來任何其他時期為穩固。蓋中國民心士氣，現更奮發；全國團結亦愈為鞏固。若舉軍事而言，最近新編之軍隊與兵力，亦較二年來任何時期為優越。此實可告慰我中國至〔摯〕友之閣下，俾略紓所懷者也。但此並非謂中國現時已無嚴重之困難，財源之支絀，運輸之艱阻，使中國軍隊之武器迄未能達到充足之境地。倘不幸歐戰爆發，中國在運輸上必將遭遇更多之困難，屆時縱令友邦願以物質援助中國，此種物質欲達到其目的地，其所遭遇之阻力必較今茲為更大。〔註 157〕

〔註 154〕《王世杰日記》（1939 年 5 月 11 日），第 2 冊，第 81 頁。

〔註 155〕錢端升（山）：《交通管理問題》，《今日評論》，第 1 卷第 8 號，1939 年 2 月 19 日，第 3 頁。

〔註 156〕姚松齡編著：《張公權先生年譜初稿（上）》，臺北：傳記文學出版社，1982 年，第 217 頁。

〔註 157〕《蔣委員長自重慶致美國總統羅斯福對九國公約之維護、對華物資之援助與歐洲大勢對於遠東全局之影響三事申述所懷並提出美國當前所可採取之制日援華方法函》（1939 年 7 月 20 日），《中華民國重要史料初編》，第 3 編第 1 冊，戰時外交，第 84 頁。

四、中日之間的經濟戰

在 1939 年 5 月的《今日評論》上，錢端升指出，「敵人軍事進攻的策略既不得逞，乃轉而採取經濟進攻戰的策略……而軍事的進攻則轉居次要地位」。〔註 158〕既然戰爭取決於經濟多於軍事因素，民間外交的議題自然繞不開經援問題。除此之外，錢端升還希望通過美國，一方面緩和英國在遠東的綏靖政策，一方面利用美國的壓力，爭取英國的貸款。

隨著中國貨幣貶值危機加深，錢端升對戰局更是擔憂。1939 年 6 月 7 日，國民政府突然宣佈放棄上海黑市匯價。〔註 159〕7 月 30 日，蔣介石指示胡適及陳光甫，促請美國政府積極增援中國外匯平準基金。〔註 160〕在此之前，6 月 18 日，錢端升在致維拉德信表示：

> 〔中國〕正面臨十分嚴重的貨幣貶值問題。日本人曾嘗試所有方法將我們的貨幣貶值。直到六個星期前，所有的嘗試均告失敗。……目前中國政府仍在尋找各種方法捍衛貨幣的匯率。我個人看法認為，除非得到外國列強的援助，我們很難從此困境中脫身……老實講（frankly say），如果沒有西方的援助，中國將永不可能贏得是次經濟戰爭（economic war）。……你可以說這是不正當的願想（unwarranted wishful thinking）和完全不同意它。但如果英法正在努力進行反侵略工作，他們又怎能看著中國像捷克一樣沉沒和消失？〔註 161〕

在信的最後，錢端升表示，「儘管中國目前通貨貶值和恐怖空襲頻繁，但我們的士氣並沒有下降，和我們不動搖、不妥協抗戰到底的決心仍在增加。只要有這種決心，即使沒有國外的經濟和軍事援助，我們仍可繼續堅持一年或二年」。但同時也指出，日本正在佔領區進行掃蕩整理，掠取中國資源，以戰養戰。〔註 162〕因此更需要西方國家的援助，以便持久作戰。

7 月 18 日，維拉德覆信錢端升。除感謝外，他還表示對每一通信持同樣

〔註 158〕錢端升：《論戰時的行政機構》，《今日評論》（合刊），第 3 卷 19 號，1940 年 5 月 12 日，第 291 頁。

〔註 159〕羅敦偉：《我國戰時金融政策之回顧與前瞻》，《金融知識》，第 1 卷第 3 期，1942 年 5 月，第 114 頁。

〔註 160〕胡頌平編著：《胡適之先生年譜長編初稿（5）》，臺北：聯經出版事業公司，1984 年 5 月，第 1673 頁。

〔註 161〕T. S. Chien to O. G. Villard, *Copy from the HLHU*, Jun. 18, 1939, p.15.

〔註 162〕T. S. Chien to O. G. Villard, *Copy from the HLHU*, Jun. 18, 1939, p.15.

熱切期待態度。在國際形勢方面，維拉德透露，英美與日本的對立越來越緊張。當他 7 月 14 日在華盛頓時，發現美國政府高層希望國會實行禁運，至少國務院是持這種態度。他說，羅斯福已指示外交委員會主席皮特曼，在中立法修改前實施禁運。不過他懷疑，儘管自己希望能通過，但時間太短和每個人急於回家，及中立法的辯論如此激烈，相信通過機會不大。

維拉德說，美國目前被中立法極端地（dreadfully）分裂成兩派，兩方面都希望援助中國。有意思的是，兩方都認為對方的方案不能在援助中國同時，保持美國遠離戰爭。維拉德說，這兩派的意見就像迎頭相撞的列車一樣，無法調和。維拉德明確表示，自己是站在孤立主義者這一派的，不過他請錢端升明白和諒解，所謂孤立主義者只是想遠離戰爭，並不表示不支持在行動、道義和物質上杯葛侵略者。〔註 163〕

在信中，維拉德對總統羅斯福的行動滯後依然表示不理解（I still cannot think why the President lags.）。他認為，羅斯福沒有認識到對付日本，將對英國造成的影響是一個錯誤。張伯倫只是一個偉大的空言者（great talker）、一個受到驚嚇的妥協者和一個十分虛弱的同盟者。他雖言辭激烈地表示不會讓日本掌控英國外交，及損害在華的英國利益，但這僅僅是外交說辭。中國不應太過信賴英國。在信的最後，維拉德表示將會在 8 月赴歐，希望能在此之前收到覆信。〔註 164〕

維拉德所言不虛。7 月 24 日，胡適致電陳布雷，「關於中立法之爭，前夜白宮召集參議〔眾〕院兩黨領袖會商半夜，終於決定暫時擱置」。〔註 165〕同日，羅斯福建議停止賣給日本石油。〔註 166〕26 日，美國宣佈廢除《日美商約》。由於維拉德的催促，錢端升很快在 8 月 6 日回信。在信中，表示除空襲仍頻外，中國戰場依然十分平靜。在國內形勢方面，過去兩個星期一直為貨幣貶值問題所困擾。有兩個因素制約了中國政府的做法：一、除沿海地區英國商人外；二、中國民眾普遍也傾向維持匯率。錢端升指出，「中國目前的情況非常尷尬。如果我們繼續維持佔領區的匯率，日本人就會獲利。如果讓匯率自由浮動和不繼續提供外匯，我們將會失去中英兩國民眾的好感。我們希望英

〔註 163〕 T. S. Chien to O. G. Villard, *Copy from the HLHU*, Jul. 18, 1939, p.16.
〔註 164〕 T. S. Chien to O. G. Villard, *Copy from the HLHU*, Jul. 18, 1939, p.16-17.
〔註 165〕 胡頌平編著：《胡適之先生年譜長編初稿（5）》，臺北：聯經出版事業公司，1984 年 5 月，第 1671 頁。
〔註 166〕 楊仁敬編著：《海明威在中國》，廈門大學出版社，2006 年 5 月，第 156 頁。

國再借款給予中國一筆小的貸款（small loan）暫時制止此一困境」。〔註167〕

在《知識分子的救亡努力》中，謝慧指出，當時幾乎每份政論刊物都有大量討論外匯問題的文章。《今日評論》也不例外，當時大致有三派：一、放棄派，以千家駒、武維爲代表。二、維持派，以馬寅初、朱偰爲代表。三、折衷派，以陳翰笙、劉振東爲代表。〔註168〕她在研究三派意見後認爲：「總的來看，《今日評論》的作者多主張放棄維持上海匯市，在後方建立新的獨立自主的匯市。這一意見後來被國民政府部分採納」。〔註169〕

從錢端升主張暫時維持匯率一段時間再想辦法，可知其傾向折衷。1939年8月9日，他在致胡適函中云：「國內意見不一致，關鍵則在淪陷區是否維持固定匯價問題。爲維持，則政府即須供給外匯。以弟觀察，最近總須維持一下，然後徐圖根本解決。要暫時維持必須靠外債，而美方不熱心，其困難蓋在此」。〔註170〕在8月6日致維拉德函中，錢端升說：

> 或者我應該更強調中國通貨問題的嚴重性。我認爲它很快成爲戰爭中最不穩定的因素。如果英國人不能認識此點，讓情況繼續惡化和拒絕援助，英國將會失去中國。儘管中國在軍事上有所改善，我們還是有可能輸掉這場戰爭。你總不能指望美國將會對這種事情感到興趣而貸款給中國？〔註171〕

錢端升所言不幸言中。兩日後胡適致電國民政府表示：「美國政府對參加外匯平準基金事，非有議會授權，不能有何行動」。〔註172〕可見他對時局的判斷，大致不差。

五、英日妥協與「有田——克萊琪協定」

僅次於經濟問題的是英日談判，這是當時中國政府最爲頭疼和擔憂的問

〔註167〕T. S. Chien to O. G. Villard, *Copy from the HLHU*, Aug. 6, 1939, p.19.

〔註168〕謝慧：《知識分子的救亡努力》，北京：社會科學文獻出版社，2010年5月，第268～271頁。

〔註169〕謝慧：《知識分子的救亡努力》，北京：社會科學文獻出版社，2010年5月，第282頁。

〔註170〕《北京大學圖書館藏胡適未刊書信日記》，清華大學出版社，2003年6月，第145頁。

〔註171〕T. S. Chien to O. G. Villard, *Copy from the HLHU*, Aug. 6, 1939, p.19.

〔註172〕《王世杰日記》（1939年8月8日），第2冊，第130頁。直到12月20日，羅斯福仍對胡適表示，現款借貸，無法辦到。胡頌平編著：《胡適之先生年譜長編初稿（5）》，臺北：聯經出版事業公司，1984年5月，第1696頁。

題之一。錢端升說，當張伯倫在 7 月 24 日宣佈上述協定時，震驚了所有的中國人。

> 　　我是屬於那一小群人嘗試去開導我們的國民不要失望和不要
> 太過於草率行動（not to be too rash）的人。你可以想像如果沒有兩
> 天後的美國宣佈廢除 1911 年的《美日商約》，我確實只有很少理由
> 讓自己不絕望。張伯倫畢竟是張伯倫，我們對他不能抱有太多信任。
> 自從他多次保證不會改變對華政策和將會繼續考慮提供援助，以穩
> 定中國的匯率以來，他最終還是對日進行了談判。〔註 173〕

7 月 26 日，《中央日報》刊登了英日協定文本及中國外交部聲明。28 日上午，錢端升應西南聯大學生自治會邀約，在文林街聯大師範學院做了題爲《東京英日談判與最近國際形勢》的演講。〔註 174〕聞黎明指出，錢端升是次演講，是西南聯大甚至可能是全昆明第一個對「有田──克萊琪協定」的公開剖析，對人們瞭解英日關係及對中國抗戰的影響，確有不小幫助。〔註 175〕

　　7 月 30 日，錢端升講演後第二天，昆明國立專科以上各校學生代表舉行了抗戰爆發以來昆明學界首次聯合大會。大會在雲南大學召開，會上通過兩個宣言。其中以「對英國與日成立初步協定表示失望」爲中心的宣言指出，

> 　　我們認爲英政府在此次英日協議中所採取的態度，不僅不能阻
> 過日寇獨霸東亞的野心，反足以助長侵略的兇焰，危害英國在遠東
> 的地位和威望。尤使我們驚異而深以爲憾者，乃英政府竟不顧迭次
> 有國聯會議中所提的確保，即避免採取足以減弱中國抵抗力量的任
> 何行動，並對於援助中國之各種辦法盡量使其有效。目前英日協議
> 中英政府所採取的辦法，又恰恰與此背道而馳。〔註 176〕

應該說，這次遊行與錢端升講演有直接關係。從錢端升致維拉德函來看，這個宣言內容應與錢的演講主旨相近。基本從理性態度，敦促英國回到國聯路線上來，這是因爲，此時中國在遠東仍需英國的協助。

〔註 173〕T. S. Chien to O. G. Villard, *Copy from the HLHU*, Aug. 6, 1939, p.19.

〔註 174〕聞黎明：《抗日戰爭與中國知識分子──西南聯合大學的抗戰軌迹》，北京：社會科學文獻出版社，2009 年 10 月，第 355 頁。原載：《錢端升今在聯大師範講演》，1939 年 7 月 28 日，《益世報》，第 4 版。

〔註 175〕聞黎明：《抗日戰爭與中國知識分子──西南聯合大學的抗戰軌迹》，北京：社會科學文獻出版社，2009 年 10 月，第 356 頁。

〔註 176〕宣言全文見聞黎明：《抗日戰爭與中國知識分子──西南聯合大學的抗戰軌迹》，北京：社會科學文獻出版社，2009 年 10 月，第 356～357 頁。

在「有田——克萊琪協定」之前，7 月 12 日，英國接受了日本要求關閉滇緬公路的要求，後在 18 日開始實行。由於英國在關閉滇緬公路和「有田——克萊琪協定」中所暴露的綏靖態度，錢端升在致維拉德信中，直接向他呼籲希望通過美國輿論對英國施壓：

> 我們現在迫切需要一些英國同情中國的具體證據和它聲明不會再改變對華政策。我們正加緊努力請求貸款。我們希望美國輿論能對英國施加同樣的壓力（We are now pressing hard for some concrete proof of her sympathy with us and her pledge that she will not change her policy toward us; we are pressing hard for loans. I hope that American opinion will make an identical demand on the British.）。〔註 177〕

對於美國廢除《美日商約》，錢端升表示非常欣慰（very gratifying），尤其是在英國人明目張膽的背叛之後。錢端升說，不論美國是否還有其他後續步驟跟隨，這是一個非常重大的姿態（grand gesture）。「它成功（succeeded）地告訴那些相信軍人和政客的日本國民一個訊息，美國人對他們並不友善」。錢端升甚至進一步建議，美國應進一步採取正面行動對付侵略者，「使侵略者對美國保持更值得令人尊敬的距離」。錢端升表示對這個問題思索了很久，認為美國應「採取一些使侵略者遠離的驚嚇措施（to do some frightening-the-aggressor-away work）」，實施的對象應為日本多於歐洲的侵略者。理由有二：一、中日戰爭是非分明。二、每一個美國人對歐洲政治反感。只要宣傳得宜，「叫日本守規矩（Teach-Japan-to-Behave）」，〔註 178〕很容易得到每一個美國國民的認同，與前述維拉德看法大致相同。

錢端升認為，目前是實施禁運的最好時機。他指出，「國會中對中立法迎頭相撞式的辯論主要源於黨派情感（party feelings），只要有一個禁運（當然可以用更少刺激的字眼）運動受到民眾的歡迎，就不會產生導致戰爭的恐懼」。錢端升認為，美國國會浪費了太多的時間試圖在中立法上達成一致。在信的最後，錢端升再次希望維拉德和他的朋友能說服美國總統和公眾採取禁運行動。〔註 179〕在美國廢除《美日商約》後，蔣介石致羅斯福總統的感謝函中，亦再次表示希望美國趁機對日採取禁運，〔註 180〕可見抗戰期間的

〔註 177〕T. S. Chien to O. G. Villard, *Copy from the HLHU*, Aug. 6, 1939, p.19.

〔註 178〕T. S. Chien to O. G. Villard, *Copy from the HLHU*, Aug. 6, 1939, pp.19-20.

〔註 179〕T. S. Chien to O. G. Villard, *Copy from the HLHU*, Aug. 6, 1939, p.20.

〔註 180〕《蔣委員長自重慶致美國總統羅斯福對九國公約之維護、對華物資之援助與

官方和國民外交頗為一致。

六、歐戰的爆發和法國戰敗的影響

在維拉德去歐洲後不久，歐戰爆發。錢端升亦因出席太平洋會議，書信外交暫告一段段落。二次使美後，國際形勢再次大變。法國在 1940 年 6 月戰敗後，進一步加深了中、美兩國的危機感。

法國的速敗，對遠東局勢產生了深遠的影響。最直接的影響是，國民政府內部再度興起和議潮〔註 181〕和親德潮。1940 年 6 月 11 日，王世杰記載：「朱騮先等竟於此時，召開中德文化協會，為德人張目，殊極幼稚」。〔註 182〕7 月 2 日晚開中央全會，孫科主張「如越緬運輸斷絕，我當派『特使』赴德」。〔註 183〕面對政府內部各種親德傾向，王世杰意識到，「如露此傾向，必立失美英，無殊自殺」，因此他不惜計劃辭去中宣部部長的職務來抗衡黨內的親德傾向。〔註 184〕7 月 10 日，王世杰赴黃山向蔣介石力陳，「我外交政策不可變更，聯德即放棄立場，亦無任何實益」。但「亮疇、岳軍仍傾向於與德人敷衍」。〔註 185〕這是因為受歐戰影響，西南補給出現危機。「越南交通已全停，中緬運輸問題，英日間亦在談判，前途亦可慮。今後不獨軍火輸入為難，即電信等器材，□自外輸入不可者，亦將不能輸入」。〔註 186〕再加上 6 月 13 日宜昌失守，〔註 187〕結果「政府中人頗多氣餒者」。7 月 12 日，「張公權在參政會報告交通情形，極其悲觀。王亮疇、孔庸之諸人均為悲觀而氣餒者」。〔註 188〕

7 月 17 日，王寵惠和孫科約王世杰商談與英國斷交事。幸好在翌日國防

歐洲大勢對於遠東全局之影響三事申述所懷並提出美國當前所可採取之制日援華方法函》（1939 年 7 月 20 日），《中華民國重要史料初編》，第 3 編第 1 冊，戰時外交，第 83 頁。

〔註 181〕 詳參楊天石：《蔣介石對孔祥熙謀和活動的阻過》，《尋找真實的蔣介石（下）》，山西人民出版社，2008 年 5 月，第 310～316 頁。

〔註 182〕 《王世杰日記》（1940 年 6 月 11 日），第 2 冊，第 289 頁。

〔註 183〕 《王世杰日記》（1940 年 7 月 2 日），第 2 冊，第 301 頁。

〔註 184〕 《王世杰日記》（1940 年 7 月 9 日），第 2 冊，第 303～304 頁。

〔註 185〕 《王世杰日記》（1940 年 7 月 10 日），第 2 冊，第 304 頁。

〔註 186〕 《王世杰日記》（1940 年 7 月 11 日），第 2 冊，第 305 頁。

〔註 187〕 《王世杰日記》（1940 年 6 月 13 日），第 2 冊，第 290 頁。

〔註 188〕 《王世杰日記》（1940 年 7 月 12 日），第 2 冊，第 306 頁。

最高委員會上，「吳稚暉先生表示反對」。〔註189〕26 日，王世杰、張忠紱、朱家驊等在蔣宅談國際形勢，悲觀論者佔了上風。翁文灝記載，「王雪艇言，中日和平看條件，更須有保證。英如失敗，德意參和亦無不可。中國能再戰一年有半。王寵惠言，德意與日勢必瓜分東南及南洋利益，形勢不同並不可靠（彼實有主和之意）。朱騮先言，即使英敗言和，亦是暫時結束，世界大戰並不就此了結。德國記者言，八月終英德戰事可完」。〔註190〕7 月底，《大公報》亦有親德傾向。〔註191〕

受法國速敗影響，美國亦十分關注其對遠東局勢的影響。7 月 16 日，胡適致電國民政府表示，「美政府中人頗盼我方，對於英國提議中日磋商和平一事，表示拒絕，一面美政府正考慮聲援中國方法」。〔註192〕20 日，蔣介石也收到宋子文電報，「美國政府願貸款予我，向蘇聯購軍械；或售軍械予我，經海參崴運華」。〔註193〕在很大程度上，減緩了親德壓力，一場內部危機終於過去了。

法國戰敗後，6 月 27 日，維拉德致函錢端升，表示最近中日之間兩個發展引起了他的高度關注（great alarm）。第一個為日本在派出戰艦同時，要求法國戰艦和軍隊撤離印支地區（Indo-China）。第二個為日本利用英國在歐洲的絕境，堅持要全面關閉滇緬線路。維拉德說：「天曉得這將會對中國造成何種後果！」

維拉德表示，法國在 39 天內戰敗警醒了全世界和讓美國人感到正在處於最恐怖的氣氛之中。他認為羅斯福應該為此負責任。當中日戰爭發生時，美國應採取禁運措施和對華貸款，而不是現在美國國會通過五億元完全沒有必要的全球軍事化舉措，建立一支世界上前所未有的龐大海軍，一半守護太平洋，一半守護大西洋。

因此，他毫不掩飾對羅斯福的不滿：「我已完全對總統生厭（I am thoroughly fed up with the President），目前最重要的事應該讓他退休」。他說，美國正在步向極權主義的路上（on the road to totalitarianism），如果羅斯福將全球防務計劃執行到極致時，後果堪虞。目前所有民主國家將會毀於他們領袖的完全

〔註189〕《王世杰日記》（1940 年 7 月 18 日），第 2 冊，第 310 頁。
〔註190〕李學通等整理：《翁文灝日記》，北京：中華書局，2010 年 1 月，第 495～496 頁。
〔註191〕《王世杰日記》（1940 年 7 月 30 日），第 2 冊，第 316 頁。
〔註192〕《王世杰日記》（1940 年 7 月 16 日），第 2 冊，第 309 頁。
〔註193〕《王世杰日記》（1940 年 7 月 20 日），第 2 冊，第 312 頁。

缺乏遠瞻（complete stupidity of their rulers）或獨裁者。

　　儘管如此，在信的最後，維拉德透露，只要戰爭繼續，羅斯福再度當選幾乎已可完全肯定。對於中國的困境，維拉德寄予了無限的同情。他同意錢端升的觀點，認爲中國抗戰勝利不能寄託在日本的崩潰上。他希望能繼續看到錢端升的信中有「相當滿意（quiet satisfactory）」、「士氣不錯（morale is good）」，希望能看到中國經濟情況的改善。〔註194〕

　　上述維拉德同意錢端升的觀點，這是錢端升在1939年3月《今日評論》上的看法。錢端升認爲，當時部分輿論，將勝利「建築在兩重不可靠的基礎上──一即敵國的衰頹崩潰，二即英美的大力援助」，是不妥當的。中國「主要的仍須靠自己」，自助才能人助。〔註195〕

　　8月25日，錢端升覆函維拉德，表示國際形勢的壓抑，對中國的抗戰產生了十分不利的影響，以致對他覆信也被迫延遲。可見英國綏靖政策對當時中國造成的困擾和影響。錢端升說，在過去的兩個月，中國的西南成爲了暴風雨的中心。滇緬公路和印支路線的關閉對中國軍民造成了巨大的不便。不過，「幸得最高當局的自信和蔣將軍所持的現實主義態度，我們愉快地渡過了這場危機而沒有太大的恐慌（But thanks to the supreme self confidence and true realism of General Chiang, we happily passed the crisis without too much jittery.）」。〔註196〕

　　錢端升說，據蔣將軍估計，國民政府儲備了足夠一年半的戰爭物資（與前述王世杰所言吻合）。同時中國生產力也在大增。新疆通往蘇俄的公路（trans-Turkstan）與往常一樣對中國有很大幫助。這些因素加在一起，減緩了英國關閉緬甸公路而出現的悲觀主義。不過要解決這個問題，中國只能求助於走私和利用人力和牲口運輸，這是中國目前最多的資源。

　　除親德潮外，也出現部分學人要求權力更集中的法西斯主義運動。錢端升表示，有一個多月左右，眾多領袖受到「一個龐大的政治闡釋團體」（a large body of politically articulated people）的包圍，他們對民主國家仍未對中國提供援助失去了耐心，大聲叫喊變更中國的外交政策。許多人甚至要求立一個更法西斯式的政府（more fascist form of government）。錢端升評論說，毫無疑問，

〔註194〕O. G. Villard to T. S. Chien, *Copy from the HLHU*, May 5, 1940, pp.24-25.
〔註195〕錢端升：《抗戰制勝的途徑》，《今日評論》，第1卷第11號，1939年3月12日，第4頁。
〔註196〕T. S. Chien to O. G. Villard, *Copy from the HLHU*, Aug. 25, 1940, p.27.

大多數人的動機是眞誠的和愛國的。他們只是想和勝利國家結盟。在這些愚蠢的吶喊聲中，蔣委員長拒絕改變中國政府已有的立場，表示將繼續和美蘇英保持外交關係。錢端升表示，他不知道外界人士是否知道國民政府內部這種變化，它幾乎是秘密進行的。他認爲這種外交政策轉向的討論非常重要，民主國家人士不應等閒視之。〔註197〕

錢端升上述所言的「團體」應指「戰國策派」。1940年8月，陳源在致胡適函中表達了類似王世杰的看法，親德不但無益，且有失中國立場和美英同情。他說：

> 少年政治學者如何永佶、林同濟之流，在昆明辦有一個刊物，名《戰國策》，提倡「力的政治」，崇拜德國式的思想。大部分人的信念，都很搖動。他們不想想，德國勝與日本勝，有什麼分別？他們不想想，德國在東亞當然利用日本抵制英美，決不會利用中國。……國內政治學者，除端升、努生數人外，恐同我觀點者爲數已不多。幸而美國還雄峙西方，對中國表示極大的同情。要不然恐外交政策已有劇大的變動。〔註198〕

可見在抗戰期間，錢端升之外交主張與國內政治之立場，與陳源和羅隆基有相近的一面。

七、日本南進問題

1940年11月18日，錢端升再次致函維拉德，論及日本南進問題。由於中國戰場僵持，錢端升認爲，日本爲了挽救作爲一個強國的聲譽，目前除南進外，已別無選擇。同時，日軍在海南島結集大量的遠征軍、運輸船和海空軍顯示它已準備冒險。而冒險的結果，最後必然與英、美海軍發生衝突。美國可能不會介入，但日軍不會抹殺這種可能性。

錢端升表示，根據自己手頭資料顯示，日本海軍對南進呈兩種截然相反的意見。一組資料顯示，部分海軍將領主張南進擴張。另一組主流意見則顯示，日本海軍還是以謹愼爲上。錢端升認爲，目前階段美國海軍的震懾力量已不起作用，不過最後勝利的機會仍存在，只要美國盡快採取相關行動。〔註199〕從

〔註197〕T. S. Chien to O. G. Villard, *Copy from the HLHU*, Aug. 25, 1940, p.27.
〔註198〕《胡適來往書信選（中）》（1940年8月29日），香港：中華書局，1983年11月，第482頁。
〔註199〕T. S. Chien to O. G. Villard, *Copy from the HLHU*, Nov. 18, 1940, p.33.

事後來看，錢端升的觀察是相當入微的，下詳述之。

在 12 月 18 日的覆信中，維拉德對錢端升所言日本目前毫無選擇論（即南進論），表現出極大的興致（tremendous interest）。他認爲，美國已提出足夠警告，如果日本南進，將採取除戰爭外，明顯和公開的報復措施。維拉德還表示，一個星期前剛去了華盛頓，與一些很有影響力、剛從荷東印度屬地抵美的荷蘭軍官談過，荷東印度當局表示有信心。

與此同時，維拉德指出，意大利在阿爾巴尼亞及埃及的慘敗，也在東京引起了重要的反響，以及羅斯福公佈了將會租借價值 2.1 億元的軍事物資和飛機給予英國作爲租借港口抵押品。因此，很多人相信美國將會在 3 月份進入戰爭，不過遭到工商界領袖反對。他們認爲，美國若在此時加入戰爭，能做的與英國沒甚分別，只會延長戰爭而已，將可能三年的戰事拖到六年，然後美國最終像德日一樣，加速變成一個完全極權國家（wind up as completely totalitarian as Germany and Japan.）。維拉德說，他對這些人（按：指工商界領袖）的直率和遠見表示十分驚訝。他眞誠希望美國與戰爭保持距離。作爲共和國，如果眞的要加入二戰的話，希望不會迷失自我。〔註 200〕

維拉德的意見很能代表當時美國的一般輿論。當時工商界領袖，對羅斯福新政擴權深爲恐懼，尤其是一連串國有化和社會主義措施，對部分資本家來說，不啻是一場噩夢。換言之，與流行看法不同的是，除孤立主義外，還有對極權主義的恐懼，在妨礙著美國進入戰爭。對極權主義的恐懼不僅來自工商界，亦來自維護自由人權的輿論界，如維拉德。

12 月 2 日，在致波普信中，錢端升也大致闡述了上述對日本南進的看法。他認爲，當時日本有三個選擇：一、利用它在印支地區（Indo-China）的地位，嘗試迅速佔領中國；二、利用新成立的三國同盟來威嚇中國接受日本的和平方案；三、北進，積極幫助同盟國，在贏得世界大戰後，再戰勝中國。〔註 201〕對於日本是否南進，錢端升認爲日本處於一個尷尬的位置：

> 〔一方面〕南向肯定會和英國衝突，甚至可能同樣與美國衝突。在另一方面，日本百萬大軍陷入中國戰場泥沼，南進對日本來說太過冒險。這說明了爲何日本在最近六個星期或一直進行著和平攻勢，它希望能的是，能脅迫中國跟它和談。

〔註 200〕O. G. Villard to T. S. Chien, *Copy from the HLHU*, Dec. 18, 1940, p.29.
〔註 201〕T. S. Chien to James P. Pope, *Copy from the UTSCL*, Dec. 2, 1940, p.9.

對於中國的抗戰決心，錢端升重申：

> 據我所知，可以確定的是，重慶根本無心和談，或去進行任何
> 被認爲可能是在和談的動作。儘管日本的電臺通過電波表示將會撤
> 軍和安排和談。德國和意大利同樣釋放出相同的報導。日本也利用
> 日蘇互不侵犯條約談判的機會，想打動中國盡早接受一個合約是明
> 智的。我可以肯定，重慶堅定的立場，將會在數日之內，將所有和
> 談的傳聞一一粉碎，日本將一無所獲，除了採取承認汪精衛傀儡政
> 權——這一無法挽回的步驟之外。之所以說是無法挽回的一步，是
> 因爲在這步驟之後，重慶和東京之間將永不再有任何和談。

對於日本南進的預測，錢端升的觀點一如上述致維拉德所言：

> 就個人來說，我覺得到日本海軍將領對日本領海以外的戰爭並
> 不熱心。但爲維持強國形象（the burden of mighty Power）和面對垂
> 手而得的利益，將會導致日本採取和這些將領正確判斷相反的步
> 驟，最後和英國在南中國海發生全面戰爭。〔註202〕

根據以上分析，錢端升認爲，不論日本大規模陸路進攻中國還是南進侵略英
國殖民地，中英應立即採取行動，中方應進軍印支地區舒緩英軍在馬來亞的
壓力，英方則應提供物資援助給中國及派出馬來亞空軍協反饋之；以及美國
海軍增加在太平洋的活動和提供物資等。〔註203〕在前不久的《今日評論》
（1940.11）上，錢端升亦表達了類似意見：中英美除務須全力訓練軍隊、建
造軍艦和充實軍備外，還務須各盡全力及最有效的方法，立予敵人最大打擊。
這些措施包括：英方須加緊對德意空襲，中方須繼續加強反攻，藉以牽制日
本軍隊和資源。美國則應加強在太平洋方面活動，藉以減少日方南進的可能
和中國本部的壓力等。〔註204〕

在隨後《日本的南進》（1941.1）中，錢端升進一步完善了他的觀點。他
指出，日本大陸政策的實現，不外三條途徑：一、先取西伯利亞，消滅蘇聯
在亞陸的實力，然後仿傚元蒙故事；二、先平中國以增厚實力。然後南北並
進，以完成其大陸政策；三、先收南洋各地，取消西洋各國在東方的根據地，
然後俟機而動，或先攻蘇聯，或先吞滅中國，依次完成一統亞陸的大業。錢

〔註202〕 T. S. Chien to James P. Pope, *Copy from the UTSCL*, Dec. 2, 1940, pp.9-10.
〔註203〕 T. S. Chien to James P. Pope, *Copy from the UTSCL*, Dec. 2, 1940, p.10.
〔註204〕 錢端升：《三國同盟後的世界局勢與蘇聯地位》，《今日評論》（合刊），第 4
卷第 18 號，1940 年 11 月 3 日，第 277 頁。

端升認爲，上述三途徑中，「攻華之路證明了不通，攻蘇則因蘇無西顧之憂，無隙可乘，只有南進尙可一試」。他指出，

> 如果成功，自然可有許多收穫。日本攻華，多年無成，其國際地位早已一落千丈。如果南進成功，則總被其所敗者僅是英荷的殖民地，而不是英荷本國，但日本則仍可以勝英自居。而且取得馬來半島之後，緬甸泰國俱可入日本的掌握，中國的西南可以被所包圍，日本所必須的油及橡皮可以無缺；日本所需要的其他金屬，如鐵錫鎢錳鋁等，亦可有所供給。無論爲恢復國家的威望起見，或是繼續援〔侵〕華起見，或爲獲取物資起見，南進俱爲於日本有利之事。
> 〔註205〕

但「南進的困難至多」也是明顯的。南進須佔領新加坡和與英荷美三國對抗，尤其是美國的海軍。

> 如果單從武力正面競爭而言，日本實難有取勝的把握。日本只有用「偷」之一法，巧獲時機，才有些須希望。（按：重點爲本文所加。）

在結論中，錢端升認爲：「攻蘇又絕無可能，則南進仍須考慮。日人目下蓋仍在待機會。等到久待不得的機會，耐性消失之時，殆及日人盲目衝撞之時。到了那時，如果中美英荷能撲殺此獠，或者就是日人大陸政策最後失敗之日罷！」〔註206〕

應當說，錢端升上述分析相當精闢入微，後來局勢的發展證實了他的遠見。日本後來果然用「偷」的方式襲擊了美國珍珠港。有人曾回憶：「伍啓元教授國際經濟政策……他和楊西孟教授，常常對當時經濟政策有所建議，往往是『不幸而言中』」，〔註207〕看來除伍啓元和楊西孟外，還應加上錢端升。

不知是命運之神眷顧還是播弄日本，兩次歐洲危機進一步將日本拖向了

〔註205〕錢端升：《日本的南進》，《今日評論》，第 5 卷第 2 號，1941 年 1 月 19 日，第 30 頁。

〔註206〕錢端升：《日本的南進》，《今日評論》，第 5 卷第 2 號，1941 年 1 月 19 日，第 32 頁。

〔註207〕謝慧：《西南聯大與抗戰時期的憲政運動研究》，北京：社會科學文獻出版社，2010 年 11 月，第 198〜199 頁。原載：李鍾相〔湘〕：《國立西南聯合大學始末記》（中），《傳記文學》（臺北），第 39 卷第 3 期，1981 年 9 月號，第 65 頁。亦見鍾叔河、朱純編：《過去的大學》，長江文藝出版社，2005 年 12 月，第 182 頁。

戰爭深淵。1940 年 6 月 22 日法國投降，日本雖錯過了南進的機會，但同時也放棄了 1940 年的撤軍計劃。一年後幾乎同樣時間，1941 年 6 月 30 日，德國入侵蘇聯，機會再次來臨。這一次日本再也不願錯過這趟尾班車了。有學者指出，自法國戰敗後，英國人一值日盼夜望著美國參戰，但英國人認為美國最後會承擔起責任的希望一次次落空了。希望遙遙無期，當日子一天天沉重地拖過去的時候，艱苦的戰爭使許多人垂頭喪氣了，〔註 208〕中國亦類似。但到了 1941 年底，中、英和美國人發現，再也不用為孤立主義和極權主義問題大傷腦筋了，因為日本已為他們決定了一切。12 月 7 日，日本偷襲珍珠港，終於將不太情願加入戰爭的美國拖下水，為日後同盟國的勝利奠定了基礎。從這以後，中國國民外交進入了一個新的階段。

縱觀錢端升與波普和維拉德之間的通信，應當說，對促進瞭解雙方的立場和需要是不言而喻的。一方面，作為國民參政員及曾擔任外交委員會副主席，錢端升對抗戰時期中國的外交瞭如指掌，其所提供的信息，對美國瞭解戰時中國，有莫大促進作用。尤其是每當有和談流言及對中國問題有疑難時，維拉德總能得到錢端升的回覆。一方面，維拉德作為一個和平主義者和孤立主義者，不僅折射出美國孤立主義分子抗拒美國進入戰爭，同時也顯示美國恐懼戰爭的另一面相：極權主義。

正如錢端升所言：「我是屬於那一小群人嘗試去開導我們的國民不要失望和不要太過於草率行動的人」。同樣，波普和維拉德也扮演著類似的角色。他們之間的通信儘管只是中美之間各種渠道中的一部分，但三者的地位、角色，及他們對國際形勢作出的分析，證明了他們的影響力，儘管實際作用很難確定。就波普與羅斯福的關係，及錢端升的地位（北大法學院院長兼政治學系主任、國民參政員）來說，波普很大可能會將他的信函轉呈美國總統或國務院。除波普和維拉德外，錢端升也曾致函美國其他政學兩屆人物，包括美國輿論界最有影響力的人物之一、羅斯福總統也禮讓三分的李普曼。應當說，在以輿論為主導的美國民主制度之下，錢端升的書信外交，對推動中美互相理解、認清中國抗戰形勢和同情中國抗戰，有肯定的貢獻。就錢端升對當時國內外政治形勢的分析而言，是相當精確和入微的。從錢端升與胡適、王世

〔註 208〕〔英〕阿諾德・湯因比主編：《國際事務概覽：第二次世界大戰（5）美國、英國和俄國：它們的合作和衝突，1941～1946 年》，上海譯文出版社，2007 年 3 月，第 43 頁。

杰、傅斯年等人的關係來看，他的意見基本隨時可以抵達最高當局，及發佈在當時最有影響力的刊物之一《今日評論》上，應當說，對當時中國政治和輿論風向，有一定的影響力。

第三節　中國訪英團事件

一、中國訪英團緣起

英國訪華團之議始於 1941 年 8 月英國駐華大使館新聞處向英外交部提議。同年 10 月，英駐華大使卡爾（Clark Kerr）再次向英外交部提出。考慮到中英兩國相距遙遠及戰時訪華實行困難，遂擱置下來。1941 年 12 月 7 日，日本偷襲珍珠港，太平洋戰爭爆發。1942 年 1 月 1 日，《聯合國家宣言》正式發表，中英兩國成了名副其實的盟友。為加強中英合作，英國外交部於 1942 年 3 月向駐英大使顧維鈞非正式提出訪華，中國政府以春季雨水較多，秋季 10 月較為適宜作為答覆。〔註209〕

在此期間，中英關係再度出現惡化。珍珠港事變後，英國在太平洋一連串的軍事失敗，對中國造成巨大的軍事壓力。國民政府領導層與輿論認為英軍如此不堪一擊，是未盡全力。此外，中英兩國不論在軍事戰略上（即歐亞洲戰場優先次序），還是在爭取美援上，均是競爭對手。與此同時，英國在戰時和戰後繼續維持其殖民地政策，與中國政府在戰時收回租界和取消不平等條約有所牴觸，再加上貸款和印度問題，使得中英關係在 1942 年上半年處於極低潮。以上衝突，顧維鈞在回憶錄中，將戰時中英衝突分為五大類：（1）英國的戰爭貸款；（2）滇緬公路；（3）香港問題；（4）印度獨立；（5）作戰方針。〔註210〕

1942 年 2 月 4 日，蔣介石在英國大使卡爾陪同下訪問印度。蔣此行主要目的，主要是受羅斯福之託，調和英印關係。同時亦為西南邊境對日抗戰提供保障。2 月 11 日，王世杰記載：「蔣先生此次赴印度，其目的不只是與魏菲爾等晤洽，且欲藉此與印度國民黨領袖晤談，以期緩和英印之間糾紛，俾

〔註209〕 丁兆東：《太平洋戰爭爆發後的中英關係——以英國議會訪華團為中心所作的考察》，《理論界》，2007 年第 6 期，第 202 頁。

〔註210〕 《顧維鈞回憶錄》，第 5 分冊，北京：中華書局，1987 年 2 月，第 6～29 頁。

獲共同對日。此事發議之人爲羅斯福」。〔註211〕約一星期前，1月29日，即慶祝中英文化協會新舍落成茶會前一天，《大公報》登載了胡政之的電文，「指責英軍在香港、九龍未曾盡力抵抗。據王世杰記載：「英使館人甚憤慨」。很顯然，在蔣訪印之前，《大公報》發佈如此有損中英關係之文，將對蔣之訪印造成妨礙。爲此，王世杰一面請英使館去函《大公報》辨正，一面「嚴囑《大公報》王芸生務予照登」。〔註212〕2月21日，蔣介石結束訪問，於行前發佈《告印度國民書》，王世杰認爲蔣書「希望英政府早日給印人以政治實權」，「措辭頗得體，未傷及英人感情」，「英美一般輿論……大都表示贊許」。〔註213〕不過，這似是王世杰一廂情願的單方面想法。據顧維鈞回憶，印度問題實爲當時中英兩國摩擦的主因之一。〔註214〕

3月3日，王世杰記載，「英國一般輿論要求英政府對印問題，迅採解決之步驟」，據當時顧維鈞來電，「下院議員多數贊成立即給予印度以充分自治權，上院議員則多數則反對於此時提出開放政權之辦法。」〔註215〕爲此，英國政府派內閣大臣、工黨領袖克利浦斯（Stafford Cripps）赴印。3月17日，丘吉爾發表演說，表示不願放棄任何殖民地。3月30日，克利浦斯發表對印方案，內容主要爲「戰爭結束時立即予印度以等於獨立之自治領地位（印度並有權宣告脫離英國）。至於戰爭期內，英國應保有關於國防事件之全權」。4月初，印度國民大會拒絕克利浦斯方案。〔註216〕印度不滿英國方案，雖未必全與蔣介石訪印有關，但毫無疑問，蔣在此敏感時期訪問，顯對英國造成了妨礙。從下列丘吉爾強烈的反應來看，蔣的訪印激怒了英國政府。3月17日，國民政府定爲「印度日」，丘吉爾於當天發表演說，針鋒相對之意，可以想見。

二、英國不願放棄殖民地

應該說，正當中、英兩國士兵聯合在緬甸浴血奮戰時，丘吉爾在此時發表演說，表示不願放棄任何殖民地，是十分不明智的，結果引發了一場外交

〔註211〕《王世杰日記》（1942年2月11日），第3冊，第246頁。
〔註212〕《王世杰日記》（1942年1月30日），第3冊，第239～240頁。
〔註213〕《王世杰日記》（1942年2月21、24日），第3冊，第251、252頁。
〔註214〕《顧維鈞回憶錄》，第5分冊，北京：中華書局，1987年2月，第19頁。
〔註215〕《王世杰日記》（1942年3月3日），第3冊，第256～257頁。
〔註216〕《王世杰日記》（1942年3月30日、4月3日），第3冊，第272、274頁。

風暴。3 月初，中國軍隊開始在緬甸南部部署作戰。3 月 7 日，中國遠征軍第二○○師戴安瀾部到達緬甸同古，協同英軍作戰。3 月 21 日，林語堂〔註217〕在美國發表《亞洲之命運》，點名批評丘吉爾的「歐洲第一」戰略和其「殖民主義」思想。在文中，林語堂寫道：「四天之前，即三月十七日，英國首相丘吉爾十分露骨地說英國的殖民地，包括印度、緬甸、馬來西亞、新加坡、香港，必須繼續由英國統治，這是大英帝國唯一的責任」。

林語堂說：「現在我們可以明白爲什麼英國要關閉滇緬公路和削弱中國，爲什麼英國要拒絕幫助中國建設自己的空軍。從帝國主義的戰略觀點來看，這些問題就可以一目了然」。除林語堂外，《戰時英國對華政策》一書還指出，國際關係學權威錢端升和陳朗川（？）教授，也著文批評英帝國主義和英國對日作戰不力。此外，重慶、昆明、貴陽等地的中國各報，都刊登了反英文章。中國的反英輿論，使美國部分輿論產生反英情緒，引起英政府高度重視。〔註218〕

不過，英國外交部部分官員〔註219〕和駐華大使，將責任推給了中國。英國外交部遠東司官員赫德森警告英國各部門領導人說，這次中國的宣傳攻勢表明，像若干年前中國發生過的那種「反英運動」又將重演了。「若干年前」指的應是「五卅運動」，其惡感可想而知。1942 年 4 月 13 日，薛穆（Seymour）向英國外交部送去急件，分析了這次中國新聞界反對英國的背景。他認爲這次運動，並不是由英國的殖民主義態度所引起的，而是中國引起的。他說，中國把自己在抗戰中的作用估計得比其他盟國高，加上英美報刊一直在讚揚中國在抗戰中的貢獻與成就，導致中國自視過高。薛穆認爲中國在抗戰中的努力，並沒有報刊上宣揚的那樣成績顯著。他建議英國有關方面要揭露中國抗日不力的事實，最好由美國人出面，如邀請美國《紐約泰晤士報》專欄作家李普曼等人發表文章，指出中國抗日消極，和英國抗日的「戰績」，同時

〔註217〕與錢端升一樣，在抗戰前，林語堂是國民政府的批評者。他說：「四五年以來（按：指「九‧一八」後），新聞界的影響力漸漸萎縮，幾至於無，言論與出版的自由比 1900 年以來的任何時期都要差」。林語堂著、劉小磊譯、馮克利校：《中國新聞輿論史》（1936），上海世紀集團、上海人民出版社，2008 年 12 月，第 179 頁。
〔註218〕李世安編：《戰時英國對華政策》（反法西斯戰爭時期的中國與世界研究，第 7 卷），武漢大學出版社，2010 年 1 月，第 120～121 頁。按：爲方便行文，括號內注釋將省略。
〔註219〕李世安指出，並不是所有外交部官員都贊成丘吉爾的講話。李世安編：《戰時英國對華政策》，武漢大學出版社，2010 年 1 月，第 32 頁。

強調盟國的義務。

由於薛穆剛任駐中國大使二個月（2月26日駐重慶），上述建議在某種程度上反映了他對遠東局勢和美國外交不甚瞭解。美國興論界聞人李普曼對英國外交部遠東司的代理司長克拉克說，美國人民不會支持英國，只會支持中國。因為「目前最重要的，是盡一切可能去提高蔣介石的威信」，〔註220〕反映了美國的亞洲戰略意圖。沒有證據表明林語堂、錢端升等曾受到重慶政府指使，但他們的言論反映了當時官方和興論的普遍感受。三人中，錢端升更因其鮮明的反英立場，在後來訪英團成員遴選中，遭到英國政府的抵制而未能成行。

三、緬甸失守之影響

正所謂福無雙至，禍不單行。正當中英兩國在外交上鬧得不可開交的時候，緬甸戰場傳來不利消息。據王世杰日記記載，4月2日，中國軍隊自緬甸同古向東北移撤。〔註221〕4月12日，「敵軍在緬甸中部攻我益急，緬人不滿於英，頗多為敵用，以致我軍在運輸等方面極感困難」。〔註222〕言外之意，不無埋怨丘吉爾的殖民地演說之意。4月29日，日軍佔領臘戍，中國遠征軍撤至畹町，中緬交通斷絕。〔註223〕在此之前，宋美齡在紐約《泰晤士報》發表文章，貶低西方軍隊對日作戰的成績，〔註224〕引發更大回響。

4月25日，王世杰記載，「蔣夫人著一文在美國報紙發表，並於今日譯成漢文送中國報紙發表。」由於是國際宣傳處代送，結果未經王世杰之手。「文中切責英國軍隊在遠東各地對敵投降，並指責新加坡、香港防備之疏失。此種批評文字，發表卻在此時，殊屬不當，文中嚴詞，大率均係責人譽己，亦未必能使客觀者心服」。更不幸的是，宋美齡在文中謂「中國無降軍」，然甫發表，孫良誠投靠敵偽之訊即至，王世杰「聞而痛心」。〔註225〕

平心而論，珍珠港事變後，美英在太平洋連番失利，美英軍隊士氣已十分低落。中國部分高層和興論的指責，似略有不當，儘管英國在太平洋採取

〔註220〕李世安編：《戰時英國對華政策》，武漢大學出版社，2010年1月，第121～24頁。
〔註221〕《王世杰日記》（1942年4月2日），第3冊，第274頁。
〔註222〕《王世杰日記》（1942年4月12日），第3冊，第279頁。
〔註223〕《王世杰日記》（1942年4月30日），第3冊，第288頁。
〔註224〕李世安編：《戰時英國對華政策》，武漢大學出版社，2010年1月，第123頁。
〔註225〕《王世杰日記》（1942年4月25日），第3冊，第285～286頁。

消極防禦是無可否認的事實。面對低沉的士氣和美國國內輿論的指責，羅斯福總統迫於無奈，採取了一項頗爲冒險的措施，遠襲日本東京和名古屋，以鼓勵盟軍士氣。〔註226〕可見此刻美英在太平洋危機之深（幸好遠襲成功，否則美國輿論將更加指責）。因此，王世杰以中宣部部長的身份，特意第一次爲《中央日報》撰寫社論，題爲《中國與英國》（未署名）。「對於抗戰以來英國輿論所給予中國抗戰之援助，以及南京失陷後，香港所給予中國抗戰之援助，剴切指述」。王世杰認爲，此文「自信予所數陳皆最平心最公允之言」。〔註227〕

　　緬甸失守進一步加深了中英之間的矛盾。中方指責英軍不願將指揮權交給史迪威，英方則指責中國軍隊抗戰不力、裝備、訓練不夠等。史迪威因此一度有辭職之意。〔註228〕中英兩國雖在事後採取了一定的善後措施，仍未阻止惡化。比中國政府更爲不明智的是，在面對即將到來的衝突時，英國採取了一連串報復措施。面對中國的指責，丘吉爾採取了一個與英國政治家極不相稱的行動。5月10日，丘吉爾發表廣播演講，聲明德國若對蘇聯使用毒氣，英國也必以毒氣對付德國。王世杰敏銳地觀察到，丘吉爾「對蘇對美，備極稱揚，但無一字言及中國。顯然係對中國方面近來批評英國之言詞表示不滿。中英邦交顯已伏有暗礁」。〔註229〕

　　據日本學者吉見義明的研究現實，美國官方記載日軍對中國最早使用毒氣爲1939年11月。〔註230〕實際上，還要更早。1937年7月28日，日本軍隊參謀總長閑院宮載仁在給當時日軍中國駐屯軍司令官香月清司的《臨命421號》中指示，對平津地區進行掃蕩時，可以適時使用催淚筒。1938年4月11日，閑院宮載仁對駐華北方面軍司令官寺內壽一和駐蒙疆兵團司令宮蓮沼蕃下達《大陸指第110號》命令，指示可以使用「赤筒」，但「盡量與煙幕彈混用，對使用毒氣事嚴格保密，注意不留任何痕跡」。1938年5月16日，國民黨中央政治部部長陳誠在記者會中說：「關於敵人大規模使用毒氣，我政府已於本月13日向國聯行政院提出申訴，行政院於14日大會通過決議案，申訴

〔註226〕〔美〕羅伯特·達萊克著、陳啓迪等譯：《羅斯福與美國對外政策，1932～1945（下）》，北京：商務印書館，1984年1月，第481頁。《王世杰日記》（1942年4月18日、5月8日），第3冊，第281、292頁。
〔註227〕《王世杰日記》（1942年4月26日），第3冊，第286～287頁。
〔註228〕《王世杰日記》（1942年3月23日），第3冊，第267頁。
〔註229〕《王世杰日記》（1942年5月12日），第3冊，第294頁。
〔註230〕〔日〕吉見義明著、步平譯：《日本軍隊的毒氣戰與美國——美國國家檔案館資料調查》，《抗日戰爭研究》，2004年第1期，第100頁。

日本所佈置的大規模的化學戰爭」。12 日英國下議院開會時，英國工黨代表質問政府，如果日本應用毒氣，英國是否提出抗議」。〔註 231〕可見英國對於日軍在中國使用毒氣是清楚的。

王世杰日記亦記載，「敵軍在上海會戰時，僅用流淚性噴嚏性之彈；自二十七年武漢會戰以後，已逐漸使用窒息性及糜爛性之毒氣炮彈或飛機彈。我方恐此種事實之發表，足以搖動人心，故迄少露布〔佈〕」。〔註 232〕2005年，《浙江檔案》發表《保存在國外檔案館的有關浙江細菌戰的幾則史料》，記載了 1940 年日軍使用化武，鼠疫第一次在浙出現情形。〔註 233〕1941 年10 月 7 日，國軍收復宜昌。9 日，王世杰記載，「敵軍對我入宜昌市區之軍隊，使用毒氣。足見其無所不用其極」。11 日又記：「我軍之入宜昌城者，昨日午後被敵機數架用毒氣彈猛擊，傷亡極重。據陳辭修自秭歸來電話，謂中毒者口鼻流血，皮膚亦多糜爛」。〔註 234〕除宜昌外，1942 年 11 月，日軍在常德「用飛機散播鼠疫菌」，引發瘟疫，後經「中外醫士」證實。〔註 235〕

當美國國務院正在擬定警告日本聲明時，珍珠港事變發生，聲明也因此擱置下來。在上述聲明中，丘吉爾明顯是在借題發揮。儘管他對德國是否在蘇聯使用毒氣感到懷疑，聲明照樣發出，〔註 236〕但對眞正受害國中國卻一字不提。爲免中英關係進一步惡化，王世杰可謂費煞思量。5 月 14 日，除分別出席中英和中美文化協會外，又分別致電蔣介石和宋子文，力陳中英關係應避免惡化，並建議各種改善措施。〔註 237〕與此同時，英國國內也認識到中英共同抗日的需要，相對採取了克制的態度，得到美國輿論好評。不過直到 1942年 8 月中旬，中英關係才開始逐漸改善。〔註 238〕

〔註 231〕步平、高曉燕著：《陽光下的罪惡——侵華日軍毒氣戰實錄》，黑龍江人民出版社，1999 年 1 月，第 139～142 頁。
〔註 232〕《王世杰日記》（1941 年 10 月 13 日），第 3 冊，第 169 頁。
〔註 233〕韓雯：《保存在國外檔案館的有關浙江細菌戰的幾則史料》，《浙江檔案》，2005年第 9 期，第 18、19 頁。
〔註 234〕《王世杰日記》（1941 年 10 月 9 日、11 日），第 3 冊，第 166、167 頁。
〔註 235〕《王世杰日記》，第 3 冊，第 268 頁。亦見《國家衛生署署長金寶善關於日軍在華開展細菌戰的報告》（1942 年 3 月 31 日），韓雯：《保存在國外檔案館的有關浙江細菌戰的幾則史料》，《浙江檔案》，2005 年第 9 期，第 18～19 頁。
〔註 236〕〔日〕吉見義明著、步平譯：《日本軍隊的毒氣戰與美國 —— 美國國家檔案館資料調查》，《抗日戰爭研究》，2004 年第 1 期，第 100 頁。
〔註 237〕《王世杰日記》（1942 年 5 月 14 日），第 3 冊，第 296 頁。
〔註 238〕李世安編：《戰時英國對華政策》，武漢大學出版社，2010 年 1 月，第 128 頁。

四、英國對中國東北之干涉

　　1942 年底，中英美三國就廢除不平等條約談判基礎結束。1 月 4 日，外交部次長吳國楨在國防最高委員會報告，英國對於即時歸還中國租借地一事，表示堅不接受。吳國楨說：「英內閣決定不於戰事終結前處分英帝國之任何土地」。〔註239〕從英國角度考慮，宣佈任何一殖民地將於戰時或戰後獲得獨立，大英帝國無異將分崩瓦解。從中國角度考慮，作為戰時盟國，戰時收回殖民地理所當然。最後，國民政府權衡利弊，以保留戰後再作處理之權作為締結中英新約的開端。

　　但是問題並非就此結束。1943 年 1 月 11 日，「中英平等新約」甫在重慶簽字。〔註240〕兩國在東三省問題上的爭論隨即公開化。1943 年 1 月，中國政府收到一份來自華盛頓的報告。報告指出，英國在 1942 年 12 月華盛頓召開的太平洋學術會議上，提出一個關於處置戰後東三省的方案。大意是戰後東三省應由俄國託管，日本在東北的工業，包括南滿鐵路，應保留給日本。〔註241〕對此，中國政府立即提出強烈抗議。1943 年 8 月 3 日，錢端升亦寫信給英國著名政治家、工黨領袖克利浦斯，表達中國人民要求收回東三省的決心。他說英國提出上述方案，使中國人民懷疑英國戰後是否會反對無條件把東三省歸還中國。他要求英政府澄清這一問題，並希望英政府，特別是保守黨領導人應公開發表聲明，表明英國支持戰後把東三省歸還中國。此外，錢端升還致函英國另一著名政治家西塞爾，重申了中國收復東三省和臺灣的

　　不過，這種改善只是表面上的。儘管如此，國民政府也相應採取了克制態度。1942 年 8 月 9 日，王世杰記載：「印度政府逮捕甘地、尼赫魯諸人，此消息到達重慶，予於今晚囑各報暫不評論」。10 日，「今午在蔣先生寓邸午餐，各院院長多在座。居覺生等對印度問題主張激昂，大發反英美之論。蔣先生對英國政策亦甚不滿。予於飯後續向蔣先生言，在宣傳上只可向英勸告，並對印度諸人被捕表示惋惜，不可以攻擊態度評論盟國之措施。晚間遂以此意告知各報」。11 日，「蔣先生昨致一電慰問甘地諸人，係電沈士華（駐印專員）轉達。予今晨力請蔣先生暫不在報端發表，該電遂暫未公表」。12 日，「昨日重慶各報一致批評印度事變，惟尚未超過予所指述之範圍，然亦已顯示對印同情，對英不滿矣」。9 月 7 日，「布雷出示丘吉爾首相致蔣先生私函，函中措詞甚尖利，顯然有憤憤之氣」。《王世杰日記》，第 3 冊，第 343～344、357 頁。

〔註239〕《王世杰日記》（1943 年 1 月 5 日），第 4 冊，第 3～4 頁。

〔註240〕「中美平等條約」亦於同日在華盛頓簽字。胡頌平編著：《胡適之先生年譜長編初稿（5）》，臺北：聯經出版事業公司，1984 年 5 月，第 1793 頁。

〔註241〕李世安：《太平洋戰爭時期的中英關係》，北京：中國社會科學出版社，1994 年 12 月，第 14 頁。

決心。〔註 242〕

　　上述兩封信後被轉到英國外交部，由遠東司負責處理。但遠東司官員們明白表示英國不會滿足中國的要求。斯科特批示說，東北三省及臺灣的前途必須留待戰後和平會議來處理。遠東司司長克拉克批示說：「我們的總政策是在戰爭結束前避免任何關於領土調整的協議。這是我們在談判廢除治外法權時拒絕中國要求收回九龍的原則」。克拉克的話充分暴露了英國在東三省問題上的利己主義動機。〔註 243〕

　　後在開羅會議上，英國才勉強同意把東三省、臺灣及澎湖列島歸還給中國。由於英國不但在香港、臺灣、西藏，甚至東三省問題上，都與中國對立，因此不難想見蔣介石在 1943 年春所撰之《中國之命運》，對以英國為首的帝國主義和殖民主義的深痛惡絕。在某種程度上，該書是當時民族主義高漲下的產物，只是蔣介石（陶希聖主筆）在利用這股情緒時，流露出不健康的心態而遭到當時學界批判，蔣的政治形象，亦因此大受衝擊。〔註 244〕

　　由於英國政府對錢端升的公開批評有所顧忌，工黨領袖克利浦斯遂不惜暗中將錢端升致給英內閣成員私人函件公開。1943 年 7 月 29 日，宋子文致電蔣介石，其函全文云：

　　　　委座鈞鑒：少川言，克利浦斯告彼，錢端升分函邱相與重要閣
　　　　員及本人，談中國政局：一、國民黨專制；二、黨外優秀分子，無
　　　　法參加政府；三、經濟狀況危急，弊端百出，政府要人亦通同舞弊。
　　　　克利浦斯謂，此類破壞英方對中國觀感之事甚多，余雖百口稱辯，
　　　　不如中國人此類函件影響之深也，云云。乞賜注意。〔註 245〕

〔註 242〕李世安：《太平洋戰爭時期的中英關係》，北京：中國社會科學出版社，1994
　　　　年 12 月，第 15 頁。原載：書目 15, FO371/35737, F1040/25/10, 錢端升致斯
　　　　塔福特・克里普斯（Chien Tuan Sheng to Stafford Cripps），1942 年 12 月 3 日。
　　　　亦見李世安編：《戰時英國對華政策》，武漢大學出版社，2010 年 1 月，第 192
　　　　～193 頁。

〔註 243〕李世安：《太平洋戰爭時期的中英關係》，北京：中國社會科學出版社，1994
　　　　年 12 月，第 15 頁。亦見張鳴等編：《百年大對照：中國與世界》，第 2 卷，
　　　　吉林攝影出版社，2000 年 1 月，第 1157～1158 頁。

〔註 244〕聞一多說：「我簡直被那裡面的義和團精神嚇一跳，我們的英明的領袖原來是
　　　　這樣想法的嗎？」聞一多：《八年的回憶與感想》，《聯大八年》，昆明：西南
　　　　聯大學生出版社，1946 年，第 4 頁。

〔註 245〕《宋子文致蔣介石密告錢端升致丘吉爾及英閣員函內容電》（1943 年 7 月 29
　　　　日），吳景平、郭岱君編：《宋子文駐美時期電報選（1940～1943 年）》，復旦

「少川」即顧維鈞。關於這次糾紛，其回憶錄亦有記載：「據葉公超說，克里普斯曾給委員長寫過一封長信，闡明中國政府需要民主化。克里普斯還給葉公超看了錢端升教授的一封來信，錢說國民黨和中國軍人都是反英的。葉告訴我，錢還曾給首相和英國政府的其他一些人寫信，批評重慶政府」。〔註246〕

應當說，克利浦斯此計甚爲毒辣。他所透露給宋子文的只是冰山一角，並不全面。如 1943 年 6 月 17 日，錢端升致函英國克蘭伯恩子爵（Viscount Cranborne）說：「若是蔣夫人能夠訪問英國的話，那麼在最近的將來訪英團赴英的必要性就沒有那麼大了」。〔註247〕克利浦斯還有其他的函電未曾披露，如前所述關於東三省的信函。事實上，宋子文函電中錢端升所指責的內容，1942 年訪華團報告基本涵蓋，並無新穎之處，以克利浦斯的地位，也應已知曉。

對於當時中國政局，英國政府其實也並不陌生。早在 1939 年 7 月 30 日，王世杰記載：「今晚晤羅吉士 Rogers。羅氏代表英國政府參加法幣外匯平準基金會之管理。彼對孔庸之極不滿，謂其作事不肯負責，認事不明，處事不決，並謂法幣前途極可慮」。〔註248〕1940 年 10 月 19 日，翁文灝亦記載：「英大使 Archibald Clerk Kerr 請茶會，孔到，但不久即去。杭立武言，美國、英國如此幫助，中國理應改良行政，不宜再緩（指孔應退也——原注）」。〔註249〕10 月 25 日，「英國大使來談，談及國共二黨不爲眞心合作。國民黨政府貪污官吏太多」，〔註250〕連蔣介石亦承認（見下述致王世杰函），英國關於中國的流言蜚語秘密報告甚多。

至於中國政治之不良，自從 30 年代以來，蔣介石對黨、政的公開批評和苛責，更比錢端升有過之而無不及。只有明白錢端升在東三省等民族立場問題上，對英國窮而不捨的追問態度，才能理解克利浦斯欲除之而後快的眞實動機。事實上，克利浦斯函件對錢端升所造成的打擊只是表面的，眞正的受到衝擊的還是國民政府，是敲山震虎的一石二鳥之計。

錢端升之所以致函英國內閣成員，其目的在於實行民間外交，爭取外援，以利抗戰。隨著國內政局惡化，抗戰也隨之受到影響。錢端升在權衡利弊之

大學出版社，2008 年 3 月，第 205 頁。

〔註246〕《顧維鈞回憶錄》，第 5 分冊，北京：中華書局，1987 年 2 月，第 343 頁。

〔註247〕丁兆東：《中國訪英團述評》，《抗日戰爭研究》，2008 年第 1 期。原載 From Tuan-Sheng Chien to Viscount Cranborne, Jun. 17, 1943, FO371/35740/F3992.

〔註248〕《王世杰日記》（1939 年 7 月 30 日），第 2 冊，第 124〜125 頁。

〔註249〕李學通等整理：《翁文灝日記》，北京：中華書局，2010 年 1 月，第 549 頁。

〔註250〕李學通等整理：《翁文灝日記》，北京：中華書局，2010 年 1 月，第 552 頁。

下，採取了希望借助英、美力量改革國內政治的舉措。這是一個兩難的選擇，任何有頭腦的人，都能看出其中利弊：向盟友指出自己政府的貪污腐敗，是不甚明智的行為。在錢端升看來，國民政府缺乏自我改善能力在 1943 年已到了一個不能容忍的地步。應當說，這是他權衡利弊及可能受馬基雅維利影響之結果，如果干涉有利於抗戰，即使非常手段也不得已為之了。早在 1941 年 1 月，第二屆第一次參政會大會前二月，錢端升在致胡適函中，即表達了對國內政治的無可奈何：

> 國內有三大事，即國共爭，物價漲，日又有侵入滇省模樣。然弟所見，最糟者仍是政治無進步。自號進步者無論共或反共，均是 totalitarian〔極權主義者〕，亦是不願入軌道者，其餘更可知，奈何？

〔註 251〕

錢端升所言「入軌」，指的是憲政常軌。同年 11 月 25 日，《密勒氏評論報》刊登了一封 T. T.張的來函：

> 想到重慶，我心中充滿憂慮。不是為我自己擔心，而是為我國家。
>
> 隨著當前的中國戰爭已進入它的第五個年頭，數以百萬計的我國同胞，為了民族的獨立和自由，已經喪失他們的生命。這種犧牲當然是崇高的、愛國的，不過照我看來，舉國上下都在受騙，只是為了那些靠外國貨生活的人的利益而在犧牲自己。……當日常生活必需品的價格成倍地上漲，生活僅夠糊口的人叫苦不迭之際，高官大員們怎麼可以花費如此多的錢來滿足他們對外國貨的追求呢？

〔註 252〕

值得注意的是，此函發表在孔祥熙夫人「飛機運狗」事件前二月。〔註 253〕曾

〔註 251〕 《錢端升致胡適》（1941 年 1 月 21 日），《胡適來往書信選（中）》，香港：中華書局，1983 年 11 月，第 509 頁。

〔註 252〕 〔美〕阿瑟‧N‧楊格、陳冠庸等譯校：《中國的戰時財政和通貨膨脹，1937～1945》，廣東省社會科學院原世界經濟研究室，2008 年，第 245 頁。

〔註 253〕 詳參楊天石：《「飛機搶運洋狗」事件與打倒孔祥熙運動——一份不實報導引起的學潮》，《尋找真實的蔣介石（Ⅱ）》北京：華文出版社，2010 年 6 月，第 257～272 頁。按：楊文採用了交通部長張公權的公開函闢謠。不過，據張公權年譜記載：「蔣委員長以重慶大公報報導，孔夫人此次乘機由港抵渝，攜帶箱籠甚多，且有女僕及洋狗隨來。曾親詢孔夫人，知絕無此事。囑交通部致函該報更正。並囑先將函稿送閱再發」。姚松齡編著：《張公權先生年譜初

任國民政府財政顧問楊格說：「不管此信的作者是否同共產黨有聯繫（信的某些段落似乎表明他同共產黨並無關係－原注），他反映了一種已變得泛濫流傳並預示將要發生的事的看法」。〔註254〕

1942 年 3 月 6 日，《吳宓日記》記載了西南聯大外籍教授溫德對時政的批評：「Winter 謂世界古今，當國家有大戰，危機一發，而漠然毫不關心，只圖個人私利，或享樂者，未有如中國人者也！」〔註255〕同年 4 月 10 日，《朱自清日記》記載了錢端升對時局的看法：

> 在錢家午餐，麵和菜均極佳。錢君對政治和軍隊之貪婪殊感憤慨，特別對高級軍官之奢侈生活憤憤不平。因此，他主張戰後必須來一次革新，但他並未提出此革新之中心。……他的想法，中心可能是在國民黨和共產黨內的部分知識階級。〔註256〕

同年 9 月 9 日，《吳宓日記》也記載了「國軍之腐敗」情況：

> 入緬軍皆以發洋財為志。第六軍尤腐敗。軍官專務享樂。美衣服，盛容飾。乘汽車後軍行，載咖啡可可西餐用品，網球拍、留聲機片等以隨。途中每日尋樂。至一城，則必欲入居最富麗之宅第，且搜求當地美婦女以自娛。……又極無識，且無備。對緬人誇耀軍實，徒利間諜引日軍倏至。行軍從不作防禦工事。及戰，師長團長等，皆遠居後方，不赴前線。甚乃乘汽車至山水清幽之處，拍網球、午寢，以自娛。而兵卒之饑苦餉且不發，其他稱是。特甚。及敗……倉皇退卻。軍官以軍用汽車載貨物急歸。而兵卒之傷病者死於病者多，死於戰者少。則棄置路旁，聽其自斃。緬人多持長刀，伏林中，到處截殺我軍。即入國境後，兵卒之苦仍不減。醫藥給養並乏。負重行山路中，泥滑，人馬失足即死。故從軍視為畏途。此次新募之兵，前往普洱補充第六軍者，途中渡河，行鐵索橋上，竟不少躍入河中求死，免出征者（按：重點為原文所有）。〔註257〕

稿（上）》，臺北：傳記文學出版社，1982 年，第 307 頁。
〔註254〕〔美〕阿瑟・N・楊格、陳冠庸等譯校：《中國的戰時財政和通貨膨脹，1937～1945》，廣東省社會科學院原世界經濟研究室，2008 年，第 246 頁。
〔註255〕吳學昭整理注釋：《吳宓日記（8）》，北京：三聯書店，1999 年 3 月，第 260 頁。
〔註256〕朱喬森編：《朱自清全集・日記》，第 10 卷下，江蘇教育出版社，1998 年 3 月，第 164 頁。按：《朱自清年譜》記載錢為錢端升。姜建、吳為公編：《朱自清年譜》，安徽教育出版社，1996 年 5 月，第 234 頁。
〔註257〕吳學昭整理注釋：《吳宓日記（8）》，北京：三聯書店，1999 年 3 月，第 380～

從事後來看，錢端升希望美英干涉中國內政，朝有利方向發展，是他單方面的良好願望。作為國際關係學權威，錢端升對中英之間深層次矛盾和衝突，理應有所瞭解，且比普通人熟知。中英之間根本矛盾在於英國不願意放棄任何一塊殖民地，包括香港、九龍。從英國角度來考慮，殖民地問題延緩到戰後解決實有不得已的苦衷，因放棄其中任何一地，意味著大英帝國將隨骨牌效應倒下。更何況丘吉爾在同盟期間，仍不放棄對中國西藏的覬覦，居然抗議中國駐軍西藏，可見英國政府仍維持著帝國主義之心態。

另外，英國政府自 1931 年以來（或更前），外交信用記錄奇差無比，其政策之朝三暮四，唯利是圖，雖不能說罄竹難書，但均有跡可循，如封閉緬甸公路、「有田——克萊琪協定」，均殷鑒不遠。與這種政府打交道會有何種後果，不難想像。因此，錢端升上述決定頗為冒失。比錢端升更為不智的是，作為一政府內閣首腦官員，克利浦斯上述舉措完全過於輕率，不察其中利害得失，公開私函不僅失有損私德和政治家風度，且進一步導致兩國關係惡化。

錢端升將國內政治弊端「泄露」給英國政要的傳聞，很快在國民黨高層內部傳開。8 月 1 日，王世杰記載，「錢端升君與英國政府人員通訊，引起若干糾紛。予請其將信件檢出送蔣先生閱」。〔註258〕錢端升有否將信件檢交蔣介石，目前無從稽考。從事後蔣介石仍將錢端升保留在訪英團名單來看，似仍保持著信任態度。

五、被排除出中國訪英團

中英兩國在 1942 年經歷訪印和緬甸失利等衝突後，戰時摩擦反而更加嚴重，改善兩國關係，增進雙方互相的理解和信任，更形必要。1942 年底，英國派出訪華團訪問中國，進行了為期一個多月的訪問。從短期來看，這次訪問對於消除兩國間的誤解、增進兩國間的友誼起了一定的作用。在訪華期間，英方建議邀請宋美齡及中國訪英團訪英，兩國關係出現良好勢頭。但長遠來說，負面效果似更大。訪華團報告成為日後英國制定和調整對華政策的重要依據之一，這誠非國民政府所始料。〔註259〕

---

381 頁。
〔註258〕《王世杰日記》（1943 年 8 月 1 日），第 4 冊，第 120 頁。
〔註259〕丁兆東：《太平洋戰爭爆發後的中英關係——以英國議會訪華團為中心所作的考察》，《理論界》，2007 年第 6 期，第 202 頁。

　　對於戰時中英關係惡化，蔣介石也有所體認。1943 年 7 月 10 日，蔣致函王世杰說：「近數月來，因中英間種種磨擦，此間政府、議院及民眾方面殊多流言，或謂我態度驕矜，或謂我國家主義過濃，而英方駐華經濟、軍事代表所陳政府關於我國現狀之秘密報告語多悲觀，益滋評議」。〔註 260〕因此，作為回報，中國計劃在 1943 年底派出使團回訪。關於是次團員遴選的過程，作為軍委會參事室主任的王世杰，其日記記載了不少材料。

　　1943 年 3 月 8 日，王世杰應蔣介石之約，商討參政會訪英團之組織。王世杰提出吳貽芳、陳源、杭立武、錢端升、王雲五等請蔣介石考慮，自己則表示「殊不願出國」。〔註 261〕可能忙於戰事，此事一直擱置。6 月 17 日，英國政府正式發出邀請。王世杰最初建議中央黨部和參政會各推二人，由孫科帶團，遭到蔣的否決，認為孫不堪擔任。6 月 25 日，王世杰又記，「予日前向蔣先生提議由國民黨及參政會共同組團報聘。蔣先生不欲黨部參加，預定以參政員吳貽芳、王雲五、錢端升、傅斯年、胡政之、杭立武組成之，囑予先徵彼等同意」。〔註 262〕

　　7 月 10 日，蔣介石對組織訪英團作出指示，初步同意預定訪英團由參政員吳貽芳、王雲五、錢端升、傅斯年、胡政之、杭立武組成，並指示王世杰將此安排電告顧維鈞，徵詢顧的意見。〔註 263〕顧維鈞即日回電「團員人數定六人亦甚適宜，惟似不必限於參政員，除教育、新聞界、黨與經濟及工業、社會每方面亦可酌派適當人員一人，黨如吳鐵城、張大田（電碼錯誤）、夢麟或世傑，經濟如陳光甫或貝松蓀先生，社會如晏陽初先生，工業如劉鴻聲或錢昌照先生等」。〔註 264〕7 月 11 日，蔣介石吩咐王世杰再度考慮此事。12 日，蔣介石希望王世杰代表黨部參加訪英團。13 日，蔣介石「約參政會駐會委員會商訪英團組織，未作結論」。〔註 265〕

〔註 260〕《軍委會委員長蔣介石致參事室主任王世杰代電》，任駿選輯：《國民政府軍委會、外交部等為籌備中國訪英團出訪事往來函電（1943 年 7 月～11 月）》，《民國檔案》，2009 年第 1 期，第 47 頁。

〔註 261〕《王世杰日記》（1943 年 3 月 10 日），第 4 冊，第 38 頁。

〔註 262〕《王世杰日記》（1943 年 6 月 17 日、25 日），第 4 冊，第 92、97～98 頁。

〔註 263〕丁兆東：《中國訪英團述評》，《抗日戰爭研究》，2008 年第 1 期。原載《蔣介石就訪英團人選事致軍事委員會參事室王主任函》，國民政府軍事委員會參事室檔案，中國第二歷史檔案館藏，卷號 761/121。

〔註 264〕任駿選輯：《軍委會委員長蔣介石致參事室主任王世杰代電》（1943 年 7 月 10 日），《民國檔案》，2009 年第 1 期，第 47 頁。

〔註 265〕《王世杰日記》（1943 年 7 月 11 日、12 日、13 日），第 4 冊，第 107、108

　　王世杰在徵得王雲五、錢端升、杭立武、胡政之四人的同意後，7 月 15 日向蔣匯報，還轉達了參政員陳啓天的意見：「似可就中央黨部中再指定二人參加訪問」。〔註266〕7 月 25 日，蔣介石決定訪英團由參政會王雲五、胡政之、錢端升、杭立武四人代表參加，黨部則由王世杰代表，並就張屬生、蔣廷黻二人中選一人參加。可見蔣廷黻此時已加入國民黨，王世杰則「頗以道途辛苦為懼」，仍不大願意參加訪英團。〔註267〕

　　7 月 29 日，宋子文轉達上述克利浦斯函給蔣介石。可能出於對王世杰的信任，也有可能是對英國的一種抗議，蔣介石仍任命錢端升出任訪英團成員。8 月 9 日，王世杰記載：「訪英團人選，經多次之商討，現經蔣先生決定由政府與參政會共同組織。政府方面由予及蔣廷黻、蕭同茲代表，參政會方面由王雲五、胡霖、錢端升、杭立武參加，約於十月中啓程」。〔註268〕

　　8 月 3 日，英駐華大使館向外交部報告說，錢端升可能入選訪英團。報告還說，在英國，錢端升以反英而聞名。因此，英國不希望此人入選訪問團。8 月 25 日，英國外交部告訴薛穆：如果錢端升真的是訪問團成員的一名候選人，那麼他是否可以暗示中方此人並不受歡迎。〔註269〕到了 9 月初，錢端升仍在訪英團名單上。〔註270〕為了避免錢端升訪英，英國外交部繼續向國民政府施壓。在下面英國駐華大使的報告中，中國外交部代理部長吳國楨對錢端升的看法，似可間接代表蔣介石對錢端升的觀感。

　　9 月 4 日，英國駐華大使薛穆致英外交部謂：在目前的形勢下，蔣介石不希望透漏任何有關訪問團組成的信息，因為該團理論上代表國民參政會，而參政會將在 9 月中旬開會。現在被提議參加訪問團的成員是王世杰、蔣廷黻、杭立武、蕭同茲、錢端升、王雲五和另外一人。據說王世杰可能退出，但我希望不是事實，因為他最為合適。在與代理外交部長吳國楨交談時，對於錢端升入選訪問團我表示了驚詫。我告訴他，錢端升以批評英國的戰爭努

　　　　頁。

〔註266〕任駿選輯：《軍委會參事室主任王世杰致委員長呈稿》（1943 年 7 月 15 日），《民國檔案》，2009 年第 1 期，第 47 頁。

〔註267〕《王世杰日記》（1943 年 7 月 25 日），第 4 冊，第 115～116 頁。

〔註268〕《王世杰日記》（1943 年 8 月 9 日），第 4 冊，第 127 頁。

〔註269〕丁兆東：《中國訪英團述評》，《抗日戰爭研究》，2008 年第 1 期，第 34 頁。

〔註270〕9 月 1 日，黃炎培記載：「到參政會與徹寰談：……赴英訪問團內定七人，王世杰、蔣廷黻、蕭同茲、王雲五、錢端升、胡霖、杭立武」。《黃炎培日記》，第 8 卷，北京：華文出版社，2008 年，第 150 頁。

力、懷疑英國的政策而聞名。吳國楨解釋說，他的性情就是這樣，喜歡批評，不僅僅是批評英國，但是他相信錢端升是眞心希望中英合作的。如果他參加訪英團，無疑所見的景象會給他留下很深的印象，這對中英關係必然產生好的影響。我對此表示懷疑。訪問團若由目前這些人組成，比較好，我也不想在錢端升的問題上繼續糾纏。代理外交部長強調說，雖然這些名字大家早已知曉，但他並未被授權告訴我有關訪問團成員人數的信息，在同其他人談話時，不能引用他所介紹的情況。〔註271〕

　　從英國駐華大使薛穆的言論來看，錢端升已成爲英國政府不受歡迎人物了。英國的持續反對最終生效了，但似乎也惹惱了蔣介石，索性將八人名單減成四人。不過，主要原因是1943年9月，中英關係再度惡化。9月28日，王世杰記載，「英國近來對中國態度使我政府中人多不滿。九龍問題既懸而未決，香港問題則暗示無交還中國之意；西藏問題則反對中國實行控制；五千萬磅借款事則堅不讓步，以致迄無結果。職是種種，蔣先生對訪英一事，頗不熱心。並擬即將原定訪英團人數縮減」。〔註272〕

　　9月29日，王世杰又記，「今午蔣先生謂訪英團原定八人，以減爲四人爲宜，蔣廷黻、蕭同茲、錢端升、杭立武四人均不必去。予謂錢、杭兩人至少應有一人前往。否則團中能講演英語之人太少。最後決定王雲五、胡霖、溫源寧、杭立武及余五人前往，李惟果任秘書」。〔註273〕錢端升雖去不成英國，但王世杰代表國民政府的發言稿，卻是他擬寫的，可見吳國楨所言非虛。11月14日，王世杰記載，「今日草就抵英時在英國國會人員招待會中之演稿。（此稿之撰擬錢君端升之協助甚多，稿另存）」。〔註274〕此前約一星期，王世杰記載，「今日閱溫源寧、杭立武、李惟果諸君所擬英文演稿。予覺均不甚妥」。〔註275〕兩相對比，可見錢端升在王世杰心目中的分量，及錢端升對

〔註271〕丁兆東：《中國訪英團述評》，《抗日戰爭研究》，2008年第1期。
〔註272〕《王世杰日記》（1943年9月28日），第4冊，第163～164頁。早在1943年5月，蔣介石已表達了對丘吉爾的不滿。22日，蔣介石電示宋子文：「丘吉爾稱西藏爲獨立國家，將我領土與主權，完全抹殺，侮辱實甚。……西藏爲中國領土，藏事爲中國內政，今丘相如此出言，無異干涉中國內政，是即首先破壞大西洋憲章」。吳景平、郭岱君主編：《風雲際會：宋子文與外國人士會談記錄（1940～1949）》，復旦大學出版社，2010年5月，第11～12頁。
〔註273〕《王世杰日記》（1943年9月29日），第4冊，第164頁。
〔註274〕《王世杰日記》（1943年11月14日），第4冊，第190頁。
〔註275〕《王世杰日記》（1943年11月8日），第4冊，第188頁。

中英關係的理解。

　　錢端升所擬的是英文稿還是中文稿，目前無從稽考。2009 年 1 月《民國檔案》收錄了此稿中文稿，雖經王世杰修訂，但其核心仍可代表錢端升的思想。演講稿首先表達了此次訪問團的第一個目的，是向英國人民表示敬意，褒揚英國人的抗戰貢獻。第二個目的是要把中國人民一種逐漸增加的願望傳達於英國人，此為訪問團的重點主題。

　　演講稿指出，提高戰後中國人民的物質生活，這是中國人最大的願望。儘管演講稿承認要迅速且大規模地實現工業化，不是一件很簡單的事情。但指出有兩個因素，可以實現此種願望。第一為對工業化「已有一種極普遍而熱烈的認識」；第二為「中國政治已日趨安定」。演講稿所言的政治安定「不僅指混亂之不見」，而且政府施政「必須以被治者的同意為基礎……人民可以表達他們的意思」。

　　演講稿認為，中國政權操諸國民黨，因此一般稱中國為一黨獨裁的國家，這種說法有時不免使人誤解。關於這一點，演講稿表示願意引用國民政府主席蔣介石在 9 月 11 日中全會的一段演詞，來說明這個問題：「憲政實施以後，在法律上本黨應該與一般國民和其他政黨處於同等的地位，在法定的集會、結社、言論、出版自由的原則之下，享同等權利，盡同等的義務，受國家同等的待遇」。演講稿還認為：

> 我們對於在一國之內多黨相敵對的政治制度並非看不到其缺點。我們不獨要把上次大戰後歐洲許多國家的經驗記住，並且要想著民國初年我們自己的苦痛的失敗教訓。因此，我們每一想及至少戰後若干年內國民黨領導地位不致遽形動搖一事，未嘗不引以為慰。國民黨黨員為數甚眾，其領導全國渡過歷史上極大困難的功績已為中國人民所共認。任何政黨想從國民黨手中攫取政權，在若干期間內是不可能的。所以憲政實現以後，其他政黨雖然可以公開與國民黨競爭，我們的政治安定仍然不會發生動搖。

由於是官方文件，難免有溢美和宣傳成分。撇除箇中因素，此番言論基本與錢端升在 1943 年的《今日評論》上主張大致相同，即希冀戰後國民黨能民主化，及帶領中國走上憲政民主之路（詳參本文第五章第二節）。最後，演講稿表達了戰後重建，還需要同盟國協助，及一個工業發達而強盛的中國，將繼

續爲世界和平而努力的良好願望。〔註276〕

訪英團在 11 月 18 日從重慶出發。途徑昆明時，錢端升、周炳琳、楊振聲、張奚若等均爲之送行。〔註277〕除訪英外，在回程還分別訪問美國和加拿大。訪英團於 1944 年 2 月 2 日離開倫敦，10 日抵紐約。3 月 4 日赴加拿大，3 月 27 日回渝，歷時約五個多月。〔註278〕在美期間，王世杰還念念不忘錢端升，希望蔣介石能派他來美宣傳。3 月 1 日，王世杰記載，「午後約夏晉麟君來□館商談關於中共、中國民主化及中國物價等問題之宣傳方法。……予囑其電渝請示。予並電蔣主席請其考慮加派錢端升君來美」。〔註279〕

1942～1943 年的中英關係，在跌跌撞撞中徘徊前進。由於兩國在珍珠港事變後戰略目標一致，儘管有著各種根本的矛盾和戰時摩擦衝突，在宏觀上仍保持著合作關係。1942 年英國訪華團和 1943 年中國訪英團表達了兩國改善邦交的良好願望。至於實際成效，從短期來看，中英關係得到了一定的改善，但從長遠來看，負面作用大於正面。

儘管如同美英戰時摩擦一樣，中英戰時摩擦亦在所難免，但在根本的國家利益上，戰時中國對戰前英國的綏靖政策和抗戰期間的利己主義，〔註280〕不願放棄任何一塊殖民地，是衝突的根本原因。在很大程度上，英政府將錢端升列爲不受歡迎人物，並對其出任訪英團成員施加種種壓力，乃至最後將其排除出訪英團，種種舉措，赤裸裸地暴露了其不願放棄帝國主義、平等對待中國的立場。

爲將錢端升排除出訪英團，克利浦斯更不惜將錢端升致英內閣成員私人函件公開，以破壞國民政府對錢端升的信任和打擊國民政府。不過此舉甚爲幼稚，不僅未能消除兩國之間的根本衝突，反而加劇了彼此矛盾。英政府對任何一個維護中國主權行爲的攻擊，只能增加中國對英國的惡感。這或許是蔣介石初期仍將錢端升保留在訪英團名單的原因之一。從錢端升的「反英」和英國人對他的投鼠忌器，到最後被摒除出訪英團，可以看出，作爲中英衝

〔註276〕任駿選輯：《參事室擬中國國民參政會代表團在英國國會演說詞》（1943 年 10 月 22 日），《民國檔案》，2009 年第 1 期，第 50～51 頁。
〔註277〕《王世杰日記》（1943 年 11 月 18 日），第 4 冊，第 193 頁。
〔註278〕詳參《王世杰日記》，第 4 冊，第 193～279 頁。
〔註279〕《王世杰日記》（1944 年 3 月 1 日），第 4 冊，第 262 頁。
〔註280〕薩本仁、潘興明著：《20 世紀的中英關係》，上海人民出版社，1998 年 9 月，第 235 頁。

突的其中一個片段，折射出中英之間國家利益不可調和的複雜關係。這次衝突事件再次反映了蘊藏在錢端升思想中的民族主義情緒。不過正如吳國楨若言，錢端升的「反英」實際並非真正反英，只是反對英國的帝國主義而已。對於戰時和戰後中英合作，錢端升仍抱有很大期望，這點從他將戰後世界之改造立足於四強合作就能看出。

第四節　戰後世界之改造

一、提倡大同理想

　　關於戰後世界之改造，錢端升可能是同時代人中第一個有系統地提出構思之學人。他對戰後世界改造之見解和看法，理想主義色彩之濃，為同時代人所罕見。他所思考的已超越國家範疇，以全人類整體福祉的高度，來審視戰後和平的重要性。早在 1940 年 8 月，錢端升在《今日評論》上發表《我們需要的世界政策》，對戰後世界和平秩序提出初步構思。1941 年起，錢端升連續兩年在聯大開《戰後世界》選修課，這在國內是首創，可見他對戰後問題的關注。〔註 281〕1941 年 9 月 27 日、10 月 4 日，分別發表《三民主義的闡揚與宣傳》和《三民主義與新世界的建設》，原則性地提出將三民主義作為戰時和戰後與民主國家合作的基本原則。

　　由於錢端升對戰後世界和平的關注，1942 年 11 月 6～8 日，中國政治學會第三屆年會在重慶召開。錢端升擔任「戰後和平」問題討論小組的召集人，並整理和歸納討論小組的意見。〔註 282〕是次年會前，錢端升發表了一連串與世界和平相關之文章，包括：1942 年 1 月，《今後世界民權建設之展望》；30 日，《新世序與世界公務員》；2 月 18 日，《新世序的設計》；3 月 15 日，《羅斯福四大自由之知與行》；3 月 25 日，《青年與和平的建設》；1942 年 3 月，出版《建國途徑》一書，收錄《今日評論》文章 7 篇。年會後，又在 1943 年 5 月 16 日發表《國際的經濟分工合作為和平基礎論》；6 月 1 日，《勝利後

〔註 281〕《國立西南聯合大學史料（三）》，雲南教育出版社，1998 年 10 月，第 248、284 頁。何兆武在《也談清華學派》中說，錢端升在 1943 年開設該課程，有誤。何兆武：《書前與書後》，湖北長江集團、湖北人民出版社，2007 年 6 月，第 120 頁；《何兆武學術文化隨筆》，中國青年出版社，1998 年，第 334 頁。

〔註 282〕《研究政治機構，成立三委員會》，《中央日報》，1942 年 11 月 9 日，第 5 版。

之對日政策》；6 月 30 日，《論戰後國之大小》；7 月 1 日，《中美英蘇友好合作和平基礎論》；7 月，在美國《外交事務》上發表《新中國的要求》（New China's Demands）；8 月 15 日，發表《戰後應否有一國際人權宣言》等。11 月，出版《戰後世界之改造》一書。

《戰後世界之改造》出版後，有學者指出，「我們正需要國人對於這些世界和平問題提供意見的時候，錢端升教授發表他的新著《戰後世界之改造》一書（商務印書館出版）其值得國內外注意，自不待言。他是第一個中國人和學者，對未來世界和平全盤問題，有系統的一一提出來，和加以適當的答覆」。〔註 283〕1944 年 1 月 20 日，發表《戰後和平會議的展望》；1945 年 1 月 9 日，發表《戰後中國的外交政策》。

錢端升對戰後和平的構思，若用腦象圖（mind mapping），可以表達如下：

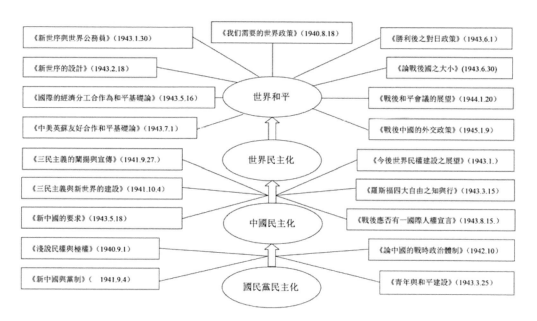

就錢端升戰後世界之改造一系列文章言，有以下幾個因素值得注意：

第一、中國國際地位的提升。1941 年太平洋戰爭爆發後，中國軍事形勢相較英國樂觀。1942 年日本南進後，英國在太平洋一敗塗地。以美國爲首的西方國家認識到日本的軍事實力，對中國抗戰開始刮目相看，不少英美報刊

〔註 283〕羅應榮：《讀錢著〈戰後世界之改造〉》，《中央周刊》，第 25、26 合刊，1944 年 2 月 10 日，第 12 頁。

更大力吹捧中國軍事力量。1943 年 10 月 30 日，在羅斯福極力主張下，中英美蘇四國在莫斯科發表四強宣言。亦因 1943 年中國作爲四強之一這個背景，才能理解錢端升在 1940〜1945 年間發表 19 篇關於戰後世界改造文章中，1943 年竟佔了 11 篇！這是當時國際社會對中國抗戰力量承認的結果。〔註 284〕儘管 1942 年中英衝突原因眾多，但中國地位上升無疑是一重要原因，1942〜1943 年的中國比以前更顯得自信。

第二、錢端升思想中的理想主義。由於在戰爭期間，錢端升的言論宣傳效果自不待言，撇除以上因素，其思想中的理想、現實和中庸三個主義同時影響到其對戰後世界之構思，其中以理想主義色彩最爲濃厚。

第三、錢端升立論的前提，爲戰後四強能和平合作及假設中國能實現民治，而這又建立在對蔣介石的信任和戰後中國和國民黨將實現民主化上。現詳析如下：

錢端升之所以強調研究戰後和平方案的重要性，源於一戰後在巴黎和會上，中國「因漫無準備，在肆應上發生極大困難」。與此同時，他預測，二戰很有可能在 1944 年結束，因此戰後和平「設計良有急起直追的必要」。〔註 285〕

早在太平洋戰爭爆發之前，在 1940 年 12 月《我們需要的世界政策》中，錢端升已預見美國將會參戰和表達了對同盟國反納粹和法西斯必勝的信心。他說：「我信中日戰爭，中國必勝，世界大戰，中英美必勝。在必勝的大前提之下，我建議一個如下的世界新秩序」。〔註 286〕在文中，錢端升建議的新秩序分兩部分：即世界與中國兩部分。

在第一部分，他提出五大原則作爲原則：

> 第一，民族自決：民族無論大小其文化水準已至相當高度者，應有自決之權。第二，區域各成組織，以維持區內的和平，保障區內的安全，開發區內的資源。區組織由大民族領導，小民族共同參加。第三，區內落後民族，歸區組織代管，俟其文化至相當水準後，

〔註 284〕部分原因與羅斯福認爲，贏得四億人的友誼，對美國維持戰後世界和平和保持東亞勢力平衡有關。

〔註 285〕錢端升：《新世序的設計》，《大路半月刊》（江西泰和），第 8 卷第 6 期，1943 年 2 月 18 日，第 31 頁；錢端升：《我們需要的世界政策》，《今日評論》（合訂本），第 4 卷 22 號，1940 年 12 月 1 日，第 551 頁。

〔註 286〕錢端升：《我們需要的世界政策》，《今日評論》（合訂本），第 4 卷 22 號，1940 年 12 月 1 日，第 549 頁。

與其他小民族同一待遇。第四，全世界組織內仍由各區的領導民族
居領導地位，暫以維持新均勢避免兵爭為目的。第五，世界新秩序
取實驗主義，在開始時陳義不求過高，但最終則以世界大同，民族
無分大小為目的。〔註287〕

就上述原則而言，值得注意的是，第一條民族自決和第三條落後民族歸區域
組織代管，兩者互有衝突。不過，在錢端升的看來，這並不是大問題。因為
他已預設了戰後四大國能和平相處及有一個公正和強有力的超國家組織上
（詳析見後）。

第二部分主要為戰後中日關係，錢端升認為，亦可運用「上述的大原則」：

首就領土及疆域的變更而言。中國七七以前的疆土，應全數恢
復，自不待言。……次則日本的軍備應受嚴格的限制。……三則日
本數十年掠自中國的古物國寶應掃〔悉〕數歸還。……末則關於賠
償問題，我們也應作平允的要求。中日之戰，……中國人所受的損
失遠比日人為多，日人應負相當賠償之責。但我人不可苛求。我人
所求者，以能使中日二國人民的平均財富能相等為止。這樣做法與
舊式的賠款或與今日□〔德〕人所取於法人者迥不相同，足以示中
國人的寬大。〔註288〕

應當說，錢端升的建議頗為中庸和合理。以上為錢端升對戰後世界和平和中
日關係之原則性建議，這些原則後基本給吸收到《戰後世界之改造》一書（詳
見後王鐵崖的書評）。

錢端升提倡大同理想，最早可追溯到抗戰前一年。他在《青年與國家》
（1936.10）中指出，「總理極力提倡世界大同主義及和平主義。……他說：
『我們受屈民族必要把我們民族自由平等的地位，恢復起來之後，才配講世
界主義。』這裡所謂世界主義就是世界大同的意思」。〔註289〕由於戰時中國
地位上升，在《新世序與世界公務員》（1943.1），他再次舊話重提：

我相信經此次大戰而後，世界新秩序定可有相當規模，定可比

〔註287〕錢端升：《我們需要的世界政策》，《今日評論》（合訂本），第 4 卷 22 號，1940
　　　　年 12 月 1 日，第 549～550 頁。
〔註288〕錢端升：《我們需要的世界政策》，《今日評論》（合訂本），第 4 卷 22 號，1940
　　　　年 12 月 1 日，第 551 頁。
〔註289〕錢端升：《青年與國家》，《江西教育》（教育播音演講第 1 輯），第 19 期，1936
　　　　年 5 月 30 日，第 109 頁。原載《申報》，1935 年 10 月。亦見《知用學生》，
　　　　第 1 卷第 6 期，1935 年 12 月。《自選集》，第 714 頁。

戰前有顯著的進步。我確有此信心：目前一切不甚可樂觀的現象，
與若干國家的領袖因憧憬於過去光榮，不肯依然採更新的態度，均
不足搖動我的信心。

「若干國家的領袖因憧憬於過去光榮」，顯指丘吉爾。錢端升認爲，世界各國
經歷是次大戰後，爲維持世界和平，「將不惜作一切的犧牲。即若干狹窄性的
民族虛榮，如帝國的維持等等，也可在犧牲之列」。〔註290〕因此，他「斷定戰
後我們必可獲得一個有偉大規模，廣泛職務，且有雄厚力量的世界組織。規
模一定宏於國聯，職務一定堅於國聯，力量也一定大於國聯」。

爲免這個「新世序流產」，戰後中國作爲世界大國，理應「急須早作準
備」。錢端升自問自答說：「或者曰，戰後我國的建國工作既大且繁，凡一切
可能的人材將何用諸於本國之不暇，安能投往世界組織？我則曰，此乃大國
注定的命運」。〔註291〕這是他理想中的大國夢，希望戰後中國是國際大家庭
中的骨幹成員。

除國際地位上昇外，錢端升對戰後和平的樂觀態度，還來自他對二戰後
民主政治發展的預測及他的理想主義。在《今後世界民權建設之展望》
（1943.1.）中，錢端升用假想的口吻想像在一百年或更後的史家，當追述1920
～1970年這50年世界史或是政治制度史時，

會將此時期當作民權發達過程中空前絕後的危險時期，而同□
〔時〕也是一個最光榮的時期。……〔世界民權〕危機是大得空前，
幸而這也是絕後的大危機。經過這一次民權與反民權的大鬥爭之後，
我以爲民權主義將永不再遇到兇暴的敵人或是嚴重的威脅。〔註292〕

他樂觀地認爲，「下列五個問題有待解決，而且必定可以得到滿意的解決」。
這五個問題爲：「第一個問題涉及人民代表之如何產生」；「第二個問題涉及人
民與□〔其〕代表間的關係」；「第三個問題涉及多數與少數間關係」；「第四
個問題涉及國家權力與人民自由之爭」；「第五個問題涉及國家權力對外的限

〔註290〕錢端升：《新世序與世界公務員》，《世界政治》，第7卷第19、20期，1943
年1月30日，第4頁。

〔註291〕錢端升：《新世序與世界公務員》，《世界政治》，第7卷第19、20期，1943
年1月30日，第5、6頁。

〔註292〕錢端升：《今後世界民權建設之展望》，中山文化教育館民權組編：《民權建設
中的世界與中國》（民權政治集刊第二輯），中華書局，1947年1月，第2頁。
按：《自選集》頁716記載發表日期爲1943年1月。

度」。〔註293〕一言蔽之，他認定戰後民治制度將再度流行。

　　出於對第三次世界大戰將毀滅全人類的恐懼，錢端升將避免戰爭的希望寄託在青年身上。在《青年與和平的建設》（1943.3）中，他表示：

　　　　在今後交通便利，距離縮短，殺人技術日有進步的世界中，如果戰爭不根除，和平不確立，則總有一日戰爭可毀滅人類。……我深信，如果今代人不能建立眞正和平，則第三次大戰儘可於三十年內重發。〔註294〕

對大同理想，錢端升表示，它「不是一朝一夕可望爲全人類所接受」。他承認，「我如聲言，我們要在二十五年之內完成這雙重的工作，一定有人會當我是一幻想者。但我第一要大聲疾呼，我們如不能於三十年內使大同主義代民族主義而興，可能的第三次〔世界大戰〕或將使我們及我們的子孫歸於烏有」。〔註295〕「然而要望人類能於二十年三十年之內，自互鬥的民族社會，進爲合作的大同世界，……這責任我以爲首應當由全世界的青年負起」。〔註296〕

二、建立超國家的世界組織

　　對於戰後世界和平組織，錢端升認爲，它將是一個超國家和民族的組織。他指出，「十九世紀的民主勞工運動是一個超國家超民族的運動，至少在西歐及北美他〔它〕曾轟動一時，幾有一致採納的希望。如果他〔它〕能深入全世界的人心，爲各民族所一致採擇，則大同的基礎或早已樹立，而第一次及第二次的大戰均可避免」。〔註297〕錢端升所言的勞工運動應指第一國際（1864～1876）和第二國際（1889～1914）。一戰後，世界各國社會主義運動風起雲湧。在德國，國家社會黨後成爲希特勒上臺前的第一大黨。法國亦是，各類

〔註293〕錢端升：《今後世界民權建設之展望》，中山文化教育館民權組編：《民權建設中的世界與中國》（民權政治集刊第二輯），中華書局，1947 年 1 月，第 3～4 頁。

〔註294〕錢端升：《青年與和平的建設》，《世界學生》，第 2 卷第 3 期，1943 年 3 月 25 日，第 7 頁。

〔註295〕錢端升：《青年與和平的建設》，《世界學生》，第 2 卷第 3 期，1943 年 3 月 25 日，第 7 頁。

〔註296〕錢端升：《青年與和平的建設》，《世界學生》，第 2 卷第 3 期，1943 年 3 月 25 日，第 8 頁。

〔註297〕錢端升：《青年與和平的建設》，《世界學生》，第 2 卷第 3 期，1943 年 3 月 25 日，第 7 頁。

社會主義政黨如雨後春筍。在英國，工黨更曾在 20 年代一度執政。這也是 20 年代社會主義討論和「聯俄與仇俄」討論的世界背景。既然新的國聯是超國家和民族的，則其機構人員自然也是超國家和民族的，這點從《新世序與世界公務員》文題就可看出。

《羅斯福四大自由之知與行》（1943.3）一文，顧名思義，不僅在強四大自由，還強調必須實行。錢端升認為，「三民主義與四大自由不特在精神上一致，而在目的上亦復相同」。不過，在「知」方面，「國人大多均知有三民主義，而不知有四大自由」。「英美人士知有四大自由，而大多不知三民主義為何物。此種相知的缺乏，尚有待於補救」。至於「行」方面，似乎三民主義比四大自由高一個層次。他說：「我們必須先責己，然後責人。我們必須先能□〔使〕四大自由——確立於國土之內，然後可奢談三民主義的世界性」。〔註298〕

此外，錢端升還將國內「經濟民主」推衍到世界政治中去。他說，中美「兩國之中，有一個不能尊重言論自由及宗教自由，或不能實現民權，則其人民便流為奴隸，在世序中應有的力量亦歸於烏有。兩國之中，有一個不能保其人民足衣足食，生活無虞，則其國力必弱」。〔註299〕因此，他在《國際的經濟分工合作為和平基礎論》（1943.5）和《論戰後國家之大小》（1943.6）中，分別主張世界經濟生產應分工合作，及「應極力鼓勵國家的合併，而防止國家的分裂與小國的成立」。〔註300〕理由不難想像，不分工合作，則容易出現競爭和壟斷；不兼併則大小國家太不一致，國家之間自不易獲得自由和平等。

毋庸贅言，就戰後和平而言，最關鍵還是中英美蘇四大國的合作。這點不僅是錢端升後來反對內戰的國際因素，也是他提出聯合政府的基礎。「如果四國之中，有一國置身事外，不能與其他三國合作，則不特和平的建立與永久維持不可能，即勝利的獲得亦尚有問題」。〔註301〕為樹立和平基礎，抗

〔註298〕錢端升：《羅斯福四大自由之知與行》，《東方雜誌》，第 39 卷第 1 期復刊號，1943 年 3 月 15 日，第 6、7 頁。

〔註299〕錢端升：《羅斯福四大自由之知與行》，《東方雜誌》，第 39 卷第 1 期復刊號，1943 年 3 月 15 日，第 6 頁。

〔註300〕錢端升：《論戰後國家之大小》，《東方雜誌》，第 39 卷第 8 號，1943 年 6 月 30 日，第 1 頁。

〔註301〕錢端升：《中美英蘇友好合作和平基礎論》，《當代論壇》，第 4 期，1943 年 7 月 1 日，第 2 頁。

戰期間和戰後的錢端升，一心一意地調和國共和美蘇衝突，如他和周炳琳在參政會提出「政治解決委員會」。當政府無意於憲政時，在戰後提出「聯合政府式政權」，希望挽救中國於內戰的邊緣。1945 年 11 月 25 日，錢端升西南聯合大學時事晚會上，再次重申上述建議，以免中國內戰成為第三次世界大戰的發源地。

在《中美英蘇友好合作和平基礎論》（1943.7）中，錢端升繼續他對戰後世界的理想主義建構。他認為，在抗戰期間，四大國應相忍為上。他提出四點，以協調當時中英美蘇之間的各種齟齬：

> 第一，我們應力避公開的批評。……第二，我們應知互敬，應力求領略〔其〕他民族的優點，而容忍其短處。……第三，中美英蘇四國應早日發表一共同宣言，尊重人的格值，一以表明四國今後將永無陷入極權主義的危險，再以表明人的地位將獲一致的重視。……第四，戰事延長過久，齟齬勢難免除。為四國之協調計，最後勝利應令早日降臨，且應令同時降臨。〔註302〕

錢端升還認為，「中美英蘇四大民族各有其不可及的長處，偉大處，而均有容人的度量。他們如能深知彼此之長，則互信不難成立，而猜疑不難泯除」。〔註 303〕錢端升上述建議，不僅自相矛盾，且頗為理想主義。若四國均具上述優點，亦無須他提出上述建議。至於第四點，更是烏托邦的想法。他說：「世界的戰略應以軸心〔國〕同時擊敗為理想。非然者，和平未建立以前，和平的四大支柱間已有先天的不和存在，其不幸可以想見」。〔註 304〕

上述理想主義的色彩，亦可在《勝利後之對日政策》（1943.6）和《論戰後國之大小》（1943.6）中看到。在前文中，錢端升說：

> 我深信美英此後可永無威脅我的行為。我深信蘇聯在戰後決不至恢復他從前所採世界革命的政策；他將與同盟各國□信〔講〕修睦，以冀取得他們的助力，以助他的復興。除外蒙的問題應妥慎地取得圓滿的解決外，我深信帝俄及若干年前蘇聯對我的威脅也不存

〔註302〕錢端升：《中美英蘇友好合作和平基礎論》，《當代論壇》，第 4 期，1943 年 7 月 1 日，第 2 頁。

〔註303〕錢端升：《中美英蘇友好合作和平基礎論》，《當代論壇》，第 4 期，1943 年 7 月 1 日，第 2 頁。

〔註304〕錢端升：《中美英蘇友好合作和平基礎論》，《當代論壇》，第 4 期，1943 年 7 月 1 日，第 2～3 頁。

在。我更深信此後縱有新的侵略國家勃興，在他能威脅我之生存以
前，新國際組織一定能把他克制。此所以日本問題的解決對我確有
一勞永逸的功效。〔註305〕

四個「深信」，可見他對戰後國際秩序的樂觀和理想程度，已將抗戰期間的中英
衝突完全忘卻了。不過，上文中提出「合理的對日政策」，頗爲符合他所讚賞的
亞里士多德的中庸和現實主義。他認爲，戰後對日政策應據以下四大原則：

第一，過去日本所加於我們的損害或不公〔，〕應予以補充或
平反。第二，日本由於其侵略的行爲，應獲相當的懲戒。第三，日
本最後的國際地位應獲完全的平等。第四，日本今後應仍有發展其
國民經濟的機會。

對於四大原則，錢端升自認爲「兼籌並顧，實爲最合理的平衡。只有如此，
我們可以當泱泱大民族之稱而無愧。只有如此，我們可以使日本受懲處而不
懷怨恨，不趨極端。亦只有如此，我們可以使友邦信我敬我，而我則得道多
助」。他承認，中國「受日本多年的侵略，在情感上，易流於苛刻，而不易
保持寬大」。不過，他認爲「邱吉爾的名言，『猛烈的打擊敵人於戰爭之時，
寬厚的待遇敵人於既敗之後，』是值得我們再三思維的。爲樹立永久的和平
起見，我們對日必須採合理的政策，而不能趨於任何的極端」，〔註306〕這是
他懲一戰前後法德互採報復主義，結果形成惡性循環，「以法之失敗爲大
戒」，〔註307〕及其思想中的中庸主義之結果。

若說錢端升對戰後世界的構思（見上述四個「深信」）還在理想主義階段
的話，則其在《東方雜誌》發表的《論戰後國之大小》一文，則烏托邦色彩
更見濃烈，跡近道德理想專制主義了。在結論中，錢端升表示：

此次戰後，這兩種不同的見解——以大同社會爲最後目標而欲
小國相合者，與根據民族自決主義而欲各民族盡量自由組國者——
勢將各佔若干勢力。我是持前一個見解的。我以爲政治單位太小太
多，則紛爭必多；和平既不易維持，而大同亦難以實現。故我們務

〔註305〕錢端升：《勝利後之對日政策》，《日本評論》，第16卷第9期，1943年6月1
日，第2頁。

〔註306〕錢端升：《勝利後之對日政策》，《日本評論》，第16卷第9期，1943年6月1
日，第3頁。

〔註307〕錢端升：《勝利後之對日政策》，《日本評論》，第16卷第9期，1943年6月1
日，第2頁。

須放大眼光，以偉大的氣魄，於戰後盡力阻止無須要的分裂及無須
要的建立小國。我們最好此時即立下若干成國的條件。凡人口不滿
若干數，而又可以和鄰國合併者不許成國。凡文化太落後，而顯然
無維持治安的能力者不許成國；他們宜暫時歸新國聯保護，以觀後
果。〔註308〕

值得注意的是，上述錢端升所言，是建立在其三大預設上的：一、戰後中國
是四大強國之一；二、四大強國能和平共處，三、中國民主化。錢端升似乎
沒有考慮到戰時國際合作與戰後和平之間沒有必然的邏輯關係（這點從一戰
後的巴黎和會就可看出）。此外，在中國民主化方面，錢端升也顯得過分樂觀，
似不再擔心出現如民初議會政治或一黨專政時期的混亂情形。就上述三個預
設言，若中國不能民主化，將出現何種後果，錢端升亦似乎沒有考慮到。期
望越高，失望越大，隨著戰後國民黨政府拒絕民主化，正如20年代一樣，錢
端升的失望可想而知。他只得將制衡國民黨的秤砣放在了共產黨身上。在通
過中央集權，以建立一個強有力的法治政府失敗後，錢端升採取了人類歷史
上最古老的辦法──以野心對抗野心，以權力制衡權力。然當形勢一邊倒時，
即1949年新中國成立後，受現實主義影響，錢端升又回到主張強有力的法治
政府老路上。

三、《戰後世界之改造》評析

1943年11月，《戰後世界之改造》出版。錢端升在《序》中表示，「獲取
勝利不易，獲取和平更難。如果此次戰勝軸心〔國〕既遠較上次戰勝德奧為
難，則今後媾和工作與樹立永久和平工作的艱鉅，不難想見。工作愈艱鉅，
綢繆愈不能疏忽。此所以有本書之作」。〔註309〕此序寫於1942年9月30日，
動筆時間在中國政治學會第三次年會（11月）之前二月，用了一年多時間完
成。但實際上，可上溯至抗戰前《世界資源重新分配問題》（1936.5）一文。
在該文中，錢端升建議一個強有力的世界政府主持世界資源的分配，與《戰
後世界之改造》之核心思想強調國際法一元論高度一致。在30年代，錢端升
在提及改造國聯時，曾提出二大問題，這就是區域組織和制裁問題。本文亦

〔註308〕錢端升：《論戰後國之大小》，《東方雜誌》，第39卷第8號，1943年6月30
　　　　日，第2頁。
〔註309〕錢端升：《序》，《戰後世界之改造》，重慶：商務印書館，1943年11月初版、
　　　　1944年2月再版；上海：商務印書館，1947年7月。

圍繞這二大主題進行分析。

關於《戰後世界之改造》一書，錢端升的高足王鐵崖在介紹此書時說：

本書討論的範圍非常廣泛，自戰爭如何結束討論到和平如何永久維持，同時，戰後所要成立的和平是全面的和平，因而□涉及到政治、經濟、社會、地理等等複雜問題。全書共有十餘萬言，分成十四章。第一章結論說明近代戰爭的性質和原因，提出此次戰爭中的和平的目標。第二章討論媾和，從休戰到和平會議的結束戰爭和成立和平的步驟〔按：原文如此〕。第三章以下的十二章可以分成兩部份。第一部份包括三章，討論戰爭所引起而爲和平會議所必須立即解決的種種問題，把這些問題分爲政治、疆土、和經濟三大類，分別說明牠們的處理的辦法。第二部份包括其餘的八章，討論樹立未來的和平秩序的種種問題，先則計劃國際社會的新組織，一般的組織和區域的組織，繼則分別研究國際武力，法院，經濟秩序，殖民，勞工與人口，少數民族與種族等問題，最後一章——「共同與殊別」且涉及語言文字和學術思想。

以上爲《戰後世界之改造》一書內容之梗概。至於該書的結論：

著者建議以下六點爲聯合國爭取勝利的最後目標：（一）人群自決以代替民族自決；（二）國際組織共同管理尚未能自主的人群，以至能自決之日爲止，殖民地一律取消；（三）成立區域的及全世界的組織，領導權屬於一個國家或數個國家；（四）國家組織具有武力，各國的軍備或完全廢除，或編減至不能抵抗國際組織的武力程度；（五）任何國家地域都應有增進人民經濟福利及生活標準的機會，……（六）各國主權應受限制，國際組織的權力應高於國家的權力。這些六點也就是著者討論戰後世界改造的中心思想，支配全書討論的基本原則。〔註310〕

這六大原則基本與前述在《今日評論》上提出《我們需要的世界政策》（1940.12.）的五大原則大同小異。

錢端升的另一學生羅應榮則認爲，「這書最精華處，是在第六、七、八、九、十章。本文的着力點，亦在此。著者引證淵博，有時極精細間屬技術的

〔註310〕王鐵崖：《錢端升：〈戰後世界之改造〉（書評）》，《讀書通訊》，第 87 期，1944年 4 月 1 日，第 14～15 頁。按：「這些六點」，原文如此。

問題，都討論得很周詳」。〔註311〕不過，《錢端升學術論著自選集》出版時僅收錄了第一（緒論）、五（經濟的處理）、六（新國際組織）、九（國聯法院）、十二（勞工與人口）和十四章（共同與殊別）。羅應榮所認爲精華的第七（區域組織）、八（國聯武力與制裁）、十（經濟秩序）、十一章（殖民地之國際化），很明顯，由於時代的不同，並未收錄。但本文以爲，不論就當時還是當代，這幾章仍有其不可磨滅的參考價值。

在第七章區域組織中，錢端升認爲，只要目的與國聯相容，設立區域組織輔助國聯，「有其必要」。他說：「如果世界國家確是我們最高的理想，區域組織或者便是促成這理想的實現的一個必要工具」。〔註312〕他指出，「區域組織可獨立於國聯之外，也可爲國聯組織的地方組織，猶如邦之於聯邦，省市之於中央」。因爲「區域組織能多負起一分責任，國聯亦自可減少一分失敗的危險」。〔註313〕就像聯邦制一樣，不能每一件事情都依賴世界政府。新國聯與區域組織分工合作，涉及區域的紛爭，交給區域組織處理。區域之間的紛爭，則交由國聯處理。

關於這一點，羅應榮表示，「非常懷疑其實現的可能性」。他認爲，「一則區域國際組織，既是以地理鄰近的國家爲組成分子。那些組成分子間，往往就是彼此□□〔競爭？〕最劇烈的勁敵。他們少數彼此間意見的敵對，甚至可威脅區域國際組織的基礎。二則區域國際組織□定可就地解決就地發生的國際糾紛，但往往事與願違」。〔註314〕羅應榮的理由恰與錢端升在評述 30 年代國聯改革案時，反對傅斯年提出的國聯區域制（即「歐洲國聯」）相近。不同的是，時移世易，錢端升不再堅持「國聯本身的失敗——如果是失敗的話——本是歐洲國家的責任」，這是因爲中國此時已成爲四強之一。

但在實際操作上，區域組織的存在不是依賴某個地區強國如此簡單。它能否在「某種限度之內可代國聯任排難解紛之責」，〔註315〕關鍵在於大國處

〔註311〕羅應榮：《讀錢著〈戰後世界之改造〉》，《中央周刊》，第 25、26 合刊，1944 年 2 月 10 日，第 12 頁。

〔註312〕錢端升：《戰後世界之改造》，上海：商務印書館，1947 年 7 月，第 68、69 頁。

〔註313〕錢端升：《戰後世界之改造》，上海：商務印書館，1947 年 7 月，第 76、77 頁。

〔註314〕羅應榮：《讀錢著〈戰後世界之改造〉》，《中央周刊》，第 25、26 合刊，1944 年 2 月 10 日，第 14～15 頁。

〔註315〕錢端升：《戰後世界之改造》，上海：商務印書館，1947 年 7 月，第 68 頁。

於何種關係。從具體事例上來說，1961 年 7 月 31 日成立的東南亞國家聯盟（簡稱「東盟」）和 1991 年 12 月，歐洲共同體通過《馬斯特里赫特條約》（通稱《歐洲聯盟條約》，1993 年 11 月 1 日正式生效）兩個例子均說明在世界組織框架下，區域組織有存在的空間且有促進和平的作用，但同時又有羅應榮所言的彼此是競爭「最劇烈的勁敵」情形存在。可見區域組織與世界政府問題之間的複雜性。因此，錢端升此章中的具體事例可能過時，但其對於世界政府和區域組織框架的思考和探討，仍有一定的參考價值。其第八章國聯武力與制裁，亦可作如是觀，下詳述之。

四、主張國際法一元論

關於戰後和平，顧維鈞曾提出的三個問題，頗具代表性：

> 第一、盟約國過於重視國家的主權觀念，以致國家無論大小，不分強弱，其主權均至高無上。……第二、毀約國乃至各國對於和平似均囿於地域，而無超地域或以整個世界爲單位之卓見。……第三、國聯的機構不健全，本身無實力可言。〔註316〕

他提出的解決原則爲：

> 第一，應修正國家的主權觀念。……凡重要的方案毋須全體一致。第二，應修正地域的偏見。……距離近的國家應負較大責任。……第三，應充實國聯本身的力量，藉以維持和平……各國應賦予新國聯以權力，採取國際軍隊制度，交由新國聯指揮。〔註317〕

顧維鈞提到三點均可歸納在主權問題之下。不論新國聯組織，還是新區域組織，及其武力制裁問題，均牽涉到個別國家的主權問題。王鐵崖先生在《憲法與國際法——爲紀念錢端升 100 年冥誕而作》中用不肯定的口氣說：

> 從錢先生的理論體系來看，他是不會盲從一元論的國內法優越說的，那是與法西斯理論密切相關的。他也不會相信一元論的國際法優越性，那是傾向於否定主權的理想主義的。他不會脫離現實而置國家不顧。他的學術思想可能走向二元論，但是，他是不會使憲法與國際法完全脫離的。

〔註316〕顧維鈞：《戰後和平問題》，《世界政治》，第 7 卷第 19、20 期，1943 年 1 月 30 日，第 1、2 頁。

〔註317〕顧維鈞：《戰後和平問題》，《世界政治》，第 7 卷第 19、20 期，1943 年 1 月 30 日，第 2、3 頁。

王鐵崖還表示，由於錢端升晚年多病，並未實現他重寫《比較憲法》的願望。因而沒機會看到他「對憲法與國際法這一重大理論和實踐問題」的主張和看法。他認為，「這是中國國際法和憲法學界的一個遺憾和損失」。〔註318〕王鐵崖先生似乎並未細看《錢端升學術論著自選集》中《戰後世界之改造》之第一章（緒論）及第六章（新國際組織），〔註319〕也忘了自己曾為錢端升撰寫《戰後世界之改造》書評一事。

在第一章（緒論）中，錢端升提出的主張，基本符合顧維鈞上述三大原則。但在限制各國主權方面，則遠超顧維鈞上述建議。錢端升明確主張國際法優越論的。他說：

> 各國主權應有限制。凡國際組織與國家有權限上的衝突時，前者的權力高於後者的權力。〔註320〕

一葉見秋，從錢端升主張國際法一元論，不難想見其對新世界組織武力制裁的看法：

> 各國的軍備或完全廢除，或縮減至不能抵抗國際組織的武力的程度，而國際組織則具有足以打擊一切可能的侵略勢力的實力。〔註321〕

錢端升主張國際法優越論，早在1940年8月《雲南日報》上已可見之：

> 為避免人類自相殘殺起見……這種世界組織應有權強制處理各民族間的爭執……且此項強制權力應與日俱爭〔增〕，庶幾在若干年內能成為絕對的權力，沒有一個民族敢不服從。

明確表達了其國際法一元論的思想。除警察（即軍事）權外，錢端升還賦予經濟權。

> 這個政府除了有權制止戰爭以外，還得有權劃除關稅堡壘，流通各地貨物，提高生活標準。……新世界的新政府如只有警察權而

〔註318〕趙寶煦等編：《錢端升先生紀念文集》，中國政法大學出版社，2000年2月，第8、9頁。

〔註319〕《自選集》選載《戰後世界之改造》第六章，文中明確表示有「超國家組織的必要」，見第353頁。

〔註320〕錢端升：《戰後世界之改造》，上海：商務印書館，1947年7月，第10頁；《自選集》，第336頁。

〔註321〕錢端升：《戰後世界之改造》，上海：商務印書館，1947年7月，第10頁；《自選集》，第336頁。

　　沒有經濟權，則民族間鬥爭的原因將無法消除。〔註322〕

因此，當 1949 年中國外交「一面倒」後，國際法一元論主張難免不合時宜。這從《錢端升學術論著自選集》收錄之《戰後世界之改造》並未將第七、八章包括在內就可說明之。

　　值得一提的是最後第十四章（共同與殊別）。1947 年 5 月 4 日，王世杰記載：

　　　凡在政治上或社會方面負重責之人，往往因日常事務之繁重，不及騰出時間，從容思考，或閱讀有哲學性之古今著作。其實最需要細密思考而且最需要不時從哲理方面研討自己之過去與將來之行動者，恰是這些忙而負責之人。予近來深有此感。〔註323〕

這是局內人王世杰對當時中國政治日益局促，但又解決無方的個人自白。錢端升的《戰後世界之改造》一書，不無王世杰所言的成分。但就行文言，依然是事實性多於理論性，缺乏嚴格政治哲學意義上的探討。這不僅是錢端升學術背景和治學方法所限，長於事實的陳述而短於抽象理論之探討，也是近代美國政治學脫離哲學和歷史後的通病。

　　這點上述王鐵崖亦指出，最後一章還「涉及語言文字和學術思想」，而不說是政治哲學或哲理方面的思考。儘管如此，《戰後世界之改造》，在思考人類整體命運上，還是有一定的抽象成份。錢端升說：「我深信國際合作必須建築在共同的思想形態之上的。如果思想形態各不相同，則一時利害的結合決不能成為永久合作的前驅。……沒有一致的思想形態，和平的基礎是決不堅固，而大同的實現也決無可能」。〔註324〕同時，「消滅民族的個性，不許有任何區別存在，也決不是人類之福」，「大同的社會如為齊一的社會，事事一律，則大同的文明便已到了止境」。〔註325〕表面看來有所矛盾，但實際上，這是他在《今日評論》上《統一與一致》一文中，主張異中求同思想之發揮。〔註326〕

　　儘管錢端升的各種主張理想主義色彩濃厚，但亦不乏現實意義。最能凸

〔註322〕錢端升：《我們需要怎樣一個世界》，《雲南日報》（星期論文），1940 年 8 月 18 日，第 2 版。
〔註323〕《王世杰日記》（1947 年 5 月 4 日），第 6 冊，第 59～60 頁。
〔註324〕錢端升：《戰後世界之改造》，上海：商務印書館，1947 年 7 月，第 138 頁。
〔註325〕錢端升：《戰後世界之改造》，上海：商務印書館，1947 年 7 月，第 133、133～134 頁。《自選集》，第 393～394、394 頁。
〔註326〕錢端升：《戰後世界之改造》，上海：商務印書館，1947 年 7 月，第 132 頁。

顯的是戰後對日寬大政策建議，顯露出他思想中理性和寬容的一面。關於理性和寬容，若前者缺乏後者，則不免淪於尖酸，易趨於極端。若後者缺乏前者，則不免缺乏自律，易趨於縱容。在戰後日本處理問題上，錢端升主張，「聯合國應該採取恩威兼施的辦法，既不可姑息變息，也不可過於嚴峻，致違反自決的原則，且又失去爭取公正□〔和？〕平的意義」。〔註327〕值得一提的是，《勝利後之對日政策》一文引起了當時西方學界的重視。此文先後轉載在英文《戰時中國》〔註328〕和《遠東雜誌季刊》的參考書刊目錄上。〔註329〕

對於自己政論主張，錢端升並非不知道理想主義色彩濃厚。在《戰後應否有一國際人權宣言》一文中，他指出，當時有兩派人，一派「主張戰後各民族應成立一個共同強有力的組織，以抑制民族主義不正當的發展，並以促進全人類的福利者」。另一派「深信人性改易不易，並有鑒於國聯的失敗，因而懷疑一切國際合作，牢守主權舊說者」。這兩派即國際政治中的理想主義（Idealism）和現實主義（Realism）。錢端升表示自己傾向前者。他說：

> 如果後一種人得勢，則戰後一切保障和平，增進互助的組織皆等虛設，……反之，如果前一種人居多數，而有較嚴密、較有力的國際組織降生，和平及互助也不見得就可因此而有成。要有國際永久的和平與日增的互助，各民族須首先承認大同之治為人類最後的目標。〔註330〕

從上述各種主張可見，包含了錢端升思想中的三種元素：一、理想主義；二、中庸主義；三、現實主義。在《戰後世界之改造》最後一章中，錢端升表示，「但我們也是不是烏托邦主義者，故對目前的措施，我們不敢好高，不敢騖遠，先求其可能者，而不放談不可能者」；〔註331〕「無論戰後的解決為怎樣，最重要的還是四大國的開誠合作」。〔註332〕理想主義和現實主義兩

〔註327〕 王鐵崖：《錢端升：〈戰後世界之改造〉（書評）》，《讀書通訊》，第 87 期，1944 年 4 月 1 日，第 15 頁。

〔註328〕 Chien Tuan-sheng, *"How to Deal with Japan after Victory"*, China at War, 11 December 1943, pp.14-16.

〔註329〕 Earl H. Pritchard, *Far Eastern Bibliography 1943*, Far Eastern Quarterly, February 1944, p.190.

〔註330〕 錢端升：《戰後應否有一國際人權宣言》，《國際編譯》，第 1 卷第 2 期，1943 年 8 月，第 1 頁。

〔註331〕 錢端升：《戰後世界之改造》，上海：商務印書館，1947 年 7 月，第 132 頁。《自選集》，第 392 頁。

〔註332〕 錢端升：《戰後世界之改造》，上海：商務印書館，1947 年 7 月，第 82 頁。

者共存可見一斑。不過，付諸現實，錢端升在國際問題上偏向理想主義，在國內問題上偏向現實主義，儘管他竭力在維持中庸主義。

據費正清回憶，1943 年是中國知識分子界普遍不滿的一年。〔註 333〕這種對國民政府的不滿，隨後具體表現在 1944 年國民黨政府豫湘桂大潰敗上。隨著國民黨政府自我改革有限，錢端升的建議在 1944～1945 年已顯得理想主義了，到了 1946～1947 年國共內戰全面爆發後，更顯得烏托邦主義了。在很大程度上，若思想的理想主義色彩越濃厚，則其時代超越性則越強，相反，現實主義越濃厚，則時代性越強。從這一點，我們可以看出，錢端升對戰後世界改造之構思，既帶有濃厚的理想主義，又帶有明顯的時代印記，但前者成分明顯較後者爲多。

應當指出的是，上述一系列的政論文章，是錢端升在此一時期對戰後問題的一種思考和演繹過程，其所持態度和立場是開放式的。隨著戰局的演變，錢端升修改了上述部分看法。如他在 1944 年初的《戰後和平會議的展望》中表示，「德意志集團及日本集團的崩潰不必定在同時，歐洲方面及亞洲方面的戰爭也不一定同時結束。故對德意志集團及對日本集團勢須分別成立休戰協定」。不過錢端升仍認爲，「如果和會在一九四四年年底以前召集，則 蔣委員長、羅斯福、邱吉爾、史達林四領袖殆仍是四大強國的領導者」，和議之前的休戰協定的執行，「在歐洲應由英蘇等多負責任，在亞洲則應由中國多負責任」，〔註 334〕仍對國民政府抱有一定的期望。

錢端升曾在《戰後世界之改造》中提到「一時利害的結合決不能成爲永久合作的前驅」。他似乎沒有認識到，戰時中英美蘇的結合就是建基於「一時利害」之上。就戰時各國關係言，雖不能說完全各懷鬼胎，但同床異夢，亦相差不遠，如中英兩國對殖民地問題上的立場已南轅北轍。從理論上而言，錢端升應該看到，丘吉爾公開聲明不願成爲大英帝國最後一任首相，預示著戰後英國不會放棄其傳統的殖民地政策。他卻一廂情願認爲，所有的殖民地問題均可以提交新國聯來處理之。這是錢端升基於世界經歷兩次大戰後，人類應該有所醒悟，否則第三次世界大戰，人類將有滅亡的可能上。因而他認定戰後爾虞我詐將不會繼續存在。這是他的天眞爛漫之處，亦是他理想主義

〔註 333〕〔美〕費正著、陸惠勤等譯、章克生校：《費正清對華回憶錄》，上海：知識出版社，1991 年 5 月，第 282～283 頁。
〔註 334〕錢端升：《戰後和平會議的展望》，《中央周刊》，第 6 卷第 23 期，1944 年 1 月 20 日，第 5 頁。

之悲劇所在。

　　儘管錢端升自己認爲不是一個烏托邦主義者以及認識到理想主義的局限性，無可否認的是，即使在 1943 年的中國，與其他同時代人比較，其對戰後和平的樂觀主義和理想主義，罕有能與之匹敵者。就理想主義而言，大同社會作爲一種理想，它的存在價值自不待言。尤其在殘酷的戰爭年代，當身心經歷各種戰爭創傷，〔註 335〕仍能堅持和執著於上述理想，應當說，是十分難能可貴的。

〔註 335〕1943 年訪問過錢端升一家的費正清說：「他最近一直頭疼，不想走遠。他的妻子和三個小男孩都曬得黑黑的，看上去很健康，但瘦得很厲害。她說她怕冷，對小病已沒有抵抗能力了」。〔美〕易社強著、饒佳榮譯：《戰爭與革命中的西南聯大》，臺北：傳記文學出版社，2010 年 4 月，第 320 頁。《聯大八年》指出，「幾年來的剝削，他的身體一天天壞下來，據檢查，錢先生的血球已經比正常狀態差了一百萬，就是平常走到教室時，都要休息幾分鐘才能開始講課」。西南聯大除夕副刊主編：《聯大八年》，昆明：西南聯大學生出版社，1946 年，第 169 頁。

第七章　書生論政：調和國共衝突與
主張聯合政府（1945～1949）

第一節　提倡聯合政府

一、知識分子的總體歷程：從希望、失望到絕望

　　1945～1949 年是自清末以來，近代中國政治最跌宕起伏的數年，不但國共之間的衝突因國內外各種因素而最後爆發全面內戰，國內的知識分子也因調解國共內戰而重新排序。若說在 1946～47 年，大部分自由主義知識分子還在堅持第三條或中間道路的話，則到了 1948 年 9 月，北方自由主義知識分子在圍城之下，基本對國民黨政府已絕望了。當時在華一位美國人德克・博迪（Derk Bodde）一則日記很好地說明了這種變化。

　　1948 年 9 月 27 日，博迪在清華大學，與「一群著名的中國文科教授進行了一次推置心腹的長談」，所指應為張奚若、潘光旦、費孝通、朱自清、吳晗等人。據博迪記載，以下是一位教授的言論，他是「一位氣度不凡的人。他已經頭髮灰白，八字鬚修得短短的。他過去是一名國民黨黨員，早就以中國優秀的自由主義思想家出名了」。他說：「大多數中國知識分子都不喜歡參與政治。但是，當他們聽到政府一遍又一遍地重申她的目的是要帶給中國一個民主〔、〕誠實的政府機構時，他們看到的卻是這些聲明一次又一次被嘲弄

的事實……今天，很少有人相信人民會對政府的改革抱有希望。這就是我們知識分子思想認識經歷了三個階段的原因」。從頭髮灰白和八字鬚來看，疑為張奚若。

> 最初，我們中的大多數人是支持政府的。儘管我們也看到了她的許多不足之處，但是我們希望她能改進。後來，我們對政府的改進是越來越不抱希望了，但我們又發現沒有什麼合適的政權可以替代她。雖然我們知道當今的政府不好，可是任何可能替代她的政府或許更壞。在這第二個階段中，我們這些知識分子是搖擺的，困惑的。接著就是現在，第三個階段，我們已經完全相信這個政府是無藥可救了，我們希望越快把她推翻掉越好。既然中國共產黨是唯一有能力來作出這個改變的，我們現在願意支持共產黨，他們要比國民黨政府好。就我們自己的願望，我們寧可選擇中間道路，但這已是不可能的了。〔註1〕

這位文科教授的三階段論，頗具代表性，很能說明 1945～1949 年期間知識分子在此期間的心路歷程和變化。若將此三階段用最簡潔語言表達，這就是：一、希望；二、失望；三、絕望。從 1945 年抗戰勝利後到馬歇爾調停，至 1946 年 6～7 月中國內戰全面爆發，為第一階段；第二階段約為 1946 年 8 月到 1948 年 9 月。第三階段則為 1948 年 9 月至 1949 年中華人民共和國建立。此三階段只是籠統的分期，並非絕對，須視乎個別知識分子的心路歷程而定。一般而言，大部分中間偏左知識分子在 1947 年 3 月蔣介石進攻延安時，已對國民黨失去信心。1947 年 3 月 8 日，《觀察》創辦人儲安平表示：

> 馬歇爾的離華，共產黨的不妥協，一般輿論對於政府的抨擊，民心的渙散，經濟的崩潰，軍事上的沒把握。南京顯已淪入暗淡與苦痛之中。……據我們的觀察，現政權業已失去挽回這個頹局的力量，最近且已失去挽回這個頹局的自信心。〔註2〕

張奚若在 1947 年 3 月亦說：「在這個政府垮臺後，政治是否能上軌道，雖然不容易說；但在這個政府垮臺以前，政治決無好轉希望，卻是無法避免的結論」。〔註3〕

〔註1〕 〔美〕德克・博迪（Derk Bodde）著、洪菁耘、陸天華譯：《北京日記——革命的一年》，上海：東方出版中心，2001 年 2 月，第 23～24 頁。

〔註2〕 儲安平：《中國的政局》，《觀察》，第 2 卷第 2 期，1947 年 3 月 8 日，第 3、4 頁。

〔註3〕 張奚若：《時局答客問》，《觀察》，第 2 卷第 3 期，1947 年 3 月 15 日，第 22 頁。

　　錢端升自 1945 年 7 月 7～20 日召開的第四屆第一次國民參政會上，與周炳琳公開違反黨內決議，在國民大會上與國民黨公開唱反調後，歷經「一二・一」慘案、「滄白堂事件」（1946.1.16～19）、「較場口血案」（1946.2.10）、「南通慘案」（1946.3.8）、「下關慘案」（1946.6.23），以至李公樸（1946.7.10）和聞一多（1946.7.15）被暗殺，也與張奚若一樣，基本絕望了。

　　1948 年底，錢端升出訪哈佛大學。在出國之前，分別在 1947 年 3 月 1、15、22 日《觀察》上發表了三篇文章：《教師與進步》、《世界大勢與中國地位》和《唯和平始得統一論》。此三篇文章表面上看似無甚聯繫，實際上自成一系列。第一篇指出在眾多職業當中，進步的教師最能代表中國全民利益，希望全國教師們團結起來，制止內戰。第二篇則分析在當時的世界大勢中，中國不能偏美反蘇，成為美國的橋頭堡，只能走美蘇兼顧的道路。而要做到這一點，中國就必須停止內戰。第三篇則匯合前兩篇，再次論證只有和平才是中國政治應取的趨向。在哈佛期間，錢端升撰寫了《中國政府與政治，1912～1949》（英文）。其中最後一章後翻譯成中文，收錄在《錢端升學術論著自選集》，這篇文字不僅代表著他對當時中國政治的最新學術研究成果，也寄託著他一生之追求和理想。

二、自由主義知識分子陣營的第一次分化

　　國民黨政府在沒有與最大在野黨取得共識情況下，召開了國大。對此，周炳琳採取了抵制的態度，並勸胡適不要南下。〔註4〕1946 年 11 月 23 日，王世杰記載，「晚間與胡適之，傅孟真長談。適之對於國民黨過去之貢獻，本歷史學者之眼光，予以同情。值此中外是非混淆之時，適之之態度頗為國民黨之一個助力。周枚蓀在北平，尚拒絕參加國大」。〔註5〕周炳琳態度如此，在國民參政會期間持相同立場的錢端升亦不難想像。兩天後，錢端升在西南聯大時事晚會上，主張「聯合政府式政權」，引發後來的「一二・一」運動。

　　王世杰所言胡適、傅斯年「本歷史學者之眼光」，恰與周炳琳認為國民黨

〔註4〕　《周炳琳 1946 年 11 月 9 日致胡適函》，張友仁編：《周炳琳文集》，浙江人民出版社，2009 年 12 月，第 353 頁。

〔註5〕　《王世杰日記》（1946 年 11 月 23 日），第 5 冊，第 432 頁。周炳琳說：「南京之協商斡旋及國大之延期，均係假態，似無足輕重」《許德珩等教授發表對時局觀感》（1946 年 11 月 13 日），《中國民主黨派歷史資料選編（下）》，華東師範大學出版社，1985 年 11 月，第 318～319 頁。

在過去交了白卷看法相反。這不但表現他們對國民黨觀感不同，也表明他們之間的政見距離已無法彌補。箇中原因可能是王世杰、傅斯年囿於蔣介石知遇之恩，「士為知己者死」，只得盡力協助。胡適長期在外，戰時變化之經歷和感受未必有錢、周之深，尤其是對國內政治相對比較隔膜。傅斯年作為胡適的政治密友，在某種程度上影響了胡適的看法。胡適後來離開大陸，與傅斯年有一定的關聯。張奚若、周炳琳、錢端升與胡適、王世杰、傅斯年等人在看待國民黨政府上的分歧，實際反映了自由主義知識分子陣營〔註6〕在戰後一年的分化。〔註7〕這點從十教授宣言亦可窺見一二。錢、周上述態度基本上已決定了其 1948～1949 年的政治走向。

在國大召開前，1945 年 7 月 9 日，錢端升致函遠在海外的胡適，表達了他對國事的悲觀：「國事退步多於進步。鯁生是最『平實』的人，他現在恐怕是充滿了悲觀。我們現在唯一的安慰是老莊方面給我們的，不是近代頭腦所能 authorize〔認可〕的」。〔註8〕儘管如此，錢端升仍在 8 月 3 日西南聯大時事晚會上，主張國內各黨派建立「聯合政府式的政權」，但引起國民黨內部分人士反感。「一二‧一」慘案後，錢端升對政治更是消極。1946 年 1 月，周鯁生致函胡適說：「我去年曾經寫信勸端升再辦刊物，大家公開說說話，他回信敬謝不敏。他近來很悲觀，尤其昆明聯大慘案學潮令他多所感慨」。〔註9〕兩人對現實政治消極之意溢於言表。

1945 年 8 月 8 日，周鯁生致胡適函：「遠東戰爭隨時有急轉直下之可能，國內事情亦大有合群策群力以求改進之必要」。〔註10〕「遠東戰事」所指為 8 月 6 日美國在日本廣島投下原子彈；「急轉直下」為日本就快投降；「國內事

〔註6〕 本文所指的自由主義知識分子陣營，主要是指以胡適為首的學人群體，包括部分西南聯大學人在內，亦即國民參政會中所謂的「教授派」參政員。本文所指的只是一個泛稱，部分學人有可能未包括在內。

〔註7〕 1948 年 1 月，胡適與周鯁生在對日本和蘇俄問題上也發生了歧見。《致周鯁生（國際形勢裏的兩個問題）》（1948 年 1 月 21 日），耿雲志、歐陽哲生整理：《胡適全集‧書信（1944～1955）》，第 25 卷，安徽教育出版社，2003 年 9 月，第 316 頁。原載南京《中央日報》，1948 年 2 月 1 日。亦見《讀書通訊》，1948 年第 52 期。

〔註8〕 《錢端升致胡適》（1945 年 7 月 9 日），《胡適來往書信選（下）》，香港：中華書局，1983 年 11 月，第 22 頁。

〔註9〕 《周鯁生致胡適》（1946 年 1 月），《胡適來往書信選（下）》，香港：中華書局，1983 年 11 月，第 88～89 頁。

〔註10〕 《周鯁生致胡適》（1945 年 8 月 8 日），《胡適來往書信選（下）》，香港：中華書局，1983 年 11 月，第 24 頁。

情」即國共衝突；「群策群力」指國內有識之士應盡快合作，解決國共衝突此
一難題。日本無條件投降後，9月2日，周鯁生再函胡適說：

> 國內政治經濟均在大轉變之階段，以前種種一言難盡，不必贅
> 述。問題之關鍵在於今後之如何改進。如果中央有實行走上民治大
> 道之誠意，而共派眞肯爲統一而就範，則在現今有利之國際環境下，
> 平和的改進大有希望。若眞如悲觀者流所想，兩方均無此誠意，則
> 在相當長長期中，國家社會的混亂情形終不可免，而政治經濟無由
> 改觀。此則有待於進步思想的權威學者言論家以超然的立場切實向
> 國人致其警告而指示以出路者也。〔註11〕

周鯁生不愧爲當時一流學者，其對局勢觀察，異常敏銳，簡短數語，向遠在
海外的胡適指出了中國戰後可能的政治走向。與梅貽琦所記，聯大教授們在
雲南政變後，認爲國共問題不解決，學術自由將無從維持的看法相近。〔註12〕
周鯁生所言「權威學者和言論家」，除胡適外，應指西南聯大教授們，還可
包括周鯁生自己。1945年10月1日，西南聯大十教授分別致電蔣介石和毛
澤東。這十位教授爲：張奚若、周炳琳、朱自清、聞一多、陳岱孫、李繼侗、
吳之椿、陳序經、湯用彤、錢端升。十教授中，除聞被暗殺，朱早逝外（1898
～1948），其餘均在1949年後留了下來。

　　日本無條件投降前不到兩星期，8月3日，聯大學生自治會邀請錢端升
在時事晚會上進行國事演講，主題爲《參政會與今後中國政治》。據《新華
日報》報導，開會時間還未到，教室裏已坐滿人，教室外面也已經圍著許多
的聽眾。開始時，有人提議露天演講，但爲便利秩序維持，仍在聯大最大教
室舉行。〔註13〕由於錢端升在參政會期間，已觸犯了最高當局的禁忌，原本
不甚重視錢端升的國民黨報系，對其演講更是隻字不提。〔註14〕與此相反，

〔註11〕　《周鯁生致胡適》（1945年9月2日），《胡適來往書信選（下）》，香港：中
　　　　華書局，1983年11月，第29～30頁。

〔註12〕　黃延復、王小寧整理：《梅貽琦日記，1941～1946》，清華大學出版社，2001
　　　　年4月，第182頁。

〔註13〕　《參政會與今後中國政治》，《新華日報》，1945年8月15日。《聯大八年》
　　　　記載，當時最大的教室南區十號，至多亦只能「容納三四百人」。西南聯大除
　　　　夕副刊主編：《三十三年五四在聯大》，《聯大八年》，昆明：西南聯大學生出
　　　　版社，1946年，第20頁。

〔註14〕　筆者曾利用《中央日報》電子版，進行「標題」檢索（內文無從檢索），只檢
　　　　到兩條：一條是與胡適、張忠紱三人出使歐美，一條是錢端升辭中央大學政

倒是《新華日報》在 1944～1947 年期間，至少有五則與錢端升相關的報導。

　　未知出於何種原因，8 月 3 日的演講，直到日本投降當天《新華日報》才刊登出來。從演講內容可見，錢端升不僅反對內戰，還指責國民黨政府無言論和結社自由，這樣的言論，國民黨政府禁止唯恐不及，更遑論報導。如前所述，言論自由是錢端升思想中的三大基本底色之一。錢端升公開指責國民政府沒有言論自由，表示其對國民黨政府已十分不滿。

　　9 月 1 日，《民主周刊》刊登了錢端升的《僵局如何打開——論中國的政治前途》，記錄者「天凡」在序中表示：「本篇是錢端升先生在上次參政會閉幕不久後對西南聯大同學的公開演講，他在這演講中提出組織政治解決委員會與聯合政府兩項具體建議以爲打開政治僵局的方案，對當前問題的認識及解決途徑之尋求頗有參考價值，爰爲刊出，以餉讀者」。〔註15〕

　　從日期和內容可知，天凡所記與《新華日報》報導爲同一次演講。該序言表示，此稿未得錢端升校閱，因此疏漏「概由本刊負責」。從語氣看，似爲《民主周刊》記者。此篇演講後轉載 1945 年 11 月《文萃》，〔註16〕及收入章鐸馨所編著的《民主初步講話》，影響更大。〔註 17〕記錄者天凡所擬的三個標題：一、「新中國的輪廓」；二、「新的政治領導」；三、「政治解決委員會與聯合政府」，有助於我們提綱挈領地理解是次演講。錢端升在文中的觀點大致如《新華日報》報導，只是細節更爲詳細。在開場白，錢端升說：

> 我以爲新的中國，一定要爲全體人民謀利益。這幾年我最喜歡聽的一句話，就是華萊士在一九四二年所講的：二十世紀應該是平民的世紀（按：重點爲本文所加）。這話眞正代表了時代的精神，許多國家無不向這條路走，把他們的國家變成平民的國家⋯⋯從東歐到西歐，無一不向爲平民謀福利的路上走去⋯⋯世界潮流如此。中國不能走別的途徑⋯⋯除非他有既得利益。

　　除新中國應走以「平民利益爲最高利益」道路外，他還指出，當時中國沒有言論自由：「我們想我們有多少言論自由呢？有多少集會自由呢？沒有。⋯⋯在這樣的環境之下，我們還是要說話，要表示。爲什麼？因爲我們發表的意見，

治學系主任，學生挽留。

〔註15〕 錢端升講、天凡記：《僵局如何打開——論中國的政治前途》，《民主周刊》，第 2 卷第 7 期，1945 年 9 月 1 日，第 11 頁。下簡稱《僵局如何打開》。

〔註16〕 錢端升：《論中國的政治前途》《文萃》，第 5 期，1945 年 11 月 6 日，第 4～7 頁。

〔註17〕 章鐸馨編著：《民主初步講話》，上海：博覽書局，1945 年，第 50～57 頁。

都是趨向於全民利益，這一要求，你無法阻止的⋯⋯在老百姓沒有飯吃的時候，我們憑什麼資格講國防，講軍隊？」〔註18〕

對於戰後中國建設，錢端升認為再也不能走以前的老路子了。不能「用過去建設南京那樣的來建設我們的新中國，因為這樣除非給少數人以享樂外，充其量不過以充國際觀瞻。假如這樣，我們寧願〔不〕要工業化」。但他並非真的不要工業化，只是針對當時有很多人希望中國模仿美國那樣。錢端升認為：「這是夢想，要做，反而妨害大多數老百姓的利益」。他說：「二十世紀中國的政策假如不着眼於農民身上，那就沒有良心」。這是中國農民在抗日戰爭中作出巨大犧牲，應得的補償。「工業並非不要⋯⋯但是從農民出發的工業化，這是一條合理的道理，我深信不疑」。〔註19〕

要怎樣做才能符合「大多數的農民」的利益呢？錢端升放棄了戰時對國民黨和蔣介石的期盼，轉向尋求國內所有黨派的集體領導。他說：「我們需要一個新的，真正代表全國的政治領導。我這裡不講領袖，因為一個新的進步的國家，絕對不依靠一個 leader，我講的是 leadership」。他比較了羅斯福、丘吉爾和斯大林的領導風格後說：「我相信羅斯福是一個了不起的 leader，但十餘年來美國的進步主要的是一個 Leadership〔。〕假如羅斯福沒有許多年輕、有理想的人幫他的忙，羅斯福個人是不可能有成就的」。至於丘吉爾，「正因為他有個〔的〕時候，專制獨裁，所以失敗了」。至於斯大林，「我就不相信斯大林是個獨裁的人，沒有人幫助，不會有如此勝利的。因此我們中國，也需要一個 leadership」，〔註20〕這似是錢端升在暗諷蔣介石。

三、中國需要新的領導層

何謂新的領導層呢？錢端升：「所謂新的當然應該有進步性，即向前看的，就是有華萊士那樣看今天的看法。它應該為群眾服務，而不是為自己。同時，新的一部份有年輕的意思。我並不反對老年人，只是說年輕人進步一點」。他舉例說，自己一向不喜歡當面恭維人家。但在最近的參政會上卻破例

〔註18〕 錢端升講、天凡記：《僵局如何打開》，《民主周刊》，第 2 卷第 7 期，1945 年
9 月 1 日，第 11 頁。

〔註19〕 錢端升講、天凡記：《僵局如何打開》，《民主周刊》，第 2 卷第 7 期，1945 年
9 月 1 日，第 12 頁。

〔註20〕 錢端升講、天凡記：《僵局如何打開》，《民主周刊》，第 2 卷第 7 期，1945 年
9 月 1 日，第 12 頁。

了一次。他對邵力子說：「我們黨（指國民黨——編者按）裏，六十歲以上的人都不行了，但你老先生除外」。〔註21〕這是錢端升在暗諷國民黨青黃不接，暮氣日沉。

由於對國民黨失望，錢端升一改過去論調說，新的領導層必須「代表全國」。他指出，

> 要做到這點，有兩種方式，沒有第三種。一是反對派參加政權，二是聯合政府式的政權。反對黨有參加政權的自由，你不能專□〔制〕獨裁。否則各種政治力量聯合起來組織聯合政府聯合地參加領導，也能代表全國（按：重點為本文所加）。

這是錢端升在暗示若國民黨不開放政權，則其他在野黨派也可自組政府。他所言的「聯合政府式的政權」，基本與中共聯合政府主張相同。錢端升說：「除了各黨各派及其他有政治意見的人來共同協議外，沒有其他辦法」。〔註22〕

對於國民黨過去政績，錢端升的看法與周炳琳認為交白卷的觀點相近。他說：

> 國民參政會成立了八年，向來是四不像的動物，但假如他能好好集合各種人才成立一種獻議，也可以對得起人民。至於我，有時想天氣熱，何必跑去，但又想假如能對這一獻議工作有所幫助，又何必自視清高。然而這次我很失望，這次大會中的大問題是國民大會，國共兩黨對此爭執得很利〔屬〕害，解決不好，國家前途不堪設想，解決好的，就有大幫助。國民黨堅持十一月十二日召集國民大會。因為：第一，你們早就要求過了；第二、總裁三月一號說過的；第三、代表大會通過的（六全大會）〔。〕至於代表，一定要堅持舊代表〔，〕理由是依法選舉。但是〔這〕應該〔是〕老百姓定的，老百姓不要你們了！還有什麼話講。〔註23〕

一葉見秋，錢端升對國民黨政府的觀感可以想像。他還指出，

> 國民黨堅持制憲與行憲，這點有好些人不明瞭，其實問題甚

〔註21〕 錢端升講、天凡記：《僵局如何打開》，《民主周刊》，第 2 卷第 7 期，1945 年 9 月 1 日，第 12 頁。

〔註22〕 錢端升講、天凡記：《僵局如何打開》，《民主周刊》，第 2 卷第 7 期，1945 年 9 月 1 日，第 13 頁。

〔註23〕 錢端升講、天凡記：《僵局如何打開》，《民主周刊》，第 2 卷第 7 期，1945 年 9 月 1 日，第 13 頁。

大……二百九十名參政員裏，國民黨佔了多數，到會二百多名左右，
共產黨及各黨派佔二十五名左右，無黨無派有五十名左右，但到底
無黨無派到甚麼程度，很有問題，在這種情形下共產黨自然不出席。
〔註24〕

對於缺乏第二大黨參與、國民黨堅持行憲，錢端升表示，「我跟周炳琳先生卻
不敢一致，我們的要求實際很低，……要求雖很低，與政府的要求還很遠，
自然我們沒有怨言，但這次決議等於不決議；卻是事實。經過這次經驗，再
開始認爲要利用它（按：指參政會）集中其意見成立協議以成立新的領導是
不可能的」。錢端升雖說「沒有怨言」，但字裏行間對國民黨政府的不滿卻溢
於言表。

對於當時國共衝突，錢端升認爲「越拖下去，後果越不堪設想」。他說：

我覺得只有召集一個由各黨各派及其他具有政治意見的人共
同參加的會議來產生，共產黨提議是黨派會議，我覺得以政治委員
會的名稱較好，參加代表的人數，國民黨一個，共產黨一個，民主
同盟一個。〔註25〕

這是他在參政會上和周炳琳一起提出的政治解決委員會方案。國民政府之所
以急於立憲，梁漱溟在 1945 年夏所撰的《論當前的憲政問題》中道出了其中
原委。他認爲，其主要目的是針對共產黨，以施行憲政爲名，逼迫其交出軍
隊。他說：

窺政府之所以於茲百忙中，急急召集國民大會者，殆將以此迫
共產黨交出其軍隊耳。試看六全大會決議，一面撤消國民黨在軍隊
裏面的黨團組織，一面訂立政治結社法。政治結社法的訂立，一面
好像是給予各黨派來參加制憲機會，一面亦就是限制那不合法底政
黨。在政治結社法中，必然明定政黨不得擁有武力之文。此爲歐美
憲政國家通例，即在中共方面很難不承認。那麼共產黨如果要參加
制憲和將來的憲政，即要交出軍隊來；如果拒絕交出，即不當阻梗
憲政。這一罪名，誰也擔不起底。在國內，其他小黨都沒有軍隊，
均不發生此問題，所以這樣拋開其他方面，單獨向共產黨進攻，足

〔註24〕　錢端升講、天凡記：《僵局如何打開》，《民主周刊》，第 2 卷第 7 期，1945 年
　　　　　9 月 1 日，第 13 頁。
〔註25〕　錢端升講、天凡記：《僵局如何打開》，《民主周刊》，第 2 卷第 7 期，1945 年
　　　　　9 月 1 日，第 15 頁。

　　使它孤立無援。在國際上，英美漸漸亦知道中共今天只在爭求民主，

　　頗不嫌棄他。但對他擁有軍隊，總覺不合脾胃。而中國政府若實行

　　憲政，則是英美最脾胃的事。所以這樣就獲取了英美同情，並可挾

　　國際輿論以助我攻他——共產黨問題。是否這樣便得解決，固未敢

　　言，然這確實是目前最好的策略了。總而言之，憲政仍然是被作為

　　一手段而玩弄著。〔註26〕

梁漱溟最後一句畫龍點睛地道出了自清末至民國以來憲政問題的癥結所在。

　　在抗戰期間，在野各黨派和中間人士已因國共問題，頻頻奔波，希望化
解兩黨之間的衝突，中國民主同盟亦因此而成立。抗戰勝利後，儘管內戰陰
影更見濃密，在野各黨派並沒有氣餒，反而因戰後重建需要和平環境，更對
和平解決國共衝突而努力不懈。在錢端升上述演講後不到一個星期，1945 年
8 月 14 日，聞一多、潘光旦、費孝通、羅隆基、曾昭掄、楚圖南等聯名發表
《告國際友人書》，內容與錢端升演講大同小異。他們指出，

　　　　擺在中國面前的現實問題是：團結呢還是內戰？民主呢還是獨

　　裁？徹底的勝利還是廉價的和平？……中國人民和自由主義的智識

　　分子們從來得不到任何人權的保障，得不到集合、結社、言論、出

　　版……通信的民主自由。

他們認為：「一個民主的聯合政府，才能領到人民走向抗日的勝利和戰後的建
設」。〔註27〕

　　1944 年 6 月 20～24 日，華萊士訪華。7 月 10 日，他在白宮向羅斯福匯
報時指出，蔣介石的政府是一個由地主、軍閥和銀行家支持的落後無知的政
府，根本得不到廣大人民的信任。〔註28〕華萊士說：「現在，除了支持蔣介石
外，似乎沒有其他選擇。……不過，我們可以在支持蔣介石的同時，通過各
種可能的途徑對他施加影響……蔣介石充其量只是一筆短期投資。據信，他
沒有治理戰後中國的才能和政治力量。戰後中國領導人要麼從演進中產生，
要麼從革命中產生。現在看來更可能是從革命中產生」。〔註29〕9 月 23 日，葉

〔註26〕 梁漱溟：《論當前憲政問題》（1945 年夏），《梁漱溟全集》，第 6 卷，山東人
　　　　民出版社，2005 年第，572～573 頁。

〔註27〕 聞黎明、侯菊坤編：《聞一多年譜長編》，武漢：湖北人民出版社，1994 年 7
　　　　月，第 880～881 頁。

〔註28〕 吳東之：《中國外交史（中華民國時期 1911～1949 年）》，河南人民出版社，
　　　　1990 年 2 月，第 571 頁。

〔註29〕 〔美〕卡恩著、陳亮譯：《中國通：美國一代外交官的悲劇》，四川：新華出

聖陶日記記載：「華萊士返美，其評我國以三個 no 字，謂無戰爭、無法律、無民主也」。〔註30〕

在美、蘇〔註31〕和國內外輿論壓力下，國共兩黨在 1945 年簽訂了「雙十協定」。僅 3 天後，國民黨政府已露出其意欲武力解決中共端倪。10 月 13 日，「雙十協定」墨跡剛乾，蔣介石就發出密電，下令國民黨將領「遵照中正所訂《剿匪手本》，督勵所屬，努力進剿，迅速完成任務」。在蔣介石指令下，80 萬國民黨軍隊出動進攻華北解放區。11 月 9～16 日，蔣介石在重慶召開軍事會議，計劃在 6 個月內擊潰共軍。〔註32〕

國民黨政府無意於「雙十協定」，還可從下列一連串慘案和血案看出：「一二·一」慘案（1945.12.1）、「滄白堂事件」（1946.1.16～19）、「較場口血案」（1946.2.10）、「南通慘案」（1946.3.8.）、「下關慘案」（1946.6.23.），李公樸（1946.7.10）和聞一多（1946.7.15）血案。從事後來看，這一連串事件間接反映出國民黨政府已一意孤行，不惜一切進行內戰。這是因為，既已決定武力解決——中間黨派已無政治利用價值及存在之必要（拉攏除外）——慘案是順理成章的事。〔註33〕1948 年民盟被非法解散亦是如此。

四、主張聯合政府

隨著中國局勢惡化，引起了美、蘇和其他世界各國的關注。12 月 25 日，美國總統杜魯門發表對華政策聲明，表示美國政府相信「一個強大、統一和民主的中國」對於聯合國組織和世界和平的勝利都是「至關重要的」。杜魯門

版社，1980 年 8 月，第 139～140 頁。

〔註30〕 商金林編：《葉聖陶抗戰時期文集》，第 3 卷，北京：人民教育出版社，2005 年 4 月，第 159 頁。

〔註31〕 沈志華：《斯大林的聯合政府政策及其結局（1944～1947）》上、下，《俄羅斯研究》，2007 年第 5、6 期。

〔註32〕 嚴如平、鄭則民：《蔣介石傳稿》，北京：中華書局，1992 年 12 月，第 413 頁。原載《蔣介石致胡宗南等電》（1945 年 10 月 13 日），摘自《胡宗南致高樹勳電》（1945 年 10 月 24 日），延安《解放日報》，1945 年 11 月 7 日。

〔註33〕 在抗戰勝利前夕，蔣得知昆明有學生與中共同聲息，公開呼籲組織聯合政府時，就密令教育部：「如各地學校學生有甘心受人利用破壞秩序發動學潮者，政府即視為妨害對敵作戰……決不稍存姑息」。楊奎松：《國民黨的「聯共」與「反共」》，社會科學文獻出版社，2009 年 3 月，第 559 頁。原載：《教育部部長朱家驊為蔣主席面諭事致各教廳廳長、各大學校長、各專科學校校長、各學院院長、各中等學校校長電》（1945 年 5 月 4 日），臺北「國史館」藏蔣中正檔案，特交文電 4009198。

贊成中國「召開全國主要政黨代表會議，以謀早日解決目前的內爭」。他授權馬歇爾，向蔣介石及其他中國領袖表示：「一個不統一的和被內爭所分裂的中國，事實上不能認為是美國貸款、在經濟方面實行技術援助以及軍事援助的適當地區」。〔註 34〕

12 月 26 日，美、蘇、英三國在莫斯科舉行外長會議。三國「重申堅持不干涉中國內部事務之政策」，並一致同意「在國民政府下，有一統一與民主之中國，國民政府各級機構中民主黨派之廣泛參與以及內部衝突之停止，均屬必要」。〔註 35〕在美蘇等國際輿論壓力下，尤其是國民政府有求於美國經援情況下，蔣介石不得不接受馬歇爾調停。〔註 36〕

「一二・一」慘案後，錢端升繼續發表文章，反對國共內戰，主張聯合政府。1945 年 10 月 20 日，美國國務院中國司司長范宜德在外交政策協會發表演說稱，使中國成為遠東美蘇合作的橋梁是美國歷來的政策。12 月 8 日，錢端升在上海《密勒氏評論報》上發表《華北會變成第三次世界大戰的橋梁嗎？》。在文中，他對范宜德的演說，表示歡迎。不過，他擔心國共內戰將觸發美蘇戰爭，「中國也許會構成為美蘇衝突的橋梁」。錢端升指出，當時「美蘇間的地位已愈加與西班牙內戰時期軸心與蘇聯間的地位相像」。因此，「打開僵局的只有一個團結的中國，而團結的中國可與美蘇兩國交歡（按：重點為本文所加）」。〔註 37〕

此外，錢端升還呼籲美蘇雙方克制。1945 年 8 月 14 日，中蘇簽訂《中蘇友好同盟條約》。錢端升認為：「中國本身雖對防止華北巴爾幹化頗有效力，但最要緊的還是具有決定影響的美國」。他呼籲說：第一、美國應先從戰區撤

〔註 34〕《馬歇爾使華：美國特使馬歇爾出使中國報告書》，北京：中華書局，1981年，第 25、27 頁。

〔註 35〕《英美蘇三外長莫斯科會議公報》（1945 年 12 月 26 日），《國際條約集》（1945～1947），世界知識出版社，1959 年 2 月，第 125 頁。

〔註 36〕美國之所以支持國共和談，是因為國內政治壓力要求迅速拆除戰爭機器，赫爾利亦因此被迫辭職。〔美〕威廉・斯圖克：《馬歇爾與魏德邁使華》，袁明、〔美〕哈里・哈丁主編：《中美關係史上沉重的一頁》，北京大學出版社，1989年 3 月，第 149 頁。〔美〕諾斯（Joseph North）著、張泉譯：《我們在中國幹些什麼？》，《時代》，第 6 年第 22 期，1946 年 6 月 8 日，第 15 頁。

〔註 37〕錢端升著、于友譯：《華北會變成第三次世界大戰的橋梁嗎？》，《文革》，第12 期，1945 年 12 月 25 日，第 14、14～15 頁。原載上海《密勒氏評論報》，1945 年 12 月 8 日。亦見《批評中國資產階級中間路線參考資料》，第 4 輯，中國人民大學中國革命史教研室，1958 年，第 150～152 頁。

退陸戰隊。第二、美國要向中國人民表明，決無協助任何一方的意圖，包括可能的間接援助。以及宣佈如有聯合政府出現，即援助其建設。第三、杜魯門設法與斯大林合作，對中國兩方面使用壓力，以便和平解決。

錢端升認爲，美國採行上述步驟以後，「中國那些贊成聯合政府，反對一黨霸治的團體當獲有充分力量，迫使內戰兩方面參與一個政府，因此華北當不致〔至〕很快變成第三次世界大戰的美蘇衝突的引線了」。〔註38〕從「一黨霸治」可見錢端升對國民黨的觀感。

在美國干涉和國內民主黨派的呼籲下，蔣介石宣佈在 1946 年 1 月 10～23 日召開政治協商會議。對於馬歇爾使華，中國在野各黨派人士均對於美國寄予厚望，〔註39〕尤其中間黨派再度活躍起來。不過，國民黨政府無意成立聯合政府，馬歇爾使華只是延緩了內戰爆發。2 月 10 日，中間黨派慶祝政協成功大會是此一充滿希望時期的寫照。儲安平在翌年回顧說：

> 對於一個眞正的憂國之士，我認爲在三十四年八月至三十五年
> 二月之間老壽終者，實不失爲一種人生大福。因爲那時抗戰終獲勝
> 利，政協亦慶成功，而爲日後發生的種種糾紛與悲觀，尚未顯露。
> 在那時死去，可謂心情寧靜，無所遺憾。到現在，假如我們竟然因
> 病身故，實有死不瞑目之感。〔註40〕

隨著馬歇爾調停失敗漸露跡象，國民黨對付中間黨派的手段又趨強硬。1946 年 7 月，馬歇爾調停失敗，內戰全面爆發。6 月馬敘倫被毆，7 月李、聞被暗殺。

對於戰後美蘇關係與國共內戰之關係，國內外研究已汗牛充棟。〔註41〕就國內外影響而言，國內政治最後主宰了國外影響。馬歇爾使華失敗後，又

〔註38〕錢端升著、于友譯：《華北會變成第三次世界大戰的橋梁嗎？》，《文萃》，第 12 期，1945 年 12 月 25 日，第 15 頁。

〔註39〕馬歇爾說：「許多來信憂傷地設想，中國的命運只有寄託於我出使任務的成功」。《馬歇爾使華：美國特使馬歇爾出使中國報告書》，北京：中華書局，1981 年，第 31 頁。

〔註40〕儲安平：《施用悶藥前後的心理與感覺》，《觀察》，第 2 卷第 9 期，1947 年 4 月 26 日，第 19 頁

〔註41〕國內學者有沈志華、楊奎松、牛軍、金冲及、鄧野、汪朝光等。國外專著有：〔美〕胡素珊：《中國的內戰：1945～1949 年的政治鬥爭》，中國青年出版社，1997 年 11 月；〔挪威〕文安立：《冷戰與革命：蘇美衝突與中國內戰的起源》，廣西師範大學出版社，2002 年 10 月等。

將皮球踢回中國內部自決，並將希望寄託在國民黨內開明分子身上。〔註42〕
然而，國民黨內開明分子連解決黨內紛爭也無能為力，又怎能寄厚望於他們
能解決連美國也調停失敗的國共僵局呢？〔註43〕

　　儘管如此，《觀察》和《世紀評論》雜誌在「自由分子」努力之下，分別
在 1946 年 9 月和 1947 年 1 月創刊。同時，為爭取美國經濟援助，國民政府
亦宣佈制憲和改組政府。各在野黨派和中間人士，又紛紛活躍起來，或發表
宣言、或舉辦大會，進行各種宣傳活動。而國民政府對在野黨派和中間人士，
或拉攏，或打壓。最後雖憲法制成、國大召開，但掩飾不了其裝飾成分。與
錢端升一樣，張奚若一針見血地說：

> 今天的改組政府是騙騙各黨派和美國人，為的是讓大家說不是
> 國民黨一手包辦的。青年黨民社黨的分子雖然參加國大了，但人數
> 比例只占一千七八百人中的一百四十五位，這有什麼用呢？改組政
> 府與制定憲法都是耍耍花樣，不能起一點刷新政治或解決國共爭執
> 的作用。〔註44〕

　　在此期間，自由主義知識分子經歷了前述《北京日記》中所言第二個階
段。儘管失望，仍在堅持繼續不懈的努力，希望以獨立、公正的姿態為中國
政局開闢第三條道路。然在國共衝突加劇下，第三條道路越走越窄。到了
1948 年，創刊的《新路周刊》（1948.5.15～1948.12.18）儘管表示「並非一
個政黨的組織」，〔註45〕但仍受到國共兩黨的夾擊。

　　1948 年 1 月 24 日，吳景超會見胡適，商談創辦《新路周刊》事。據胡適

〔註42〕　《馬歇爾使華：美國特使馬歇爾出使中國報告書》，北京：中華書局，1981
　　　　年，第 454 頁。

〔註43〕　張奚若說：「現在這情形，連一個聞一多都不能容，自由分子還能起什麼大作
　　　　用？政府現在所靠的完全是槍桿，要他聽從自由分子的建議，只有在另一個
　　　　更大的力量壓迫之下才有可能」。張奚若：《時局答客問》，《觀察》，第 2 卷第
　　　　3 期，1947 年 3 月 10 日，第 22 頁。張君勱也說：「史迪威事件和馬歇爾將軍
　　　　的經驗都清楚地告訴我們：如果裝備了中國三十九個師軍隊、提供了數百萬
　　　　美元的物資與金錢的美國政府，都沒能改變委員長的心態、態度與政策，那
　　　　麼本黨提名一、兩位部長，也不可能對他有任何影響」。張君勱：《第三勢力》，
　　　　臺北：稻鄉出版社，2005 年，第 229 頁。

〔註44〕　張奚若：《時局答客問》，《觀察》，第 2 卷第 3 期，1947 年 3 月 10 日，第 22
　　　　頁。原載《清華週刊》復刊第 1 號。

〔註45〕　《發刊詞》，《新路周刊》，創刊號，1948 年 5 月 15 日，第 2 頁。亦見《批判
　　　　中國資產階級中間路線》，第 4 輯，中國人民大學，1958 年，第 320～322 頁。

記載：「他說，錢昌照拿出錢來，請他們辦一個刊物。要吳半農主編，景超任社會。劉大中任經濟，錢端升任政治，蕭乾任文藝。」〔註 46〕錢昌照晚年亦回憶說：「有一次我到北平，在清華大學住了兩天，一天在吳景超家，一天在劉大中家。朋友們聚在一起，談到想辦一個雜誌，批評時政，對國民黨和共產黨都批評。雜誌的名字，就叫《新路周刊》，是我題的……我們又商定籌設一個機構叫『中國社會經濟研究會』，其性質類似英國的費邊社」。〔註 47〕錢昌照說性質類似費邊社不確，從《周刊》短論來看，其對國民黨批評幾乎針針見血。〔註 48〕

　　1948 年 2 月 1 日。中國社會經濟研究會在北平正式成立。會員 50 多人，大部分是文化人，只有個別是資本家。成立會上選出理事 11 人：王崇植、吳景超、周炳琳、孫越崎、陶孟和、樓邦彥、劉大中、潘光旦、錢昌照、錢端升和蕭乾。監事三人：邵力子、吳蘊初和童冠賢。〔註 49〕從名單可見，陶孟和、潘光旦、周炳琳、錢端升等均為北方自由主義知識分子陣營中的重鎮。

　　中國社會經濟研究會主要活動之一是出版《新路周刊》，經費由錢昌照籌措施。據其回憶，資源委員會和宋子文均有贊助，但宋並不知道辦刊物事。《周刊》的班子是：周炳琳負總責，經濟編輯是劉大中，政治編輯是錢端升（樓邦彥代），〔註 50〕文藝編輯是蕭乾。刊物專闢一欄，贊成和反對馬列主義的文章同時發表。1948 年 5 月，《新路周刊》在北平出版。錢昌照回憶說：「它一面罵蔣介石和國民黨，一面對共產主義抱懷疑態度，因此受到左右兩方面的攻擊。香港方面的保守和進步輿論都對它不滿。而蔣介石則橫施壓力，先是嚴重警告，12 月 30 日國民黨政府社會部又勒令其停刊」。〔註 51〕

　　1948 年 3 月 15 日，胡先驌致函任鴻雋，談及北方知識分子有組織政黨之意。他說：「近著一時論，特以呈教。此間各教授頗有組黨之意，而深以胡適之不能領導為憾。吳景超、錢端升、周炳琳等已有一新組織，惜不肯公

〔註 46〕　曹伯言整理：《胡適日記全集（8）》（聯經版），第 351 頁；亦見《胡適日記全編（7）》（安徽版），第 704 頁。
〔註 47〕　錢昌照：《錢昌照回憶錄》，中國文史出版社，1998 年 8 月，第 101 頁。
〔註 48〕　短評如《打內戰為的是要完成民族主義？》、《萬方有罪，罪不在朕躬》，《新路周刊》，第 1 卷第 24 期，1948 年 10 月 23 日。
〔註 49〕　錢昌照：《錢昌照回憶錄》，中國文史出版社，1998 年 8 月，第 101 頁。
〔註 50〕　按：此時期的錢端升仍在美國哈佛大學訪學，因此由其學生樓邦彥暫代其政治編輯位置。
〔註 51〕　錢昌照：《錢昌照回憶錄》，中國文史出版社，1998 年 8 月，第 101 頁。

開承認反共，故與另一派人不能相合也」。〔註 52〕函中所言「新組織」即中
國社會經濟研究會，可見自由主義知識分子陣營之分化。「不肯公開承認反
共」，恰是此時期徘徊在國共之間北方大部分自由主義知識分子的真實寫
照，同時亦符合《北京日記》所記第二階段。儲安平說：「因為大家害怕共
產黨……今日大多數的人，既不滿意國，也未必歡迎共。絕大多數的人都希
望國共之外能產生一種新的力量，以穩定今日中國的政局」。儲安平的意見
得到了施復亮的認同：「儲先生的意見至少代表今日『絕大多數的知識分子』
（『自由思想分子』）的意見」。〔註 53〕

第二節　參與「一二・一」運動

一、十一月廿五日之時事晚會

　　關於「一二・一」運動，目前研究已有不少碩果。如聞黎明、〔註 54〕楊
奎松、〔註 55〕王晴佳、〔註 56〕王奇生〔註 57〕和于化民〔註 58〕等各學者已作出
深入研究。對於錢端升在「一二・一」運動中所扮演的角色，楊奎松先生認
為，在慘案後與張奚若、聞一多對立，于化民先生則認為，與張、聞是站在
一起的，兩者看法截然相反。本文以為，錢端升在慘案後的立場是與張、聞

〔註52〕　胡宗剛撰：《胡先驌先生年譜長編》，江西教育出版社，2008 年 2 月，第 474
　　　　　～475 頁。原藏中國第二歷史檔案所中基會檔案。

〔註53〕　施復亮：《中間派在政治上的地位和作用》，《觀察》，第 2 卷第 9 期，1947 年
　　　　　4 月 26 日，第 23 頁。原載：《時與文》，第 1 卷第 5 期。

〔註54〕　聞黎明：《西南聯大教授的去李宗黃鬥爭》，《百年潮》，2005 年第 5 期；聞黎
　　　　　明：《論一二・一運動中的大學教授與聯大教授會——中國 40 年代的自由主
　　　　　義考察之一》，《近代史研究》，1992 年第 4 期。聞黎明：《論抗日戰爭時期教
　　　　　授群體轉變的幾個因素——以國立西南聯合大學為例的個案研究》，《近代史
　　　　　研究》，1994 年第 5 期。

〔註55〕　楊奎松：《國民黨人在處置昆明學潮問題上的分歧》，《近代史研究》，2004 年
　　　　　第 5 期。楊奎松：《國民黨的「聯共」與「反共」》，第十三章，北京：社會科
　　　　　學文獻出版社，2009 年 3 月，第 550～580 頁。

〔註56〕　王晴佳：《學潮與教授：抗戰前後政治與學術互動的一個考察》，《歷史研究》，
　　　　　2005 年第 4 期。

〔註57〕　王奇生：《戰時大學校園中的國民黨：以西南聯大為中心》，《歷史研究》，2006
　　　　　年第 4 期。

〔註58〕　于化民：《「一二・一」運動中的西南聯大教授會與教授們》，《史學月刊》，2008
　　　　　年第 5 期。

一致的。另王晴佳先生指朱家驊一度考慮讓錢端升主持聯大區黨部工作，王奇生則認爲，其「推斷不確。朱首先依賴的即是錢端升」，〔註59〕兩者觀點又各歧異。本文認爲，兩者均言之成理。最後，當時聯大外籍教授白英《中國日記》所載慘案經過，有可能來自錢端升和費孝通口述。因此，本文擬從錢端升的角度，再次重新審視這次影響後來中國政治走向頗爲深遠的反內戰爭自由運動。

　　「一二・一」慘案，係指源於 11 月 25 日在西南聯合大學（下簡稱聯大）舉行的一次例行時事晚會而導致的慘劇。在是次晚會中，剛接收雲南的國民黨軍政當局派出特務，在晚會期間鳴槍炮恐嚇，並在翌日《中央日報》發佈「西郊匪警，黑夜槍聲」的消息，誣衊時事晚會，引起參加晚會四校學生抗議。隨後國民黨黨團人員、軍官和特務在 12 月 1 日，分別衝入雲南大學、中法大學、聯大新校舍、南區校舍、附中、師範學院、工學院（辦公處、教職員及學生宿舍）、昆華女中和南菁中學等，毆打和擲手榴彈，造成「被毆殺者廿九人，計立時死命者一人，逾時死亡者三人，受重傷住院者十一人，輕傷者十四人」的慘劇。〔註60〕

　　11 月 25 日晚會原本在雲南大學進行，受到當局壓力後，民主青年同盟（簡稱「民青」）主張把會場改到聯大，原因是：「（一）聯大有國際聲望，反動派不敢過分壓迫。（二）聯大如出事，教授校長均可出頭講話。（三）聯大校警可幫同維持秩序」。從民青內部報告來看，錢端升對晚會的態度是相當積極的。四校學生聯會受壓後，「教授中除楊西孟外，其餘均表示可決定出席，錢端升並進一步表示大會必須開，但會場最好改到聯大來」。〔註61〕

　　就錢端升在「一二・一」運動中表現而言，慘案是一個分水嶺。在此之前，儘管部分聯大教授對國民政府相當不滿，但在抗日戰爭結束後不久，大部分對國民政府的向心力仍存。在慘案之前，錢端升和聯大教授會立場基本

〔註59〕　王奇生：《戰時大學校園中的國民黨：以西南聯大爲中心》，《歷史研究》，2006
　　　　年第 4 期，第 137 頁，注腳 6。
〔註60〕　《梅貽琦常委、熊慶來校長舉行記者招待會報告「一二・一」眞相》，《一二・
　　　　一運動》，中共黨史出版社，1988 年，第 252 頁。原載《中央日報》，1945 年
　　　　12 月 26 日。
〔註61〕　《「一二・一運動」與民青》（原名《昆明學生慘案經過》），《一二・一運動史
　　　　料選編（上）》，雲南人民出版社，1980 年，第 29 頁；亦見《國民黨區青運
　　　　材料特輯》（1946 年 1 月 18 日），《中國青年運動歷史資料（16），1942～1946》，
　　　　中國青年出版社，2002 年 4 月，第 290 頁。

一致，傾向消弭學生運動，尤其當 11 月 27 日學聯宣佈全市罷課後，學潮有擴大不可收拾之勢，連聞一多在 29 日也不得不協助教授會勸阻學生罷課。〔註 62〕只是教授會的「救火」工作趕不上國民黨軍政當局「放火」速度，遂發生「一二‧一」慘案。慘案後，形勢逆轉，聞一多、張奚若、錢端升等人與以傅斯年為主的教授會分裂，前者要求先懲兇後復課，並將責任追究到底，後者則主張有條件復課。〔註 63〕

　　就 11 月 25 日晚會言，目前有各種不同記載。如《聞一多年譜長編》記載：「國民黨員伍啓元接著演講……當他說內戰擴大……牆外手槍聲、機關槍聲四起」。〔註 64〕筆者查閱其引用白英《中國日記》，發現伍啓元講演時沒人開槍。當事人之一潘大逵在回憶錄中說會場一開始就混亂，事實又並非如此。〔註 65〕至於晚會出席人數，目前各種研究大多認為有六千人，聲勢不可說不大。如《新華日報》、〔註 66〕《竺可楨日記》、《一二‧一運動》〔註 67〕和《「一二‧一」運動史》〔註 68〕等均如此記載，潘大逵在回憶錄和聞一多在《「一二‧一」運動始末記》中則記載為五千餘人。〔註 69〕據當時參加者向白英陳述：「草坪上，大約有三千名學生圍著那石臺子席地而坐，實際人數我不太清楚，也許還更多些。天太黑，無法統計人數」。〔註 70〕就一般遊行言，主辦機構和部

〔註 62〕　聞黎明、侯菊坤編：《聞一多年譜長編》，武漢：北人民出版社，1994 年 7 月，第 930 頁；《國民黨區青運材料特輯》（1946 年 1 月 18 日），《中國青年運動歷史資料（16），1942～1946》，中國青年出版社，2002 年 4 月，第 296 頁。

〔註 63〕　《聯大八年》記載：「當時他〔傅斯年〕向教授們宣稱以『頭』來保證李宗黃撤職，於是教授敢以去留『保證』李宗黃行政處分，以後才有所謂接受保證復課」。西南聯大除夕副刊主編：《聯大八年》，昆明：西南聯大學生出版社，1946 年，第 201 頁。1946 年 2 月 9 日，周炳琳致函朱家驊，教育部收函登記摘要亦載：「孟真兄對此事亦曾作保證」。張友仁編：《周炳琳文集》，浙江人民出版社，2009 年 12 月，第 323 頁。原載《朱家驊檔案》，聞黎明先生提供。

〔註 64〕　聞黎明、侯菊坤編：《聞一多年譜長編》，武漢：北人民出版社，1994 年 7 月，第 925 頁。

〔註 65〕　潘大逵：《我參加民盟雲南省支部的回憶》，《雲南文史資料選輯》，第 30 輯，1987 年 12 月，第 91 頁。

〔註 66〕　《錢端升教授呼籲成立聯合政府》，《新華日報》，1945 年 11 月 29 日，第 3 版。

〔註 67〕　中共雲南省委黨史資料征集委員會、中共雲南師範大學委員會編：《一二‧一運動》，中共黨史出版社，1988 年，第 6 頁。

〔註 68〕　「一二‧一」運動史編寫組：《「一二‧一」運動史》，雲南大學出版社，1989 年，第 51 頁。

〔註 69〕　聞一多：《「一二‧一」運動始末記》，《「一二‧一」運動史》，雲南大學出版社，1989 年，第 2 頁。

〔註 70〕　〔英〕羅伯特‧白英：《中國日記》，《雲南文史資料選輯》，第 30 輯，1987

分興論為增加影響力，不免有所誇大，而官方則力壓人數。白英日記直接來自參加者，且為私人場合，似應以此為準較妥。〔註71〕

　　就各種記載言，白英《中國日記》最接近事發時間。11月26日，日記記載：「近黃昏時，來了幾個學生和兩位教授。他們對昨夜發生的一切感到震驚，但卻面無懼色」。從白英記載來看，到訪的兩位教授和學生似為出席時事晚會之當事人。「他們知道自己手無寸鐵，無法抵禦軍方的挑釁。他們也明白自己完全落入這幫軍閥黨棍的掌心之中，如果軍人真的清洗學校，那麼外界起碼在幾個月後才能聽到消息。奇怪的是他們在談論昨夜的事件事竟沒有絲毫激奮之情，而且談得那麼簡單明瞭」。〔註72〕其中一位學生說：

> 天色暗下來了。第一個講話的人是錢端升教授。錢先生說話聲音很低。他說，成立聯合政府的時機已經成熟，並說最大的錯誤莫過於在這樣的時刻發動一場內戰……我們必須竭盡全力，立即停止內戰——一場會使中國蒙受羞恥的內戰。他滔滔不絕地講了半個小時。七點多鐘了，接著就在聯大背後的墳崗裏傳出了第一聲槍響，但同學們都鎮靜如常，沒有人受驚。寥寥幾聲槍響是可以理解的。也許是士兵們在開玩笑，或是有人在槍斃人——雖說槍斃人絕不可能在夜間執行。錢端升先生是國民黨員，也是人民政協委員（按：國民參政員）。像他這樣身份的人作演講，也竟然有人敢以槍聲來干擾，真是不可思議。過了一會，槍聲又響起來了。這次子彈射得更近，飛得也更低。奇怪的是那槍聲似乎在故意打斷他演講中譴責政府不和共產黨齊心協力謀求和平的話語，只要他一提到聯合政府，接著就是一陣槍聲，過了一會兒槍聲逐漸消失……錢先生講完後由伍啟元博士接著演講。他是國民黨右翼成員。在他整個演講過程中沒人放過一顆子彈。〔註73〕

年12月，第302頁。

〔註71〕　聞黎明說：「關於這次晚會的參加人數，各種記載不一，有的說三四千人，有的說六千人，為謹慎起見，這裡作『三千人以上』，為保守數字」。聞黎明：《傅斯年與「一二‧一」慘案的善後》，《「傅斯年學術思想的傳統與現代」研討會論文集》，聊城傅斯年研究會、臺灣大學合辦，2010年8月，第161頁，注腳3。

〔註72〕　〔英〕羅伯特‧白英：《中國日記》，《雲南文史資料選輯》，第30輯，1987年12月，第301頁。

〔註73〕　〔英〕羅伯特‧白英：《中國日記》，《雲南文史資料選輯》，第30輯，1987

上述記載中，錢端升發言時子彈稀疏和伍啓元發言時未發過一顆子彈，顯與目前各種記載有出入。《一二・一運動史》亦記載：「在伍先生演說時，牆外槍聲再次響起來」。〔註74〕以伍啓元發言時，未發過一粒子彈尷尬情形來說，當晚拜訪兩位教授中，出現機會不大。再者，白英與聞一多關係密切，思想左傾。儘管在伍啓元回憶錄中澄清自己不是「右派」，〔註75〕但從該位陳述的學生仍將他當成「右翼」來看，伍啓元拜訪白英機會不大。潘大逵也有可能，但他晚年回憶晚會後遭特務跟蹤，並遭毆打，後在雲南大學教務會議報告經過，事後又在李德家避居數日，可見印象之深。〔註76〕白英日記未見特務跟蹤和打人一幕，排除上述二者後，剩下的似應爲錢端升和費孝通，但也有可能是其他聯大教授，如聞一多和吳晗等。

除潘大逵遭特務毆打外，白英還記載：「雲大的一位教授在回家的路上讓人捅了一刀——雖然傷勢並不嚴重，但他畢竟挨了一刀……他並沒有參加集會，可能是被人認錯了……說起來簡直令人難以相信，然而這都是千眞萬確的事實。這樣的事也許正在中國的每一所大、中學校裏發生。聯大是國內最大的大學，是由北大、清華和南開三所大學聯合組成的。在這樣一所聞名全國的大學裏，言論自由竟然掌握在軍人的手裏，隨他們擺弄！誰也料想不到下一步會發生什麼樣的怪事」。〔註77〕白英的記載反映了當時這兩位聯大教授的擔憂——言論自由受到軍人的控制。

二、「披著國民黨外衣的共產黨」

慘案發生後，12月4日，白英和一位美國教授 K 去拜見警備司令關麟徵將軍，希望學「特務在出殯過程中離開大街」，這次會晤雖未成功，但是次談話記錄卻蘊含了不少訊息。據白英記載，關麟徵有數次提到錢端升的名字：

年 12 月，第 302～303 頁。

〔註74〕 「一二・一」運動史編寫組：《「一二・一」運動史》，雲南大學出版社，1989年，第 52 頁。

〔註75〕 謝慧：《西南聯大與抗戰時期的憲政運動研究》，北京：社會科學文獻出版社，2010 年 11 月，第 197 頁。原載伍啓元：《抗戰期間的教學生涯》，《傳記文學》（臺北），第 65 卷第 6 期，1994 年 12 月號，第 53～54 頁。

〔註76〕 潘大逵：《我參加民盟雲南省支部的回憶》，《雲南文史資料選輯》，第 30 輯，1987 年 12 月，第 91 頁；《潘大逵致〔劉〕大傑函》（昆明通訊），《平論半月刊》，1946 年第 11 期，第 15 頁。

〔註77〕 〔英〕羅伯特・白英：《中國日記》，《雲南文史資料選輯》，第 30 輯，1987年 12 月，第 305 頁。

「有一次甚至還說錢先生是披著國民黨外衣的共產黨」。白英說：「這種說法實在令人驚訝不已，因為這位有名望的經濟學家（按：政治學家）不僅是人民政協委員（按：國民參政員），而且還經常代表中國出國訪問」。白英還指關麟徵多次「強調說開槍是為了鎮壓土匪，而不是為了對付學生」。〔註78〕

　　不言而喻，關麟徵所言的「土匪」包括錢端升。既然連錢端升都是「土匪」，費孝通、潘大逵等人可想而知。關麟徵說錢端升在背後策劃暴動，應當說，與錢端升在國民參政會上不惜違反黨紀，與周炳琳提出異議，以及在 8 月 3 日聯大的時事晚會上，提出「聯合政府式的政權」有關。〔註79〕在部分國民黨基層眼中，錢端升早已成了共產黨的同路人，打擊自在情理之中。1945 年 1 月 29 日，白英曾記載：

> 中國有一個廣闊的區域，對此我們一律稱之為延安。我們很少能聽到關於延安的消息，即使對於能聽到的一鱗半爪的傳聞，我們也還相當懷疑其真實性。然而，漸漸地，從一片亂鬨鬨的非難和惡意宣傳的叫囂聲中。我們卻已在腦海中勾勒出了一幅圖畫，其內容和事實不會有太大的出入。中國還有另一個擁有巨大權力的政府存在。這個政府對農民來說，農民的生活好壞乃是至關緊要的。與之相比，其他問題通通〔統統〕都是次要的，甚至是微不足道的。對於這一點，極大多數完全和共產黨不沾邊的教授和學生們都表示完全贊同。我們知道，他們在裝備不足的困難條件下一直在奮勇作戰。我們還知道他們曾多次和日本人在大規模的戰役中較量過，而且連連獲勝。我們知道的僅此而已，幾乎再沒別的了。我們相信這些事實，並私下裏讚揚共產黨。但如果有人因此把我們也稱做共產黨，就未免太荒唐可笑了。〔註80〕

應當說，此則日記所記載的思想變化，在當時知識分子中間，有一定代表性。白英的看法，很有可能來自與聞一多、吳晗等人接觸過程中所得到的感想。

〔註78〕　〔英〕羅伯特・白英：《中國日記》，《雲南文史資料選輯》，第 30 輯，1987 年 12 月，第 311～312 頁。

〔註79〕　《錢端升教授在聯大演講：中國需要聯合領導，除了各黨派聯合起來，參加領導權，沒有第二種更好的方法》，《新華日報》，1945 年 8 月 15 日。

〔註80〕　〔英〕羅伯特・白英著、劉守蘭譯、劉欽審校：《中國日記（1945～1946）一位英國作家筆下的「一二・一」運動及其他》，《雲南文史資料選輯》，第 30 輯，1987 年 12 月，第 241 頁。下簡稱《中國日記》。

這則日記也大致符合此時期張奚若、費孝通和錢端升等人的思想變化，只是程度沒有聞、吳激進而已。白英所記載「如果有人因此把我們也稱做共產黨，就未免太荒唐可笑了」，恰就發生在錢端升身上。

由於錢端升演講內容為反對內戰和主張成立聯合政府，當時似只有《新華日報》報導了是次演講。全文如下：

> 昆明航訊　本月廿□〔五〕日晚，昆明西南聯大、雲大、中法、英專等四校自治會聯合舉行時事晚會，討論如何制止內戰。原擬在雲大至公堂舉行，因事先為昆明國民黨當局所悉，廿五日上午即逼迫雲大校長熊迪之先生，出佈告禁止學生集會。各校學生乃臨時改至聯大圖書館前廣場舉行。六點四十分，到各大學生，中學學生，社會人士共六千餘人，席地而坐。七時，晚會即開始。首由晚會主席團致開會詞，說明此次晚會之重大意義，中華民族之興隆即繫於目前進行之內戰能否制止。隨即請政治系教授錢端升先生演講，講題為《中國政治之認識》。錢先生以國民黨黨員身份，極力強調目前成立聯合政府之必要。謂苟無聯合政府，則內戰無法制止。老百姓將增無數不必要之痛苦。並分析在當前形勢下，內戰決不能解決問題。在國際方面，中國如目前不能成立聯合政府，則外交必陷於困難，無法協調美蘇矛盾，更進而有引起第三次世界大戰之可能。

> 錢先生演說未畢，校門外即聞□〔槍〕聲，同學們仍□〔鎮〕靜如常，置之不理。蓋是晚六時許，雲大校門前即密佈軍警，施行戒嚴，並將前後門俱行封鎖。迨得悉時事晚會已移至聯大舉行，乃又趕來包圍聯大。幸聯大校門早已關門，未能入校，故鳴槍以示威。
> 〔註81〕

《新華日報》的報導基本反映了錢端升在此一時期的思想變化。從報導可知，李宗黃、關麟徵等把錢端升當作共產黨事出有因。在上述會談中，關麟徵繼續表白說：「我一直在和重慶聯繫，我每天三次向委員長稟告情況，並接受他的指示。他說一切都要和平解決」。「和我一樣負有責任的人也還大有人在」。白英認為其言外之意「原來還有某些更有權勢的人躲在幕後，出謀劃策」。〔註82〕傅斯年在致其夫人俞大綵信中亦指出，「地方當局荒謬絕倫，

〔註81〕　《錢端升教授呼籲成立聯合政府》，《新華日報》，1945 年 11 月 29 日，第 3 版。
〔註82〕　〔英〕羅伯特・白英：《中國日記》，《雲南文史資料選輯》，第 30 輯，1987

李宗黃該殺，邱清泉該殺（第五軍長），關麟徵代人受過」。〔註83〕美國駐華使館報告也認爲：「大學人士覺得，對於事件的發生，這兩名官員（按：李宗黃和邱清泉）也許要比關麟徵將軍更應受到譴責……關麟徵毫無顧忌地向教授們公開承認是他派出便衣人員，並企圖使用武力，這就足以證明他的笨拙」。〔註84〕

　　不過，關麟徵也並非完全替人受過。美國駐華使館在 1945 年 12 月 18 日給國務院的報告中，附件有一份《兩位聯大外籍教授訪問關麟徵》的報告，撰寫人爲白英和清華英文系教授羅伯特・溫德（Robert Winter），即上述 K 教授。〔註85〕白英指出，關麟徵「懷疑他自己的秘密工作人員給了他錯誤的情報」。他一直強調學生有武器，將發動暴動。換言之，「粗製濫造的官方報告」，〔註86〕是慘案主因之一。楊奎松亦認爲：「身爲軍人，頭腦相對簡單的關麟徵對政治事件簡單化和暴力化的處理方法，從事件開始就表現得再明顯不過了」。〔註87〕

　　不過，上述說法值得商榷。即使報告如何濫製，作爲雲南軍政當局負責人之一，關麟徵有責任核實報告內容。這是一個常識問題，在沒有任何外援情況下，聯大作爲當時最高學府，爲何發動暴動？目的何在？接應何在？當時《新華日報》就一針見血地指出，這是一椿自導自演的德國國會縱火案。〔註88〕

　　就關麟徵與學界關係而言，與吳宓、張奚若關係相當不錯，三者同爲陝西人。吳宓日記中有不少三人交往的記錄。1944 年 2 月 5 日，吳宓記載：「陪導關將軍、奚若、葛副官乘汽車至康、勇、蘗寓中觀康畫，進茶、咖啡及糕

年 12 月，第 317 頁。

〔註83〕《傅斯年致其夫人俞大綵函》，《一二・一運動》，中共黨史出版社，1988 年，第 409～410 頁。

〔註84〕《昆明大中學生的罷課事件》（美國駐昆明總領事館第 76 號快報），《一二・一運動》，中共黨史出版社，1988 年，第 468 頁。

〔註85〕《西南聯大兩外籍教授訪問關麟徵》，《一二・一運動》，中共黨史出版社，1988 年，第 484 頁。

〔註86〕《西南聯大兩外籍教授訪問關麟徵》，《一二・一運動》，中共黨史出版社，1988 年，第 484、485 頁。

〔註87〕楊奎松：《國民黨的「聯共」與「反共」》，北京：社會科學文獻出版社，2009 年 3 月，第 556 頁。

〔註88〕《德國縱火案與昆明慘案》，《一二・一運動》，中共黨史出版社，1988 年，第 218 頁。原載《新華日報》，1945 年 12 月 6 日。

點」。〔註89〕亦因關、張有交往，〔註90〕晚年馮友蘭回憶慘案後，他們兩人可以爭吵到不歡而散的地步。〔註91〕能與吳宓和張奚若交往，並且一道欣賞藝術，則其政治智慧似不像如此低能，主要原因恐怕還是出在最高當局身上。楊奎松先生指出，李宗黃在回憶錄中特別提到 1945 年蔣介石向他許諾趕走龍雲由他「回滇主政」，並不厭其詳地交待了蔣當年就此過的幾乎每一句話。〔註92〕不過，最高當局也是迫不得已，因美國特使馬歇爾將於 12 月 20 日抵達上海，因此學潮必須盡快解決，以免影響國共和談。

　　總之，是次時事晚會，因各種因素交纏變得異常複雜。這些因素包括：在國共文攻武鬥的大背景之下，反內戰的教授和學生們、再加上欲利用晚會反對內戰的民盟、〔註92〕民青〔註94〕等黨派，雲南軍政當局內部的權力鬥爭等。聯大處在這種漩渦之中，若早有洞見，內部理應團結一致，或能挽救一二。在晚會之前，錢端升和伍啓元也敏感地意識到此點，以晚會慣例約束之。但受雲南當局權力交替交影響，一次原本可以例行化研討國家大事的時事晚會，還是因各種因素湊雜，變得複雜化了。〔註95〕

〔註89〕 吳學昭整理注釋：《吳宓日記（9）》，北京：三聯書店，1999 年 3 月，第 200 頁。

〔註90〕 1943 年 7 月 18 日記載：「謁關麟徵總司令，略談健群、雪梅事，所見迥異」。1944 年 1 月 4 日記載：「10:30 謁關將軍。歸途代關將軍作賀中央憲兵十三團龍團長夫人三十壽詩。……夕 4～6 送關將軍信」。3 月 8 日，「11:00 徐子清處長來，出示關將軍文山函，命宓代撰其封翁六十一壽辰徵文啓」。吳學昭整理注釋：《吳宓日記（9）》，北京：三聯書店，1999 年 3 月，第 77、182、222 頁。其他相關記載見第 83、131、169、200、201、209、213、230 頁等。「文山」即關麟徵。皮紹晉：《關麟徵在文山》，《關麟徵將軍》，中國文史出版社，1989 年 10 月，第 111 頁。

〔註91〕 馮友蘭：《三松堂自序》，《馮友蘭全集》，第 1 卷，河南人民出版社，2001 年 1 月，第 298 頁。

〔註92〕 楊奎松：《國民黨人在處置昆明學潮問題上的分歧》，《近代史研究》，2004 年第 5 期，第 5 頁，注腳 2。原載：《李宗黃回憶錄》，第 208～209 頁。

〔註92〕 潘大逵：《我參加民盟雲南省支部的回憶》，《雲南文史資料選輯》，第 30 輯，第 90～91 頁。

〔註94〕 「民青」為「一個接受中國共產黨領導，以實現新民主主義為奮鬥宗旨的先進青年地下組織」，創立於 1944 年冬、1945 年初。洪德銘：《聞一多教授與民主青年同盟》，西南聯大北京校友會編：《我心中的西南聯大：西南聯大建校 70 週年紀念文集》，清華大學出版社，2008 年 9 月，第 318 頁。

〔註95〕 慘案前一天，伍啓元致長函給朱家驊，報告 11 月 25 日事發之經過：「演講會前數小時，錢端升先生及生均風聞學生將有遊行及宣言之舉，認為此種辦法與過去晚會慣例不合，……後學生於該晚六時前通知錢先生謂已決定取消遊行等

　　慘案的另一重要背景爲雲南軍政當局變天。1945 年 10 月 2 日，費孝通主編的《時代評論》〔註 96〕創刊當天，雲南發生軍事政變，李宗黃取代了省主席龍雲的位置。政變當天，錢端升訪朱自清，對蔣的做法深表不滿。朱記載：「發生政變，省長被撤。第五軍發佈戒嚴令。不時有槍聲。錢來，譴責蔣做事太絕，因龍已表示願下臺。彼認爲最好有德高望重者出面調停。然此處諸君對其意見頗冷淡」。〔註 97〕這恰發生在聯大十教授爲國共和談事致蔣、毛電後一天。

　　一向謝絕政治的吳宓也記載了是次政變。10 月 4 日，「昨今日昆明政變。杜聿明以兵逼龍雲去職，省政府改組。報載北門一帶巷戰」。〔註 98〕10 月 12 日，梅貽琦「夕至才盛巷訪枚蓀久談，兼晤端升及其夫人」。〔註 99〕梅貽琦在過去一月將聯大工作委託周炳琳處理，〔註 100〕不難想見是次造訪周、錢，主要是對政變後時局交換意見，下列兩則日記亦可如是觀。

　　10 月 23 日，梅貽琦在寓所宴請蔣夢麟夫人、傅斯年、楊振聲、錢端升夫婦、樊逵羽夫婦、周炳琳、查良釗、章矛塵等人。28 日，章矛塵回請梅貽琦等人。同席有傅斯年、楊振聲、樊逵羽、錢端升、周炳琳、湯用彤等「皆北

事，……至於是否發宣言，則不在晚會中討論」。參加該日晚會的羅榮渠則記載：「錢端升講《對現在政治應有之認識》……中有二十八團體之宣言，與王老百姓（查宗藩）之插曲」。若伍啓元所言屬實，則發表宣言違反了晚會慣例。不過，這一細節無人過問，亦無關大局，不論有沒這個細節，軍政當局干涉事在必行。《伍啓元致朱家驊部長函》，楊奎松：《國民黨人在處置昆明學潮問題上的分歧》，《近代史研究》，2004 年第 5 期，第 27～28 頁。原載《朱家驊檔案》。羅榮渠：《北大歲月・日記》，北京：商務印書館，2006 年 6 月，第 10 頁。

〔註 96〕　《時代評論》由王康任發行人，編委有聞一多、張奚若、吳晗、楚圖南、費孝通、聞家駟、尚鉞、費青、向達等，該刊至 1946 年 3 月被勒令停刊，共出版 18 期。王學珍等主編：《北京大學紀事（上）》，北京大學出版社，1998 年 4 月，第 301 頁。

〔註 97〕　朱喬森編：《朱自清全集・日記》，第 10 卷下，江蘇教育出版社，1998 年 3 月，第 369 頁。

〔註 98〕　吳學昭整理注釋：《吳宓日記（9）》，北京：三聯書店，1999 年，第 516 頁。按：吳宓在「三・一八」慘案後，故意缺 3 月 18 日記載，並在 3 月 19 日說明原因爲厭惡現實政治。

〔註 99〕　黃延復、王小寧整理：《梅貽琦日記，1941～1946》，清華大學出版社，2001 年 4 月，第 179 頁。

〔註 100〕　《北京大學紀事》記載，1945 年 9 月 8 日，梅貽琦致周炳琳函：「琦離校期間，請吾兄暫代常務職務」。9 月 9 日，周炳琳致函梅貽琦懇辭聯大代常務職務。雖未知辭職結果，但周炳琳是梅貽琦依賴協助校務的首選是可以肯定的。王學珍等編：《北京大學紀事》，上冊，北京大學出版社，1998 年 4 月，第 301 頁。

大人」。飯後談及時局及學校將來，梅貽琦記載：

> 蓋倘國共問題不得解決，則校內師生意見更將分歧，而負責者
> 欲於此情況中維持局面，實大難事。民主自由果將如何解釋？學術
> 自由又將如何保持？使人憂惶！深盼短期內得有解決，否則匪但數
> 月之內，數年之內將無眞正教育可言也！〔註101〕

可見戰後學潮的興起與國共內爭之關係，當時聯大教授們早有所察覺。梅貽
琦的擔憂隨後不久應驗，只是這種分裂大部分由新接收雲南的國民黨軍政當
局促成。

值得注意的是，12 月 1 日，一份特務報告稱「開會時錢端升、潘大逵
（戌敬電誤爲光旦）、費孝通等發表演說，詆毀政府，反對美國極盡古惑能
事，企圖引起反響」。〔註102〕12 月 15 日，朱家驊亦密函蔣介石稱：「學潮
主謀及領導分子，聞各校教授中態度激烈者爲聯大教授聞一多、潘光旦（按：
應爲潘大逵，同上）、吳晗及雲大教授潘大逵、尙健庵、楚圖南等」。〔註103〕
兩電之間顯示，朱家驊在暗中維護著錢端升。

三、與聯大區黨部之關係

王晴佳在《學潮與教授》一文中指出，朱家驊一度考慮讓錢端升主持聯
大區黨部工作，但也許因錢端升的思想開始左傾，或他對此沒有太大熱情，
因此轉而依賴姚從吾、陳雪屏。王奇生認爲：「此推斷不確。朱首先依賴的即
是錢端升」。〔註104〕本文以爲，兩者均言之成理。就朱家驊言，錢端升確是他
在聯大區辦黨務的首選，但他辦黨成績不甚理想，朱家驊最後依賴陳雪屏亦
是事實。

國民黨黨部之所以能打入聯大，與朱家驊將有意識地將黨務和團務分開
有關。黨務主要針對對象爲教授群體，團務主要對象爲學生群體。姚從吾致

〔註101〕黃延復、王小寧整理：《梅貽琦日記，1941～1946》，清華大學出版社，2001
年 4 月，第 181、182 頁。
〔註102〕《一九四五年十二月一日特務密報時事晚會情況》，《「一二‧一」運動史料彙
編》，第 5 輯，昆明師範學院、雲南省歷史研究所，1980 年 3 月，第 240 頁。
〔註103〕聞黎明：《「一二‧一運動」中的傅斯年——與李森先生〈傅斯年與「一二‧
一」〉一文的商榷》，中國社科院近代史研究所網頁：http://jds.cass.cn/Article/
20051029162553.asp。參閱日期：2010 年 9 月 21 日。
〔註104〕王奇生：《戰時大學校園中的國民黨：以西南聯大爲中心》，《歷史研究》，2006
年第 4 期，第 137 頁，注腳 6。

信朱家驊說：「大學黨團合作分工（按：重點爲原文所有）係　先生之卓見。聯大奉行以來，尚稱滿意」。〔註105〕分工可能的原因是前者爲國民黨增加信譽和聲望，後者爲國民黨輸送人材。就黨務言，朱家驊自然倚重資歷較深及關係密切、曾代理國聯同志會秘書的錢端升。在上述致蔣介石密函中，朱家驊將錢端升悄然隱去，可窺見其對錢的態度。

聯大區黨部籌備工作，約始於 1939～1940 年之間，三青團分團籌備則略早。1939 年 7 月 7 日，三青團中央臨時幹事會命令成立西南聯大直屬分團部籌備處。1941 年 6 月，朱家驊在一次黨務工作會議上談到，學校黨務「尚覺太差」，「教授與學生更有以談黨務爲恥者。黨員數量亦甚少」，相比之下，三青團在姚從吾主持下，發展迅速。〔註106〕

聯大區黨部之所以發展緩慢，原因大致有三：一、聯大環境使然；二、與錢端升辦黨理念有關；三、創設初期不在國內。錢端升作爲聯大區黨部負責人之一，增加黨員數量「非不爲，是不能也」。作爲最高學府，聯大教授們大多各自在學術領域獨當一面，要說服他們入黨談何容易。此外，聯大爲自由主義大本營，學人大多留學美英，儘管不少學人對談政治有一定的興趣，但從 30 年代初開始，均對入黨保持敬而遠之的態度，這點從錢端升曾批評 20 年代「黨八股」，以及朱家驊說，教授與學生「以談黨務爲恥」可見端倪。

至於錢端升的辦黨理念，在其主編《今日評論》上，費孝通大談學生不能入黨的道理，明顯與國民黨唱反調。在朱家驊上述言論一年前，錢端升在《今日評論》發表《論黨》。〔註107〕從《今日評論》後來被迫自動停刊來看，他所談的黨務顯然得不到國民黨的認同。在最後一期《今日評論》上，錢端升在《論黨務》中再次提出：一、國民黨須以全民的利益爲出發點；二、黨員應徵求全國優秀分子，求質不求量；三、黨政應分家等建議。〔註108〕從黨政分家來看，他的立場是傾向歐美式的政黨。「寧缺毋濫」的精英主義態度則說明了爲何黨務一直進展緩慢。

2010 年 10 月 9 日，筆者曾在錢大都先生府上查閱錢端升遺稿。據其無意

〔註105〕《姚從吾致朱家驊》（194 年 8 月 5 日），《朱家驊檔案》（複印件），黃麗安贈。
〔註106〕王奇生：《戰時大學校園中的國民黨：以西南聯大爲中心》，《歷史研究》，2006年第 4 期，第 137 頁。
〔註107〕錢端升：《論黨》，《今日評論》，第 3 卷 23 號，1940 年 6 月 9 日。
〔註108〕錢端升：《論黨務》，《今日評論》（合刊），第 5 卷第 14 期，1941 年 4 月 13日，第 232 頁。

間透露，錢端升曾向他提及在西南聯大辦黨務不是他自己本身所願，而是「被迫」辦理的。因此，錢端升上文一方面爲解釋辦黨應有的原則，一方面似不無自辯的味道。可能受朱家驊上述言論影響，錢端升分別在 1941 年 9 月和 10 月的《三民主義周刊》上連續兩期大談特談三民主義，〔註 109〕以示黨員不以談三民主義爲恥。

關於錢端升與聯大黨務之間的關係，目前缺乏相關材料。從梅貽琦日記來看，當時辦黨務的方式，主要以餐聚、茶會方式爲主。1941 年 5 月 15 日，梅記載：「晚七點鐘天心、周枚蓀、錢端升、查勉仲、姚從吾、陳雪屏合請校中同仁三桌。飯後談黨及請大家入黨的意思。發言者爲周、蔣、賀、周、鍾。十點半散」。〔註 110〕由於聯大爲最高學府，教授們均獨當一面，因此黨務進展一直緩慢。直到姚從吾寫推薦信，由朱家驊親發邀請函，黨務才有起色。在此之前，這種鬆散的辦理黨務方式，姚從吾也是認同的。1940 年 2 月 27 日，姚從吾致函朱家驊說：

> 聯大區黨部事務因端升先生不日返國，寒假期中，似稍停頓。
> 二月二日在夢麟先生寓中茶會，三校（北大、清華、南開）負責人均出席，生亦獲邀參加。……西南聯大功課素嚴，教授多潛心專業。大概言之，對政治不感興趣者有之，圖謀他種活動，生長期細心體察，實無其人……區黨部之建設，似應使之爲鈎〔溝〕通上下情誼之關鍵，□不必過重形式。〔註 111〕

從姚的函件可知，戰時教授們大多潛心學術，除投機或經濟利益驅使外，實在沒有多少入黨動機可言，辦理黨務自然難上加難。姚從吾後來辦黨成績，部分固由於朱家驊出面，部分原因可能是抗戰後期經濟惡化所致。因此，餐聚和茶會等「不必過重形式」和「溝通上下情誼」的活動方式實爲較理想之辦黨模式。

從國民參政會第四屆第一次會議（1945 年 7 月 7～20 日）上，錢端升、周炳琳公開成爲國民黨內的反對派，到「一二‧一」運動的半年間，錢端升與國民黨的距離拉得更遠了。不過，此時錢端升仍屬於國民黨陣營內的反對

〔註 109〕 錢端升：《三民主義的闡揚與宣傳》、《三民主義與新世界的建設》《三民主義周刊》，第 2 卷第 1、2 期，1941 年 9 月 27 日、10 月 4 日。

〔註 110〕 黃延復、王小寧整理：《梅貽琦日記，1941～1946》，清華大學出版社，2001 年 4 月，第 32 頁。

〔註 111〕 《姚從吾致朱家驊》（1940 年 2 月 27 日），《朱家驊檔案》（複印件），黃麗安贈。

派。楊奎松先生指出，慘案發生後，國民黨籍教授錢端升，一面震驚於地方當局的橫蠻暴烈，一面卻也積極致書朱家驊，爲政府及朱獻計獻策。12 月 4 日，錢端升致函朱家驊說：

> 此間學潮不幸之至，根本原因爲先生向所洞察可勿贅述，近因則確爲地方所採防過方法過於操切暴烈。今後如何發展固難逆料，惟鄙意如政府方面無論中央地方，亦無論黨方軍方政方，如能步驟一致，不緊不弛，則一時總可不致再釀巨變。至言根本治療，則非政治改進，難收宏效。憶去冬先生方拜新命時，端升一方爲大學前途額手稱慶，一方深感主持教育工作之不易，而爲先生憂。如先生這威權蒙損害，亦即我大學受損害，而北大清華等校尤受損害（按：重點爲本文所加）。故對此次事件，先生究應親來與否，如親來應於何時親來，仍亦應視此威權是否可蒙損害而爲定。〔註112〕

在上函中，錢端升指出，黨政軍步驟不一致，才是釀成巨變的原因。除黨政軍外，黨團也不一致。原來贊同朱家驊黨團分工的姚從吾事後埋怨說，慘案發生後，「黨推團、團推黨，醜態百出，可笑極了」。「所謂黨與團也者，就雲南而言，指揮既不統一，見識又甚卑陋，實在沒有政黨的組織，也沒有政治鬥爭的能力」。〔註113〕不過，即使步驟一致，在錢端升看來，也只是治標而已，治本還是政治上大刀闊斧的改革。不言而喻，錢端升所言的「根本治療」是他在聯大時事晚會主張的「聯合政府式的政權」。

此外，若細心觀察此函，錢端升更擔心的是，教育界秩序將受戰後政局影響而陷入混亂，這與他在 20 年代寫信邀請胡適擔任清華校長，以維持北方教育局面同出一轍，可見他念茲在茲的是維護教育界的整體利益，其「讀書人」本色可見一斑。同時，此函亦顯示了朱家驊與錢端升的關係，並非一般的上、下屬關係或楊奎松先生所言的獻計獻策，而是基於維持學術共同體（intellectual community）理想，〔註114〕這是錢端升致函朱家驊的根本原因。

〔註112〕楊奎松：《國民黨人在處置昆明學潮問題上的分歧》，《近代史研究》，2004 年第 5 期，第 28 頁；《朱家驊檔案》。
〔註113〕《姚從吾給陳雪屏、鄭毅生的信》，《一二・一運動》，中共黨史出版社，1988 年，第 413 頁。
〔註114〕錢端升在 1928 年第一次全國教育會議提出的《提高學術文藝案》，與朱家驊主持中研院的理念是相通的，詳參本文第三章第一節。黃麗安：《朱家驊與中央研究院》，臺北：「國史館」印行，2010 年 11 月，第 10～13、17～21 頁。按：黃麗安譯爲「學術社群」。

四、主張追究責任到底

　　楊奎松先生指出，「以錢〔端升〕這樣的國民黨人，於慘案後一面同情學生，一面還在盡力爲政府分憂，且明確表示與聞一多等左派教授態度不同，其他國民黨籍教授此時內心會如何焦慮，亦可想而知了」。〔註115〕楊先生認爲錢端升在慘案後與聞一多等左派教授態度不同，有誤。〔註116〕其實，從錢端升在參政會上和前述演講中對國民黨政府的不滿，則他對「一二‧一」慘案將持何種態度，亦可略知一二。

　　12月17日，梅貽琦約聯大教授同人茶會，後改開教授會。這是一次聯大教授會逼迫學生復課的茶會。據二天後張奚若的回憶，他是極不願意出席的，後來禁不住「老友一多、端升二先生又來相勸」才勉強出席，間接可窺三人立場之相近。茶會上，傅斯年、梅貽琦表示消極，意欲引咎辭職，以逼迫教授會復課。張奚若表示反對，並聯同其他教授挽留之。傅、梅打消辭意後，張奚若說：

> 　　有人又繞著彎子藉口討論當前局勢，在會上重提全體辭職的事。我爲了顧全大局，平下一肚子的火氣耐心的跟他們說好話，他們不聽。……當時有四十多人贊成，我和一多、端升等力爭（按：重點爲本文所加）。後來一多與傅常委鬧起來，一多說：「這樣，何不到老蔣面前去三喊萬歲！」這是揭傅斯年的舊疤，很少人知道的。……傅氣得大罵：「有特殊黨派的給我滾出去！」後來會議決定：只要星期四整天中有一個學生上課，就不辭職。〔註117〕

這次茶會是教授會在蔣介石武力威脅之下的一次低頭。據唐縱記載，12月6日，蔣介石兩度電話詢問昆明學潮情形，並致電盧漢：「謂如不能解決，即應解散其學校，另將學生集訓」。12月11日，蔣介石飛抵北平。12月15日，「電北平建議對於昆明學潮，如不能如期復課，其不上課之學生一律開除」。

〔註115〕楊奎松：《國民黨人在處置昆明學潮問題上的分歧》，《近代史研究》，2004年第5期，第29頁。

〔註116〕楊先生在2009年著作中仍維持原來觀點。楊奎松：《國民黨的「聯共」與「反共」》，北京：社會科學文獻出版社，2009年3月，第580頁。前述于化民《「一二‧一」運動中的西南聯大教授會與教們》一文，認爲錢、聞和張站在同一立場，發表於2008年5月。

〔註117〕聞黎明、侯菊坤編：《聞一多年譜長編》，武漢：北人民出版社，1994年7月，第946頁。原載：《張奚若教授和教授辭職》，未刊，西南聯大北京校友會藏。

12 月 17 日，「奉北平電，凡不復課之學生一律開除」。〔註 118〕

聯大教授會為免更大的犧牲，採取以全體教授辭職脅迫學生復課。〔註 119〕這個受政府武力脅迫的屈辱結果，是張、聞、錢等人無論如何不贊成的。也是在這次茶會上，聞一多提出反建議：要求政府立即將李宗黃等撤職，如辦不到則教授也全體辭職，不過未得到教授會的認同，直到 12 月 22 日第 9 次教授會上才予以追認。〔註 120〕

除上述張奚若回憶中指出他們三人立場一致外，《聞一多年譜長編》亦有同樣記載。12 月 17 日，「先生在會上態度激烈，但仍得到一些人的理解。梅貽琦於二十八日日記中寫到：『端升亦認一多十七日在會中之言辭已有使校中當局不能忽視者⋯⋯正之愛清華之切，言詞間或不無過甚之詞耳』」。〔註 121〕錢端升所言「不能忽視者」，指的應是上述聞一多的反建議。

梅貽琦 28 日造訪錢端升的原因是，他已連續三次缺席教授會，即 12 月 20、22、26 日第 8、9、10 次教授會。之所以缺席，是抗議教授會 12 月 17 日和 19 日單方面壓迫學生復課。梅貽琦此行目的，一方面是撫慰錢端升，一方面知會已追認聞一多的建議。從後來錢端升依然缺席最後兩次教授會（第 11、12 次）來看，梅貽琦此行是白費了。〔註 122〕

張奚若亦同樣缺席以示抗議。在此之前，他早對教授會未能主持公道表示不滿。12 月 6 日，前述蔣介石致電盧漢以解散學校脅迫聯大復課當日，在

〔註 118〕公安部檔案館編注：《在蔣介石身邊八年：侍從室高級幕僚唐縱日記》，北京：群眾出版社，1992 年 11 月，第 560、562、563 頁。

〔註 119〕詳見 12 月 17 日聯大教授會會議記錄。《國立西南聯合大學史料（二）》，雲南教育出版社，1998 年 10 月，第 558～559 頁；黃延復、王小寧整理：《梅貽琦日記，1941～1946》，清華大學出版社，2001 年 4 月，第 191 頁。

〔註 120〕聞黎明、侯菊坤編：《聞一多年譜長編》，武漢：北人民出版社，1994 年 7 月，第 947 頁。追認記錄如下：「在十二月十七日會議中，同人等瞭解，請求政府將李宗黃先行予以撤職處分，如不能辦到撤職，則教授全體辭職。茲補充為『從今日起，以兩個月為求此事實現之最大限度』」。《國立西南聯合大學史料（二）》，雲南教育出版社，1998 年 10 月，第 565 頁。1946 年 2 月 6 日，周炳琳致函朱家驊亦說，若不能在期限前，「將李撤職，全體教授勢必履行諾言，向政府辭職」。張友仁編：《周炳琳文集》，浙江人民出版社，2009 年 12 月，第 323 頁。原載《朱家驊檔案》，聞黎明先生提供。

〔註 121〕聞黎明、侯菊坤編：《聞一多年譜長編》，武漢：北人民出版社，1994 年 7 月，第 947 頁。

〔註 122〕最後兩次教授會日期分別為 1946 年 4 月 12 日、5 月 10 日。《國立西南聯合大學史料（二）》，雲南教育出版社，1998 年 10 月，第 564～569 頁。

校務會議上提出辭去教授會代表，後挽留。12 月 22 日第 9 次教授會議，查良釗函辭訓導長，亦挽留。〔註 123〕從查良釗在 1946 年 3 月 17 日，擔任昆明各界爲「一二・一」四烈士舉行公葬的主祭人來看，其辭呈原因和立場不難理解。〔註 124〕

《傅斯年全集》書信卷有一封只有年日（1945.□.28.）致周炳琳函。傅在函中說：

> 奚若兄，弟多年敬畏之友人，而立意不與弟談話，弟雖竭力設法，亦無是何，此爲弟赴昆明心中一大疙瘩，盼大爲一說。……端升兄同此不另。

據內文「弟貿然代理〔北大校長〕，半年之後，必遭天殃」，〔註 125〕及聯繫到 12 月 17 日與傅斯年鬧翻的情形，可確認此信應當寫於「一二・一」運動之後，即 12 月 28 日。〔註 126〕

從張奚若立意不與傅斯年講話，不惜以公害私，聞一多揭傅斯年瘡疤，可見張、聞兩人在此一問題上立場和態度之堅決。〔註 127〕在張奚若、聞一多等人看來，先懲兇後復課，學生們的要求合情合理，萬一復課後，李宗黃等未能去職，則如何面對死者和倖存者。更重要的是，最高學府尊嚴也將蕩然

〔註 123〕《國立西南聯合大學史料（二）》，雲南教育出版社，1998 年 10 月，第 512、564 頁。

〔註 124〕聞黎明、侯菊坤編：《聞一多年譜長編》，武漢：北人民出版社，1994 年 7 月，第 995 頁。

〔註 125〕歐陽哲生編：《傅斯年全集》，第 7 卷，湖南教育出版社，2003 年 9 月，第 289 ～290 頁。

〔註 126〕謝慧說：「1945 年 9 月 28 日被任命爲北大校長，作爲聯大常委將赴昆明的傅斯年在給周炳琳和錢端升的信中說：『奚若兄，弟多年敬畏之友人……』」。謝慧：《西南聯大與抗戰時期的憲政運動研究》，北京：社會科學文獻出版社，2010 年 11 月，第 184 頁。從行文來看，有二處錯誤。一、傅斯年「被任命爲北大校長」，應加「代理」二字；二、代理日期並非 9 月 28 日。《北京大學紀事》9 月 4 日記載，國民政府令：「胡適未到任前，由傅斯年代理」。王學珍等編：《北京大學紀事》，上冊，北京大學出版社，1998 年 4 月，第 301 頁。《周炳琳文集》及《周炳琳年譜》亦記載爲 9 月 28 日，有誤。張友仁編：《周炳琳文集》，浙江人民出版社，2009 年 12 月，第 315、395 頁。

〔註 127〕據吳正之在 1952 年「三反」期間檢討所云，當時他受朱家驊之命赴昆明調解學潮，「說明學生不要搞政治對〔抗〕了，張奚若大哭」，可見張氏態度之激烈和堅決。《竺可楨全集・日記》（1952 年 2 月 26 日），第 12 卷，上海科技教育出版社，2007 年 12 月，第 567 頁。

無存。從事後來看，這是一次政治壓迫學術服從的先例，此例一開，學術獨立將無從保障。

慘案前，聯大教授會曾表示：「近代民主國家，無不以人民之自由爲重……既有此不法之舉，不特妨害人民正當之自由，侵犯學府之尊嚴，抑且引起社會莫大之不安」。〔註 128〕慘案後，教授會公開聲明：「綜觀慘案經過，自非偶然事件，此數十百武裝軍人暴徒，在光天化日之下，結隊橫行，爲所欲爲，對於手無寸鐵之學生教員到處毆打，恣意殘殺，前後歷四五小時之久，謂非當地黨政軍當局有意唆使，誰復能信？」〔註 129〕如此令人髮指的暴行，是可忍孰不可忍！聯大校友會指出，「在暴力的前面，學術等於糞土，學府尊嚴完全掃地。自由研究、討論被視作背叛。呼籲民主和平被當爲異端」。〔註 130〕

五、無聲抗議：缺席聯大校務會議

應當說，錢端升的立場亦大致如張、聞二人，儘管在參政會上，他和傅斯年曾是「倒孔」的親密夥伴，在「一二·一」慘案後，他從慘案前贊同聯大當局復課，轉而站在學生一面，堅持先懲兇後復課，一方面討回公道，一方面維持學府應有的尊嚴。1946 年 2 月 13 日，朱自清記載：

> 開評議會，走前錢〔端升〕來訪。我知他不參加評議會，故未問他，只同他道別。不意在廁所又遇到他，爲禮貌計，欲問他是否參加會議，繼思此舉可能引起誤解，故只問他是否回家，答以不回；隨之又問是否參加會議，他竟以冷淡和不屑之口氣說：「對不起，我失陪了」。他以玩笑口氣一笑置之，但我卻不能。〔註 131〕

〔註 128〕 《聯大教授會的抗議》（1945 年 11 月 29 日），《文萃》，第 11 期，1945 年 12 月 18 日，第 11 頁。

〔註 129〕 《國立西南聯合大學教授會爲此次昆明學生死傷事件致報界之公開聲明》，《一二·一運動》，中共黨史出版社，1988 年，第 138 頁。

〔註 130〕 《昆明西南聯合大學校友會爲母校遭槍擊屠殺慘案敬告全國同胞》，《「一二·一」運動史料彙編》，第 2 輯，昆明師範學院、雲南省歷史研究所，1979 年 10 月，第 159 頁。

〔註 131〕 朱喬森編：《朱自清全集·日記》，第 10 卷下，江蘇教育出版社，1998 年 3 月，第 391 頁；1946 年 2 月 13 日，第 8 屆第 8 次校務會議，未見錢端升出席記錄。《國立西南聯合大學史料（二）》，雲南教育出版社，1998 年 10 月，第 513 頁。

錢端升拒絕出席聯大校務會議不僅給朱自清，也給聯大同學們留下了深刻的印象。《聯大八年》記載：「關於錢先生淵博的學識，用不著我們多加介紹。他特有的剛直和正義感，倒值得我們年青人學習。自從『一二・一』復課以後，錢先生就從來沒有參加過任何學校的會議」。更能表現錢端升不滿的是，他拒絕執行教授會的復課決議：「去年『一二・一』後，學校宣佈復課，而同學還沒有決定復課的時候，錢先生走上講堂，看了看學生，說了一聲：『人不夠，今天不上。』就揚長而去。弄得那些對『上課』很感興趣的同學啼笑皆非」。〔註 132〕

與之相反，另一位贊成復課的馮友蘭則遭到同學們的奚落。《聯大八年》記載：「在『一二・一』罷課中，教授勸同學復課的時候，馮友蘭先生說了一大篇道理還夾雜了些威脅的話要同學上課」。這是在介紹馮文潛時順便「搭單」的。正式介紹時則更刻薄：

> 馮先生所著書中用字造詞，金岳霖先生都歎為觀止。馮先生的保守思想可見之於倡導同學從軍的講詞裏，那一次他說，「我保證你們不會遭遇什麼不好的待遇，因為青年軍中有好些人的父兄都是社會上有地位的人」。言外之意，大有普遍兵受苦是活該，因為他們沒有了地位的父兄的緣故。據說馮先生很善於理財。根據馮先生最近幾年的行動，有很多人以為馮先生由「風流」而轉變為「現實」，由「為無為」而轉變到「為有為」了。假若說太虛是「政治和尚」，那麼馮先生可以稱為「政治哲學家」了。〔註 133〕

聯大同學的苛評給馮友蘭留下了深刻的印象，以至於晚年仍耿耿於懷。馮友蘭說：「就我個人說，我在這次運動中當了兩派調和人的角色，我自以為是挽救了聯大，使其免於被解散之災，為中國學術界保留一塊自由園地，為『民

〔註 132〕西南聯大除夕副刊主編：《聯大八年》，昆明：西南聯大學生出版社，1946 年，第 169 頁。

〔註 133〕西南聯大除夕副刊主編：《聯大八年》，昆明：西南聯大學生出版社，1946 年，第 170、185 頁。何兆武在口述訪問中亦說：「前不久我在《科學文化評論》雜誌上看到對鄒承魯院士的訪談，記者問他：『西南聯大的先生裏您最欣賞誰，最不欣賞誰？』鄒承魯說：『最佩服的是陳寅恪，最不欣賞馮友蘭。』這話說來似乎有點不敬，不過當年我們做學生的大多對馮先生的印象不佳，主要還是由於政治的原因。馮友蘭對當權者的政治一向緊跟高舉，像他《新世訓》的最後一篇《應帝王》等等，都是給蔣介石捧場的。在我們看來，一個學者這樣做不但沒有必要，而且有失身份」。何兆武口述、文靖撰寫：《上學記》（修訂版），北京：三聯書店，2008 年 9 月，第 155～156 頁。

主堡壘』留個餘地。可是進步方面的人，認為我帶頭破壞運動」。〔註 134〕

應當說，「一二·一」慘案對親身經歷過「三·一八」慘案的錢端升來說，更是刻骨銘心。慘案的發生，雖有雲南當局政爭因素參雜在內，但直接導火線畢竟源於 11 月 25 日時事晚會。從平常心判斷，在慘案發生後，其負疚可想而知。作為一名教師，錢端升已無路可退，若不能為死去和倖存者討個公道，夜闌人靜之際，何以面對自己？在「三·一八」慘案中，錢端升親自帶領部分清華學生參加抗議段祺瑞執政府。結果慘案收場，追究無果。應當說，對錢端升來說，這是一個心頭揮之不去的隱痛。〔註 135〕

張奚若曾當面對傅斯年說：「學生家長把孩子送到學校，託付給師長，死了人而且是慘死，教師怎麼能撒手不管，這不但不配做老師，也不配做人！」聞一多也說：「如果老師撒手不管，讓學生遭屠殺，這就太對不起學生了」。張、聞二者均指出，學生受老師的影響，其對錯好壞作為教師均有一定的責任。〔註 136〕此外，聯大舉辦時事晚會已是慣例，即使沒有慘案，僅開槍恐嚇時事晚會，已足夠讓人憤慨，〔註 137〕更何況如此慘絕人寰的血案，怎能不追究到底？

教授會在政府的壓力下退讓，是錢端升後來對校務和教授會議表示消極的主因。在美使館報告中，將之與「三·一八」慘案相提並論，〔註 138〕有可能出自錢端升或其他「三·一八」相關人士的口供。因此，儘管錢端升在致

〔註 134〕馮友蘭：《三松堂自序》，《馮友蘭全集》，第 1 卷，河南人民出版社，2001 年 1 月，第 299 頁。
〔註 135〕詳參本文第三章第六節。亦見楊步偉：《雜記趙家》，遼寧教育出版社，1998 年 3 月，第 61～62 頁。
〔註 136〕「一二·一」運動史編寫小組：《「一二·一」運動史》，雲南大學出版社，1989 年，第 130 頁。
〔註 137〕當國民政府在聯大教授會所定限期（2 月 22 日）前將李宗黃「撤」職，不降反升後。2 月 17 日，錢端升在昆明各界舉行的大遊行集會上說：「這事，政府也是荒謬……不說『一二·一』慘案，單說十一月二十五日槍擊聯大的集會的事而論，軍警當局也要受司法處分」。《一二·一運動史料選編（下）》，雲南人民出版社，1980 年 12 月，第 75 頁。原載《二一七昆明各界舉行大會》，《學生報》，1946 年 2 月 23 日。
〔註 138〕1945 年 12 月 18 日，美國使館向國務院報告說：「大學人士認為，在中國學生運動史上，還沒見過政府當局對待學生採取如此野蠻的無法無天的手段。在這些事件中，只有 1926 年在北京發生的屠殺學生的事件可與之相比」。《昆明大中學生的罷課事件》（美國駐昆明總領事館第 76 號快報），《一二·一運動》，中共黨史出版社，1988 年，第 467 頁。

朱家驊函中，仍對國民黨持忠誠態度，但幾乎在每個關鍵場合，他都站在了國民黨的對立面上，處於少數派的位置。錢端升的這種立場，並非 12 月 17 日才轉過來的。12 月 4 日，姚從吾鄭天挺等函說：「端升表現的最糟」，認為他「壞事有餘，易受利用」。〔註139〕表明了他已站在了學生這一邊。表面上，忠誠黨員身份與站在學生面相衝突的，但內裏卻是一致的。在英美的政黨倫理中，當黨員認爲黨的政策有錯誤時，有必要堅持忠誠的反對派立場，以謀求黨的政策改正，而黨亦不能因此有所歧視。這點錢端升早在《現代評論》提出過。若從這個角度來解讀，正好表現出他可貴的知識分子立場：獨立於權威和忠於自己的信仰。這點也是他與張奚若、聞一多、查良釗等人相通之處。亦因此，趙寶煦在述及錢端升在「一二・一」運動中的表現後說：

> 上面所以不厭其煩地追述這些差不多已被遺忘了的歷史，目的在於說明：錢端升先生這樣一位正義感極強、十分剛正的愛國知識分子，儘管當時他對中國共產黨並沒有多少瞭解，但他在激烈的政治鬥爭中，支持民主，反對獨裁；支持進步，反對倒退。在恫嚇、威脅，甚至會發生生命危險的時候，他表現了中國人傳統的威武不能屈的高尚氣節。他和他的進步同事們一道，在危急關頭，與青年學生們站在一起，並用本身的正義行動，給悲憤填膺的青年學生以極大支持和鼓舞。〔註140〕

1946 年 4 月 10 日，竺可楨日記載：「知聞一多、吳漢、向達、光旦均爲民主大同盟中人，張熙若乃不滿政府之一人，端升則首鼠兩端云」。〔註141〕在外人看來，錢端升似已處於一種進退維谷的地位。實際上，錢端升的態度是相當明確的。當國民參政會第四屆第二次（1946.3.20～4.2）召開時，他已拒絕參

〔註139〕聞黎明、侯菊坤編：《聞一多年譜長編》，武漢：北人民出版社，1994 年 7 月，第 935 頁。從教授會決議來看，復課多於懲兇，可能因此引起錢端升的不滿，而導致陳雪屏的埋怨。當時教授會決議如下：「一、自即日起本校停課七天，對死難學生表示哀悼，對受傷師生表示慰問，並對地方當局不法之橫暴措施表示抗議。二、由校務會議迅速設法勸導學生復課。三、促法律委員會加緊工作務起早日辦到懲兇及取消非法禁止集會遊行之命令」。《教授十二月四日之決議》，《文萃》，第 11 期，1945 年 12 月 18 日，第 12 頁。

〔註140〕趙寶煦：《拳拳愛國心 殷殷報國情》，《錢端升先生紀念文集》，中國政法大學出版社，2000 年 2 月，第 22～23 頁。

〔註141〕《竺可楨全集・日記》，第 10 卷，上海科技教育出版社，2006 年 12 月，第 92 頁。

加。〔註142〕1946年4月24日，羅常培致信胡適說：「雪屏辦團、從吾辦黨，實際是爲學校幫忙，但到北平後還是讓他們擺脫的好。此外，枚蓀、毅生、端升、今甫、燕紹庭和我……總算都有黨籍的，除紹庭喜歡依老謾罵外，我們這班北大出身的，都能保持自由主義不屈不撓的傳統」。〔註143〕可見在錢端升在羅常培心目中，仍是一位自由主義者。

1946年5月26日，竺可楨又記：「據碩民云……聯大左傾分子如聞一多、極喜批評政府，如張熙若、錢端升等，均已失去學生信仰。聞一多受龍雲之津貼，故生活頗舒適」。〔註144〕更明顯與事實不符，有可能是國民黨基層編造的謠言。「一二・一」運動參加者羅榮渠，在翌年1月20日日記中，仍有聆聽錢端升演講《政治協商會議能使中國進步嗎？》記載。〔註145〕3月17日，昆明學生聯合會及各界民眾爲「一二・一」四烈士舉行公葬及遊行。主祭者爲查良釗，聞一多與錢端升、尙鉞、王贛愚、吳晗等爲陪祭人，〔註146〕可見錢端升在學生心目中之地位。

1946年聯大三校復員，在《聯大八年》所記載的教授群像中，第一位是錢端升。〔註147〕「一二・一」運動一週年，北大學生會邀請錢端升和吳晗出席並講話。當時《新華日報》報導，錢端升雖勸學生不要輕言犧牲，但也指出，「有良心的教授，不忍心把學生催眠到書本裏去，但盼自由必爭」。〔註148〕「但盼自由必爭」很好地概括了錢端升在「一二・一」運動中的立

<hr>

〔註142〕國民參政會秘書處編印：《國民參政會第四屆第二次大會紀錄》，重慶：中國文化服務社，1946年10月，第449頁。《國民參政會紀實》，下卷，第1527～1528頁。
〔註143〕毅生即鄭天挺；今甫即楊振聲；燕紹庭即燕樹棠。《羅常培致胡適》（1946年4月24日），《胡適來往書信選（下）》，香港：中華書局，1983年11月，第102頁。亦見張友仁編：《周炳琳文集》，浙江人民出版社，2009年12月，第327～328頁。
〔註144〕《竺可楨全集・日記》，第10卷，上海科技教育出版社，2006年12月，第124～125頁。
〔註145〕羅榮渠：《北大歲月・日記》，北京：商務印書館，2006年6月，第27頁。
〔註146〕聞黎明、侯菊坤編：《聞一多年譜長編》，武漢：北人民出版社，1994年7月，第995頁。
〔註147〕教授群像排列「以稿樣收到的先後爲秩序」。換言之，在對聯大師長的描述中，錢端升是最早被學生描繪和關注的一位。西南聯大除夕副刊主編：《聯大八年》，昆明：西南聯大學生出版社，1946年，第158頁。
〔註148〕《一二・一運動史料彙編》，第4輯，昆明師範學院、雲南省歷史研究所，1980年3月，第276頁。原載《北大、清華紀念「一二・一」》，《解放日報》，1946年12月7日。

場和態度：學術不忘政治。正如其在 1920 年代《清華週刊》上奉勸清華學生一方面應以學業爲主，一方面不要忘記國家大事一樣。他希望聯大學生「讀書不忘救國」，不要光做書呆子而讓國事沉淪下去。儘管讀書是學生本分，但在一個變態社會裏，學生更應時時關注國事。尤其當國家陷於內戰時，更不能袖手旁觀。這是錢端升主張 11 月 25 日晚會在聯大召開的背後原因。

錢端升在「一二・一」運動中的立場，可分爲慘案前後。在慘案後，張奚若、聞一多不惜與傅斯年以公害私，甚至絕交，以表明維護學生利益、基本的師道原則和學府尊嚴，錢端升亦是如此。亦因張、聞、錢等人的堅持不懈（包括缺席抗議，拒不執行教授會復課決議），再加上潘光旦等人的斡旋，梅貽琦才在 12 月 22 日追認聞一多的建議：政府若不懲兇，則教授會也集體請辭，以平衡學生復課之條件。

簡言之，處在漩渦中的教授會不應只向學生施壓，同時亦必須向政府施壓，用同樣的方法脅迫政府懲兇。錢端升雖沒有剛烈至與傅斯年絕交，但其拒絕出席聯大各種校方會議就是一種強烈無聲的抗議。在朱家驊指定的聯大區黨部三位籌備員中，錢端升與查良釗均對學生持同情態度，可見是非黑白仍有公理存在。〔註149〕

至於傅斯年，聞黎明認爲他在「一二・一」運動中，一點也不可愛，〔註150〕本文十分認同。就解決慘案而言，表面上沒有傅斯年快刀斬亂麻，很可能陷於僵局。遺憾的是，傅斯年囿於蔣介石知遇之恩，將「快刀」用錯了方向，「斬」在了學生這一邊。因此，他在處理慘案過程中，依然功不抵過。這個評價或許有點苛刻。〔註151〕1945 年 6 月，蔣夢麟出任行政院秘書長，朱家驊擬薦傅繼任，傅在致蔣介石辭函中說：「伏思斯年狷介之性，值

〔註149〕另一籌備員周炳琳則站在傅斯年一邊，贊成有條件復課。後在建國後的政治運動中，遭到「清算」。

〔註150〕聞黎明：《「一二・一運動」中的傅斯年——與李森先生〈傅斯年與「一二・一」〉一文的商榷》，中國社科院近代史研究所網頁：http://jds.cass.cn/Article/20051029162553.asp。參閱日期：2010 年 9 月 21 日。

〔註151〕在慘案初期，傅斯年是站在學生的立場上的，後可能由於馬歇爾訪華，蔣介石急於解決學潮，遂對傅施壓。《罷聯通訊》記載：「當代表問傅常委打算怎樣來進行解決這事件，傅常委說：『我一定盡我所有的力量依照教授會議所決定的把這事件追究一個水落石出，請把你們轉告同學，請他們信賴我和先生們，假若我有一點不站在同學的立場做，我就對不起自己的良心』」。《傅斯年談話》，《聯大教授會的抗議》（1945 年 11 月 29 日），《文萃》，第 11 期，1945 年 12 月 18 日，第 11 頁。

不諱之時，每以越分之言，上塵清聞；未蒙顯斥，轉荷禮遇之隆，衷心感激，為日久矣。今復蒙眷顧，感懷知遇，沒齒難忘」，〔註152〕可見知遇之深。

傅斯年「快刀」後遺症是十分明顯的，除用錯方向外，在學潮只解決了一半的情況下離開昆明。儘管可能出於無心，但傅斯年和聯大教授會的姑息養奸開了一個很惡劣的先例。假若「一二‧一」慘案能追究到底，維持最高學府應有的尊嚴，當局又有所收斂的話，後來較場口等一連串襲擊事件，甚至李、聞之慘案，或能避免一二亦未可知。

楊奎松先生認為，聯大「自請解散」的釜底抽薪之計，「多半出於梅貽琦的建議」。他指出，由於戰後聯大即將解散，因此梅貽琦才有上述提議。「方針既定，梅、傅即聯合行動」。〔註153〕兩人目標雖然一致，但在行動過程中，還是出現了分歧。傅斯年在致其夫人函中說，梅貽琦「專聽潘光旦等人之話，尤不可解。我豈能再代他受過」。〔註154〕傅斯年抱怨的是12月22日聯大教授會為解決學潮，追認了聞一多建議的決議。

梅貽琦當天記載：「孟真頗示焦躁，蓋已決於明日返渝，校事不欲過問矣」。〔註155〕結果二天後真的飛走了。傅之所以急忙離開昆明，原因如上，梅聽從了潘光旦等人的勸告，扭轉了教授會偏向政府的立場，使原定17日復課出現新的延誤危機。幸好傅走後，李宗黃被召去重慶和中共轉換了鬥爭策略，見好就收，昆明學潮才告一段落。〔註156〕

梅貽琦提出「自請解散」之議，這似是他在未清楚學潮的情況下，安慰朱家驊之語。朱家驊後來也以技術理由否定了這個提議。〔註157〕12月11日，梅貽琦在重慶二度會見朱家驊。梅記載：「騮公似甚緊張，余告倘本周末不

〔註152〕《致蔣介石》，歐陽哲生編：《傅斯年全集》，第7卷，湖南教育出版社，2003年9月，第285～286頁。

〔註153〕楊奎松：《國民黨的「聯共」與「反共」》，北京：社會科學文獻出版社，2009年3月，第570～571頁。

〔註154〕《傅斯年致其夫人俞大綵函》，《一二‧一運動》，中共黨史出版社，1988年，第410頁。

〔註155〕黃延復、王小寧整理：《梅貽琦日記，1941～1946》，清華大學出版社，2001年4月，第192頁。

〔註156〕楊奎松：《國民黨的「聯共」與「反共」》，北京：社會科學文獻出版社，2009年3月，第573頁。

〔註157〕12月17日，傅斯年致電朱家驊，表示下一步「最好為聯大提前結束」，但朱明確告訴傅，因交通困難，屆時可能問題更多。楊奎松：《國民黨的「聯共」與「反共」》，北京：社會科學文獻出版社，2009年3月，第570～572頁。

能安定復課，則與其經政府解散，無寧自請停辦耳」。12 日，梅貽琦回到昆明，與傅斯年、周炳琳等晚餐，「乃詳知半月以來之經過」。〔註 158〕因此，就傅、梅兩人而言，前者是積極主張教授會辭職來脅迫學生復課的。〔註 159〕這點從前述張奚若與之絕交即可見之，後者只是消極應對而已。在聞、錢、張、潘等影響下，梅貽琦轉換了立場。因此，在「一二・一」運動中，分裂不僅是教授會，傅、梅也存在著嚴重的分歧。兩人立場相左，是加深教授會分裂的關鍵。若傅、梅立場一致，教授會或許未必會分裂。

六、慘案的影響：自由主義知識分子陣營的第二次分化

聯大教授會分化的結果是十分嚴重的。這是繼國民參政會上周炳琳、錢端升與王世杰、傅斯年分化後的另一次分化。這次分化比上一次更見嚴重。張熙若不惜以公害私，與傅斯年絕交，表明自己立場之決絕。對於這次分化，馮友蘭說：

> 「一二・一」運動結束以後，聯大在表面上平靜無事了，其實它所受的內傷是很嚴重的，最嚴重的就是教授會從內部分裂了，它以後再不能在重大問題上有一致的態度和行動了。從五四運動以來多年養成的教授會的權威喪失殆盡了。原來三校所共有的「教授治校」的原則，至此已成為空洞的形式，沒有生命力了。〔註 160〕

更重要的是，缺乏聯大教授會保護——兩者互為唇齒——的學生運動也因此進入了一段沉寂時期。《聯大八年》記載，「由於『一二・一』罷課運動不愉快的結束，混亂了相當長的時期，悲觀失望的情緒籠罩著聯大〔。〕休學離校的有二百多人，『一二・一』運動的總體檢討會開不成，學生自治會代表大會流產，以前活躍的團體，如社會科學研究會，科學青年社〔，〕多青社等都無疾而終，新成立的學藝社，『一二・一』讀書會也隨即瓦解〔。〕很有很多團體曾一度沉寂」。〔註 161〕應當說，這對戰後中國需要一股中立和公

〔註 158〕黃延復、王小寧整理：《梅貽琦日記，1941～1946》，清華大學出版社，2001年 4 月，第 189 頁。

〔註 159〕楊奎松：《國民黨的「聯共」與「反共」》，北京：社會科學文獻出版社，2009年 3 月，第 570 頁。

〔註 160〕馮友蘭：《三松堂自序》，《馮友蘭全集》，第 1 卷，河南人民出版社，2001 年1 月，第 299 頁。

〔註 161〕《勝利後以後聯大的民主運動》，《聯大八年》，昆明：西南聯大學生出版社，1946 年，第 52～53 頁。

正的力量,影響是頗爲深遠的。〔註162〕

此時期的錢端升已放棄其一黨專政的思想,立足於多黨派聯合政府。從他在 8 月 3 日的聯大演講,指出戰後中國政治必然是「平民的世紀」,已隱約窺見他日後趨向認同人民政權。在反對內戰、主張「聯合政府式的政權」和「一二‧一」慘案上,錢端升充分表現了自己獨立的態度,不受黨派成見所拘束。這點與其在 7 月份在參政會上所持立場一致。錢端升所呈現的這種立場,不僅僅代表他自己,也代表了當時一部分知識分子的共同態度。如以《十教授宣言》爲例,他們認爲必須將國家利益置於黨派利益之上,〔註163〕否則囿於黨派成見,內戰難以避免。這是錢端升等人與國民黨最終決裂的原因。國民參政會的經歷,加深了周炳琳、錢端升等對國民黨政府實施憲政「誠意」的理解,也加速拉開了他們與國民黨的距離。儘管在抗戰勝利後,錢端升仍秉其一貫率直立場,發表國事政見。但對他來說,國民黨黨員身份已開始成爲一件可以隨時拋棄的外衣了。至於其眞正穿上共產黨的外衣,則經歷了一個漫長曲折的過程,直到 1981 年 12 月才正式阪依和完成這個過程。

第三節　唯和平始得統一論

一、知識分子是「一切社會利益的醞釀者」

從錢端升在參政會、到聯大時事晚會、上海《密勒氏評論報》上一再提倡聯合政府,可見他立場之堅定。因此不難想像,在馬歇爾和魏德邁訪華期間,錢端升向他們所表達之意見傾向。關於與馬歇爾的會面,目前缺乏直接

〔註162〕如在 1945 年 4 月 6 日,聯大學生會就以全體 2,500 名學生的名義發表《國立西南聯合大學全體學生對國事的意見》,反對國共內戰,提出「立即停止一黨專政」,「根絕黨化教育」,實施憲政等要求,對政府造成了一定的壓力。《三十四年五四在聯大》,西南聯大除夕副刊主編:《聯大八年》,昆明:西南聯大學生出版社,1946 年,第 31~33 頁。

〔註163〕除教授們外,陪都 26 大刊物亦發表「不要內戰」聯合宣言。這些刊物包括:《東方雜誌》、《中山文化教育季刊》、《再生》、《中蘇文化》、《國訊旬刊》、《憲政月刊》、《文匯周報》、《民主與科學》、《中華論壇》、《文藝雜誌》、《青年知識》、《現代婦女》、《中國農村》、《民主教育》、《希望雜誌》、《民主星期刊》、《民憲半月刊》、《新中華》、《中國學生導報》、《自由導報》、《學生雜誌》、《文哨》、《中原》、《抗戰文藝》、《職業婦女》。《本刊聯合陪都 26 雜誌的共同呼籲:「不要內戰」》,《民主與科學》,第 11~12 期,1945 年 11~12 月。

材料。據范遂予回憶，他曾爲馬歇爾提供民主人士名單，其中包括顧孟餘、王世杰、邵力子、周炳琳、錢端升、張治中、杭立武等。〔註164〕

馬歇爾使華失敗後，先後派遣司徒雷登和魏德邁擔任駐華大使，後者拒絕了馬歇爾的提議，只願擔任特使。在魏德邁使華前，錢端升分別在1947年3月1、15、22日《觀察》上發表了三篇文章：《教師與進步》、《世界大勢與中國地位》和《唯和平始得統一論》。此三文表面上無甚關係，實際上成一系列，均爲反對內戰、主張聯合政府之言論。

在《教師與進步》中，錢端升一再表露了他對中國進步緩慢的焦慮。「我們本來就是窮，戰爭使我們更窮」，如果中國「老這末〔麼〕進步沒出息」，不僅世界動盪足以使中國「沉淪到萬劫不復，即使世界安定起來，我們還是走頭〔投〕無路」。〔註165〕在文中，錢端升終於承認：

> 我們本來就沒有建立過法治。黨治和人治使我們離法治更遠。
> 我們本來就很少自由的科學思想，愚妄的（不基於知識的）和自私的（不爲大眾利益着想的）宣傳使我們更不認識自由和科學的精神。
> 〔註166〕

在失望之餘，他將重建社會的重心放在了當時全國人數較多的教師身上，亦即廣義上的知識分子。錢端升認爲，在各種職業當中，他們是最有資格講「進步」的。因爲「農民工人大都未受教育……只有教師們，知識高於農工，時代的趨勢以及中國所遭遇的危機也該明瞭，又沒有像企業家門所擁有的既得利益」。他表示，他所言的「進步」不是一個抽象的觀念，而是「具體的表現須和抽象的理想符合」，亦即「須能超過少數人或是一部分人一時一地的利益，須能照顧到大眾長期的利益」。說得再切實一點，就是必須「承認人的尊嚴，生的重要，以及人類的整個性和進步性」。〔註167〕可見其自由主義之立場。

不過，就當時教師群體言，「無庸諱言，他們是分歧的」，多數人仍是「徬徨歧路者」。因此，教師們能否「成爲進步的力量，就要看這一多數能否毅然

〔註164〕范遂予：《九十回顧》，《文史資料選輯》，第16輯，1985年5月，第22頁。不過，昆明二十教授致馬歇爾將軍書，錢端升並未列名其中。《昆明二十教授致馬歇爾將軍書》，《文萃》，第29期，1946年5月9日，第2頁。
〔註165〕錢端升：《教師與進步》，《觀察》，第2卷第1期，1947年3月1日，第8頁。
〔註166〕錢端升：《教師與進步》，《觀察》，第2卷第1期，1947年3月1日，第8頁。
〔註167〕錢端升：《教師與進步》，《觀察》，第2卷第1期，1947年3月1日，第8～9頁。

脫了士大夫的傳統，把他們自己看做了一切社會利益者的釀造者，而不是統治群的支持者，點綴者，最後乃是參與者」。〔註168〕值得注意的是「社會利益的釀造者」，這是錢端升認爲現代知識分子與傳統士大夫之間的最大區別。也是他1949年後積極參新政權的建設，並與當局發生衝突的背後原因之一。

儘管有兩大因素「使本性溫和的教師們趑趄不前」：一、「士大夫傳統力量的固深」；二、「政治鬥爭的尖銳化」。但錢端升樂觀地認爲，二十世紀是平民的世紀，世界潮流所趨，加上中國的落後和內戰的陰影，這三種情況均不容許中國固步自封，不論「逆著潮流走，或是擋著潮流不走，進步也終會降臨；不過進步就要遲慢，犧牲就要重大」。因此，他呼籲教師們「終止他們的徬徨」，「爲中國人民的推而至於爲全人類的進步而努力」，否則，「多少年代之後，頭腦冷靜的史家們一定要詛咒我們這一代教師們之沒有出息！」〔註169〕

二、中國的出路：美蘇兼顧

在《世界大勢與中國地位》一文中，錢端升指出，「國際政治具有兩種不同的矛盾的性質。其一是現實性，其二是進步性」。他認爲應持中庸立場，兩者兼顧。若僅注意前者，則國際便無事化有事，小事化大事。若僅注意後者，將遭逢無數不需要的波折和犧牲。〔註170〕這是他在調和理想與現實。從上述兩方面分析了國際形勢後，錢端升得出結論說，無論從現實主義還是國際主義出發，中國均只有走兼顧美蘇兩國關係的道路。

錢端升指出，在當時大國領袖當中，只有羅斯福和赫爾兼顧理想和現實主義。因此缺乏羅斯福式的人物是戰後世界之大不幸。他分析了過去一二年國際糾紛後認爲，英美蘇衝突的主因在於三國缺乏對其他國家持瞭解之同情。「蘇聯之求取得自保絕對安全的力量，英國之求維持其向有的領導（在歐洲兼世界）地位，美國之追求一種可以確保世界和平兼保其本國不蹈戰禍的方式。平心言之，三國的要求都是正當的。不幸的乃是三國都只知道自己立場的純潔，而不肯予他國的看法以同情的考慮」。不過，錢端升認爲，世界的潮流既如上述，「年餘來大國間的過分齟齬只能暫時延緩而不能長期阻礙國際

〔註168〕錢端升：《教師與進步》，《觀察》，第2卷第1期，1947年3月1日，第10頁。
〔註169〕錢端升：《教師與進步》，《觀察》，第2卷第1期，1947年3月1日，第10頁。
〔註170〕錢端升：《世界大勢與中國地位》，《觀察》，第2卷第3期，1947年3月15日，第3頁。

社會的進步」。〔註171〕他認爲如果上述的觀點成立，即美蘇不會爆發衝突，則中國今後的行動便須適應上述看法。〔註172〕

以上是他樂觀的推論，他還退一步作悲觀的論斷，即美蘇爆發衝突，中國也不能偏美反蘇，應規勸雙方。中國應避免像日本那樣，做美國的傀儡，作圍堵蘇聯的前哨陣地。若果以爲「依附美國與蘇聯一戰必可大佔便宜」，這是一個十分錯誤的觀念，若「美蘇不幸而戰，我們除了國土做戰場，田舍爲煨壚，人口當彈灰外，還有其他？如果美蘇不幸而戰，我們將求中立之不暇，那有閑情逸致去甘作犧牲？」〔註173〕

對於中蘇關係，錢端升承認「久欠圓滿，這是一個事實」。他認爲有以下三個因素影響中蘇關係：一、國共內戰；二、中蘇間存有不少非漢非俄的較小民族；三、蘇聯要把握東北若干帝俄時期以來的若干利益。

關於第一點，錢端升重彈20、30年代的老調，主張國共問題與對蘇外交分開處理：「我們絕不能因爲有國共之爭，而即斷定中國應反蘇或親蘇。我們只能說，如果我們應親蘇要親蘇，則我們宜先消弭國共之爭」。〔註174〕

至於第二點，最近三十年，蘇聯民族政策改善，和中國民族政策恰成一反照，於是外蒙離去，新疆也成了問題。錢端升認爲，要抵禦蘇俄的侵吞，「正本清源之法在成立並實行新的合理的民族政策」，即改善內政，鞏固自己，而不在反蘇。

最後一點，錢端升認爲在二戰後，攫取領土已爲當時國際形勢所不容，中國只要恪守中蘇友好條約就行。對於蘇聯當時未經中國同意，拆除東北工業設備，錢端升認爲應據理力爭，惟不能構成反蘇理由。即使要這樣做，「稍爲有責任心者也的看看我們有沒有反蘇的本錢」。〔註175〕總之，中國應該從大處著眼，若非反蘇不可，則「非準備於蘇聯一戰不可」，若「兼親美蘇」的話，

〔註171〕錢端升：《世界大勢與中國地位》，《觀察》，第 2 卷第 3 期，1947 年 3 月 15 日，第 4 頁。

〔註172〕錢端升：《世界大勢與中國地位》，《觀察》，第 2 卷第 3 期，1947 年 3 月 15 日，第 5 頁。

〔註173〕錢端升：《世界大勢與中國地位》，《觀察》，第 2 卷第 3 期，1947 年 3 月 15 日，第 6 頁。

〔註174〕錢端升：《世界大勢與中國地位》，《觀察》，第 2 卷第 3 期，1947 年 3 月 15 日，第 5 頁。

〔註175〕錢端升：《世界大勢與中國地位》，《觀察》，第 2 卷第 3 期，1947 年 3 月 15 日，第 5、6 頁。

除中國獲安全外，還可以「因兩國之資助而致力國內建設」。〔註176〕應當說，上述建言頗合情理，但付諸現實，蔣介石一意孤行以武力統一，不免鏡花水月。

對於《中蘇友好同盟條約》，錢端升是贊成的：「8月14日的中蘇條約眞是個天賜福音，因爲條約內訂明蘇聯保證支持一個政府，蔣委員長的國民政府。國民黨有了這一個保證只要它比以前開明而幹練，當能團結整個國家」。〔註177〕可見錢端升在此時期對國民黨仍抱有一定的期望，希冀國民黨能懸崖勒馬，停止內戰。對於中蘇條約，錢端升的意見並不孤立，張君勱〔註178〕胡適〔註179〕基本採翼贊態度，張奚若似亦勉強認同之。〔註180〕

然而隨著內戰的發展，已完全超出錢端升上述所論。1947年6～7月，中共開始全面反攻，美國駐華大使司徒雷登不斷向馬歇爾告急：「最近中共的攻勢很少遇到抵抗，國民黨軍的軍事情報實出無能，甚至不知共軍的去向，美國裝備及物資的折損日益嚴重，而國民黨軍內部派系鬥爭、相互傾軋仍然劇烈」。美國在華軍事專家也稱東北最多不過維持三個月，兩年後中共將席卷全國。馬歇爾離開中國僅僅半年，局勢惡化至此，實出乎美國意料之外。7月9日，杜魯門在未經中國商量下，指派魏德邁使華，「就中國政治、經濟、心理及軍事各方面情形，作一估量」，及對「中國政府必須就其所采復興計劃必能有效執行一節，提供滿意證據，美國政府始能考慮予以援助」。〔註181〕

〔註176〕錢端升：《世界大勢與中國地位》，《觀察》，第2卷第3期，1947年3月15日，第6頁。

〔註177〕錢端升著、於友譯：《華北會變成第三次世界大戰的橋梁嗎？》，《文萃》，第12期，1945年12月25日，第14頁。

〔註178〕張君勱說：「所有正直的中國公民都必須承認：中國必須和蘇聯保持友好關係。《中蘇友好同盟條約》的簽署之獲得普遍的贊同，即顯示了中國方面確實希望能有這樣的和平關係」。張君勱：《第三勢力》，臺北：稻鄉出版社，2005年，第159頁。

〔註179〕1947年3月，胡適致函王世杰說：「老兄當外交重任以來，態度之沉著，步驟之嚴謹，應負之困難，都使我衷心敬佩。……國中無有比老兄更配負此重任的」。《致王世杰》（1947年3月20日），耿雲志、歐陽哲生整理：《胡適全集·書信（1944～1955）》，第25卷，安徽教育出版社，2003年9月，第229～230頁。

〔註180〕張奚若說：「我本人並不反對『中蘇條約』……誰叫我們中國是個弱國呢？」孫敦恒等選編：《張奚若文集》，清華大學出版社，1989年9月，第382頁。原載《學生報》，第6期，1946年3月2日。

〔註181〕趙佳楹編著：《中國現代外交史》，世界知識出版社，2005年5月，第1237

1947 年 7 月 22 日，魏德邁抵華。7 月 31 日，在魏使抵平的前一天，北平美國領事弗里德曼（Freeman）已約定張奚若、錢端升、周炳琳、潘光旦、許德珩、吳澤霖、吳晗、費孝通八人於 8 月 1 日（即魏使抵平之日）在美國領事館晚餐。赴約當天，當錢端升、許德珩、吳晗三氏聯袂赴約時，突有特務出面攔阻，索取名片。據《觀察》報導：

> 錢〔端升〕謂索取名片須由領事館傳達爲之，特務遂糾纏領事館傳達，非索取名片不可。事爲美國領事傳瑞門知悉，跑到大門口和特務大鬧大叫：「我們這一點自由還沒有！簡直不成話！」這才把特務訓退。魏德邁在平三天，先後晤見胡適、梅貽琦、陸志韋、錢端升、胡霖等人，其中與胡適、陸志韋談話時間最長。〔註182〕

除特務阻攔騷擾外，錢端升更曾在「一二・一」運動期間，收過子彈的恐嚇，〔註183〕可看出錢端升與國民黨關係基本惡化。在魏德邁使華前，清華、北大、燕京三校教職員曾集體行動，以個別簽名形式致函魏德邁。據《觀察》透露，該函約 1,200 字，內容約爲：「目前中國人民之希望，只有和平……今日中國大多數民眾已覺醒至此程度，即：明確要求一眞正的民主政府，在政治上確保人民之自由，在經濟上安定人民之生活」。該函建議，美國應規勸「國民黨澈底改變其政策與作風，並根據政協精神，建立爲人民所信賴的眞正的民主政府。此種改革，其目的應爲謀取和平而非加強作戰」。〔註184〕從該函內容來看，應當可大致推論錢端升等人與魏德邁的談話內容。〔註185〕

關於魏德邁是次使華，錢端升與上述清華、北大、燕京教授等人並非不知道其使命。〔註186〕「對馬歇爾說來，司徒雷登和魏德邁是兩張牌，要『促

頁。亦見吳東之：《中國外交史（中華民國時期 1911～1949 年）》，河南人民出版社，1990 年 2 月，第 753 頁。

〔註182〕本刊特約記者：《魏德邁在平津的一段》，《觀察》，第 3 卷第 1 期，1947 年 8 月 30 日，第 17 頁。

〔註183〕陳文秋：《爲民主與法制建設而奮鬥終生——一位愛國民主教授錢端升》，趙寶熙等編：《錢端升先生紀念文集》，中國政法大學出版社 2000 年 2 月，第 49 頁。

〔註184〕本刊特約記者：《魏德邁在平津的一段》，《觀察》，第 3 卷第 1 期，1947 年 8 月 30 日，第 17 頁。

〔註185〕錢端升等：《北大教授致司徒雷登函》，香港《正報》，1947 年 1 月 18 日。原《關於資產階級社會學、政治學、法學、經濟學資料索引》，1958 年 5 月，第 88 頁。按：此函目前無緣一見。

〔註186〕利奧・里西尼（Leo Rissin）：《魏德邁來華使命》，《觀察》，第 2 卷第 23 期，

和』時打司徒雷登，要『助戰』時就打魏德邁」。〔註187〕8 月 16 日，李濟深指出，「除了帶來若干軍事基地及臺灣訓練國軍等等傳說，並促成了國府決議恢復對日貿易外，毫無跡象足證美國改變其政策，使人不能不懷疑魏德邁的使命，不過是尋求一個禍害中國人民的更有效的辦法而已」。〔註188〕但錢端升等人仍積極表達意見，爭取美國向國民黨政府施壓，以冀避免內戰。

三、再次呼籲和平

在《唯和平始得統一論》中，錢端升表示：

在這個當口，主張和平是不時髦不識相的。可是真理往往是不講時髦，也不識俗相的。（按：重點為本文所加）〔註189〕

其「讀書人」本色一覽無遺。錢端升從軍事、經濟、外交和政治四方面分析後指出，「內戰的唯一結果是糜爛而已」。糜爛的結果是，中國統一將延遲「少則一二十年多則三五十年之後」。這數十年的過程，錢端升表示「不敢想像，也無從想像」。因為即使任何一方獲勝，都將是慘勝。因此無論如何，中國必須和平，〔註190〕尤其當時中國國際地位，虛有其表。

錢端升指出，當時中國雖「號稱五強之一，而什麼事都不能說話。號稱亞洲戰勝國家，而對日本，對高麗均無發言的資格。甚至菲、暹的凌人態度和法國對越的強硬政策」也須忍受。因此，中國若再不統一，「再無力發揮獨立的外交」。「面子問題固可忽視」，但若在「紊亂或反華的亞洲中」，也不能自保，則後果更不堪設想了。〔註191〕錢端升重申：

政協所擬的方案在大體上是準確的。換一句話，聯合政府必須根據各種有關的協議以成立一個民選的立憲政府，然後中國可有真

1947 年 8 月 2 日。

〔註187〕資中筠：《追根溯源：戰後美國對華政策的緣起與發展，1945～1950》，中國社會科學出版社，2007 年 3 月，第 101 頁。

〔註188〕李濟深：《就魏德邁來華發表聲明》，《李濟深詩文選》，文史資料出版社，1985 年 10 月，第 56 頁。

〔註189〕錢端升：《唯和平始得統一論》，《觀察》，第 2 卷第 4 期，1947 年 3 月 22 日，第 3 頁。

〔註190〕錢端升：《唯和平始得統一論》，《觀察》，第 2 卷第 4 期，1947 年 3 月 22 日，第 5、6 頁。

〔註191〕錢端升：《唯和平始得統一論》，《觀察》，第 2 卷第 4 期，1947 年 3 月 22 日，第 6 頁。

正的民主。〔註192〕

然而言者諄諄，聽者藐藐，隨著國共內戰的白熱化，錢端升只好再度退回書齋，在費正清的邀請下，訪學美國哈佛大學。

第四節　對民享民治政府的展望

一、對時局的批判

在哈佛大學期間，錢端升撰寫了《中國政府與政治，1912～1949》，全書共二十五章，內容大致如下：〔註193〕

	內　　容
第1章	中國的簡況（地理位置、礦藏分佈、民族、語言、階層結構、教育、家庭、宗教等）
第2章	傳統中國的政治思想（先秦諸子、儒學、大儒董仲舒、儒家的發展、儒學的禮教、傳統主義受到衝擊）
第3章	傳統中國的政治制度（君主制、國家的主要官員、中央行政部門、文官系統、監察制度、法律、地方行政、公共服務）
第4章	西方的衝擊與君主制的崩潰（仿製洋器、傚仿西方的制度意義——維新運動、辛亥革命、民國的建立）
第5章	孫中山讓位與民初的挫折與失敗（段祺瑞與其政敵、北洋政府的教訓）
第6章	國民黨從崛起到執政（同盟會、民初國會中的國民黨、中華革命黨、分崩離析的小團體、孫中山與廣東根據地、孫中山改組國民黨、孫中山去世後的國民黨「二大」、北伐戰爭及其勝利）
第7章	蔣介石的崛起（政治角逐、軍事角逐）
第8章	國民黨的政治理念、組織與領導體制（孫中山改組國民黨後的指導思想、孫中山去世後理論上的赤貧、領導體制——中央執行委員會、民主集權制、黨的組織系統、三青團、黨內的派系）
第9章	國民黨的訓政（訓政思想、訓政大綱、中央政治會議、訓政與訓政機構、黨對行政的干預）
第10章	國民政府及其總統（法律架構、五院制、總統與國會、總統的辦事機構）

〔註192〕錢端升：《唯和平始得統一論》，《觀察》，第2卷第4期，1947年3月22日，第7頁。

〔註193〕閔小波主編：《當代中國政府與政治》，南京大學出版社，2005年2月，第9～11頁。

第 11 章	行政院（行政院的地位、行政院院長、行政院的成員、行政院的權力、行政院會議及下屬機構、行政院與其他院的關係、行政院與省長的關係）
第 12 章	軍權（傳統中國的文官政府、軍事傳統的顯現、軍閥主義與革命者、國民黨政權的軍事基礎、1925～1937 年間的軍事組織、抗戰期間的軍事組織、武裝力量的國家化、軍權至上帶來的問題）
第 13 章	立法與立法程序（五權中的立法院、立法院院長、立法院的會期、立法委員、立法院的權力、立法程序）
第 14 章	傳統中國的預算制度（1937 年的預算法、預算法賦予的預算和決算權、抗戰期間的預算和決算、中國的財政和財政制度）
第 15 章	行政與行政程序（中央行政部門、行政組織、附屬於行政部門的機構、行政首腦的作用、地方行政、行政法、行政行為、行政改革）
第 16 章	考試院與文官制度（考選權、考試院、考試、考試後的培訓、文官的管理等）
第 17 章	法律與司法行政（中國法律的西方化、法院、法庭機構、司法程序、行政裁決、紀律裁決、法官與辯護律師、裁決權）
第 18 章	監察（監察權的性質、監察院的組織、監察、彈劾權、糾正權、警告權、審計）
第 19 章	國民參政會（訓政時期的國民會議問題、國民會議的設立與改進、國民會議代表、國民會議的組織與程序、國民會議的權力、國民會議的評價）
第 20 章	戰時的憲政訴求（孫中山從訓政到憲政的思想、過渡時期的憲法草案、五五憲草、戰時的憲政運動、戰時的自由主義訴求、國民大會問題）
第 21 章	1946 年的憲法（政治協商會議與憲法的制定、1946 年的「國大」、《中華民國憲法》、行憲的準備工作）
第 22 章	1948 年的新政府（第一次「國大」、中華民國的總統、行政院、立法院、監察院、新政府的評價）
第 23 章	政黨（晚清的政黨、民初的政黨、1916～1923 年政黨的分化、現代政黨的興起、中國青年黨、民社黨、第三黨、救國會、民盟、共產黨、國民黨革命委員會）
第 24 章	政黨及其鬥爭（1927—1937 年間的黨禁、抗戰期間的政黨、政治協商會議中的黨派、國民黨的政黨政策、共產黨的政黨政策、政黨的前景）
第 25 章	民有〔享〕民治政府的展望

該書展示了他在 1949 年前半生學術成果和追求的理想（尤其最後一章）。何炳棣先生指出，

　　　　此書主要結論是：國民黨初期改組後，本有可能使國民政府演變成為民主法治的政府，因「三民主義」已具備權力制衡的理論架構和實現憲政的步驟，此項建立民主政制企圖之失敗，不得

不歸罪於蔣介石的個人野心和軍事獨裁。由於他一貫的民主信念，無論當國民黨晚期或中共開國之後，錢端升的政治抱負都未能實現。〔註194〕

錢端升上述結論，早在1948年9月《太平洋季刊》上發表《軍人在中國政府中的角色》一文已見端倪。〔註195〕《中華民國史資料叢稿·譯稿》指出，這篇文章「實際是對蔣介石的一種抨擊。這是錢端升在共產黨取得勝利前對國民黨的最後評價。他說：『辛亥革命以後在中國能有力的遏制軍事權力的是早期改組後的國民黨。但是當蔣介石取得國民黨領導地位時，並未放棄他的軍事欲望，而國民黨不能起制約作用了』」。〔註196〕

本文現分析最後一章《一個民享與民治政府的展望》如下。在結論開場白中，錢端升指出，

在中國這樣的國家裏，由於八年抗戰的影響和國外對立的意識形態的兩極分化，使百年來新舊之間的衝突日益激烈，這些正在出現的社會變化將對政府的形式和運行方式產生深遠的影響。推測中國政府的未來或考慮哪些改革是有實效和可行的，均極為困難。當前的改革毫無意義，除非它們是針對即將發生的社會變化的背景去設計的。〔註197〕

錢端升所列的背景大致可分三部分：政府領導、中央與地方分權和個人獨裁問題。對於當時中國政局的混亂，錢端升認為，此一問題不在制度或員吏本身，而在領導身上。只要用好領導代替壞領導即可。他指出，「一切有思想的中國人」，包括「在政府任職的」，均「對行政機關的缺陷和無能感到震驚」。

〔註194〕何炳棣：《讀史閱世六十年》，廣西師範大學出版社，2005年7月，第172頁。
〔註195〕詳參 Chien Tuan-sheng, *The Role of the Military in Chinese Government*, Pacific Affairs, Vol. 21, No. 3（Sep.，1948），pp. 239-251. 按：據《劍橋中華民國史》第2卷第812、977頁記載，錢端升在1947年6月16日香港《時代批評》上曾發表《軍人跋扈的中國政府》一文，但本文檢索該刊（即第4卷第85號），未知是否因復刊號關係，無此文記載。另據《中國的內戰》記載，《軍人保護〔跋扈〕的中國政府》一文日期為1948年12月15日，沒有卷數，待考。〔美〕胡蘇珊著、王海良、金燕、胡禮忠、許立冰譯、金光耀校對：《中國的內戰——1945～1949年的政治鬥爭》，中國青年出版社，1997年11月，第228頁。
〔註196〕《錢端升》，《中華民國史資料叢稿·譯稿》，第4分冊，1983年，第47～48頁。
〔註197〕錢端升著、倉理新譯、沈叔平校：《一個民享與民治政府的展望》，《自選集》，第621頁。為免繁蕪，下將簡略之。

當時輿論也認爲「行政機構的缺點及管理方法的無能，在一切重要問題中居於首位」。〔註 198〕

　　但錢端升認爲：「這並非實情。……任何時候只要賦予政府高級領導人一定的事業心」。此一問題就很容易糾正過來。他批評政府當局說：「沒有必要求助於政府機構的控制作爲維護個人權力的手段」。〔註 199〕這是他在指責蔣介石個人獨裁。他認爲，如果少數領袖把權力下放，不難建立起一個制度化的機構。因爲「今天中國的文官比他們上一輩好得多並更能幹」，只要賦予「他們充分的權力和責任，他們將不會玷污自己的信譽」。〔註 200〕

　　在中央與地方關係上，錢端升認爲，僅以好領導代替壞領導，並不能解決這個問題。他從以前的立場「退步」了。他表示：「過度集權使許多不一致的法律無效和無法執行」。因此，他主張在賦予地方一定自治的基礎上，中央政府「擁有充分權力」就夠。不過，他依然反對聯邦制。「解決這個問題將不依賴於聯邦制制度。它必須更爲靈活，使之易於從不斷的嘗試和失誤中作出必要的修正」。〔註 201〕錢端升對中央集權的退讓，早在 1943 年 12 月《中國戰時地方政府》一文中可見：

　　　　讓人民接受完全有代表性的或半代表性的組織並無害處。人民政治協商會議，省臨時的政治協商會，和縣議會都是在戰爭爆發後建立起來的，都在加強這個國家的民主因素方面取得了一定進展。……目前，只有這些多少有些人爲的民意代表機構的存在，才能成爲與目前的官僚傾向抗拒的力量，才能把過渡到中央集權的趨向減到最少的程度。〔註 202〕

至於「反覆出現的個人獨裁，通常是軍人獨裁」，錢端升指出，從袁世凱開始，過去 40 年的經驗表明，「這種獨裁存在於內戰，通常還伴隨著重稅，依賴外援，法律和秩序不再是政府的關心之事」。雖不能說沒有軍事獨裁，就意味著和平、繁榮、法治和秩序，但這種局面不消失，上述「福分就不會降臨」。錢端升指出：

〔註 198〕錢端升：《一個民享與民治政府的展望》，《自選集》，第 621 頁。
〔註 199〕錢端升：《一個民享與民治政府的展望》，《自選集》，第 621～622 頁。
〔註 200〕錢端升：《一個民享與民治政府的展望》，《自選集》，第 622～623 頁。
〔註 201〕錢端升：《一個民享與民治政府的展望》，《自選集》，第 623～624 頁。
〔註 202〕錢端升著、張連仲譯、沈叔平校：《中國戰時地方政府》，《自選集》，第 680 頁。
　　　　原載美國《太平洋季刊》（Pacific Affairs），第 16 卷第 4 號，1943 年 12 月。

　　　　這個軍人獨裁的難題向人們提出了一個最基本的問題：如何創
　　立一個非軍事力量，它能夠推翻軍人獨裁而同時又能防止它重建軍
　　人獨裁。

亦即如何從軍政過渡到憲政。錢端升承認，在中國這樣的國家，「政治上強有
力的政黨必須與軍事力量有聯繫」，否則「一個軍事力量成功地驅逐一個獨裁
統治之後幾乎不可避免地建立起另一個新的軍事獨裁」。錢端升認為，要終止
這種惡性循環，「這種力量必然是和人民大眾（他們擁有物質的和精神的手段
支持這個力量）合成一體的」，〔註203〕亦即它必須是人民的政府和軍隊，以及
接受黨的指揮。

二、實現民主的困難：現實與形式的矛盾

　　關於中國應當實行何種制度，錢端升認為：「這是一個比人們所看到的
還要複雜多的問題」。要解決這個問題，「必須對中國人民的能力做〔作〕出
調查」。如果民眾的能力沒有得到改善，則任何制度爭論都是無意義的。他
說：「如果人民是貧窮、渙散、沒文化和軟弱，那麼無論是一黨制還是多黨
制就人民所關心的福利問題而言，並無多少區別。同樣，對於其它爭論的問
題也是如此，無論選擇何種政體對人民來說都是一樣的」。〔註204〕

　　錢端升的意見基本正確，但也有不當之處。民主政治最初的實行，與政
治精英之間的共識，亦有莫大的干係。若政治精英們缺乏共識，如對治國理
念（三民主義）或政治制度如何運作，缺乏一套共通的看法，則民主政治很
可能成為分裂社會的元兇。錢端升還指出：

　　　　在所有這些爭論的問題中，那個與現實不符的形式問題，在過
　　去的四十年或更多的時間裏，一直在折磨著中國的政治思想家和憲
　　法制定者。

這是一條從一黨專政跨向憲政民主的鴻溝。錢端升認為，上述情況將會「繼
續存在」。在它們達致一致前，只會出現兩種情況：政府「要麼是虛弱動搖的，
要麼是強大而對人民很壞的，甚至兩者兼備」，〔註205〕所指顯係當時國民政
府。與此同時，錢端升指出，

〔註203〕錢端升：《一個民享與民治政府的展望》，《自選集》，第624頁。
〔註204〕錢端升：《一個民享與民治政府的展望》，《自選集》，第625頁。
〔註205〕錢端升：《一個民享與民治政府的展望》，《自選集》，第625、626頁。

西方哲學強調個人尊嚴和個人價值……已在中國人的意識中產生了如此重大的影響，以至認爲權力不應再被限制在少數人手中，而必須爭取平等。……拒絕接受少數人組成的政府已經在中國引起一場巨大的民主革命浪潮。

但也形成了一個矛盾和循環現象，每「當革命看起來已經成功」時，它再次被挫敗了。錢端升認爲，要消除上述現象，「除非人民具備了爲民主而鬥爭的能力」。〔註206〕

對於這個問題，錢端升認爲孫中山負有一定的責任，但又隨即爲之辯解：「相信監護作用的孫逸仙大概就是過於強調形式而忽視了現實。如果說他能成功地締造了具有一批眞正政治精英的國民黨，並使他們充滿了權力的意志，但不是爲了爭權奪利，而是爲了給人民那種民主政府和控制的能力，他確實可能成功地建立了一種與現實相符的形式。不幸的是，他失敗了，或者公正地說，國民黨辜負了他」。〔註207〕這是錢端升在指責國民黨「交了白卷」。

那民眾如何獲得實踐民主的能力呢？錢端升認爲，只有「當群眾獲得了在和平環境中生活和工作的機會，擺脫了恐懼和貧困，受過一定的教育並意識到他們自己的尊嚴的時候，他們將〔才〕有興趣和能力建立一種可以稱之爲民主的政府形式」。但「顯而易見，這種能力絕不可能由那些已經壟斷了權力的人恩賜給予他們。只有他們的經濟狀況和教育狀況得到明顯的改善之後，才能獲得這種能力」。〔註208〕

從上可見，國民黨因爲訓政失敗，問題又回到原點上了。與20、30年代相較，錢端升加強了土改作爲實現民主的手段。不過他的主張似仍未脫離孫中山的範疇。錢端升說：「一定要在土地所有制方面來一次革命性的變革，務使國民黨和中國共產黨都接受的『耕者有其田』的格言得到徹底的實現」。這是因爲，「改善佔四分之三的大多數農民，意味著整個民族的改善」。〔註209〕而農民生活的改善，意味著「將有能力並從自身利益得到啓發，起來阻止屬於少數人的或只爲少數人服務的政府。」〔註210〕

〔註206〕錢端升：《一個民享與民治政府的展望》，《自選集》，第626～627頁。
〔註207〕錢端升：《一個民享與民治政府的展望》，《自選集》，第626頁。
〔註208〕錢端升：《一個民享與民治政府的展望》，《自選集》，第628頁。
〔註209〕錢端升：《一個民享與民治政府的展望》，《自選集》，第627～628頁。
〔註210〕錢端升：《一個民享與民治政府的展望》，《自選集》，第628頁。

不過，錢端升指出，從過去至現在，「貧困的農民，依然是：要麼對政府毫無興趣，要麼不敢表達自己的意見。因爲他們缺乏必要的教育，使他們認識到自己並不低人一等。因此，某種教育同改善物質條件同等重要。」換言之，農民「在擺脫貧困時，也必須擺脫恐懼」，他們只有「受到更多的教育」，「才想擺脫這種恐懼，並意識到他們在此社會中與他人都是一樣健全的，並擁有同樣的權利對公共事務發表自己的觀點。」〔註211〕

三、建設一個更「三民主義」的社會

跟以往一樣，錢端升並非不知道上述種種問題的困難，但他依然樂觀地表示：「沒有人說經濟改革和對群眾進行政治教育等大量任務是容易完成的。但這不是不可能的」。他認爲有「有幾種力量爲進行這種改革和教育而正在起著作用」，其中包括民族主義和平等主義。〔註212〕

關於民族主義，錢端升認爲，當時中國尋求的是一種和平和自衛的民族主義。「從本世紀初以來，民族主義成爲中國生活的一個要素。它從來沒有像現在這樣滲透到生活的各個方面」。同時，過去民族主義較爲強調消極的一面，「現在也出現了積極的一面。中國人希望看到自己民族的強盛與興旺，並不以凌駕於其它民族來滿足自己的願望」。〔註213〕這樣的一種建設性力量，它向上的衝勁將會帶領中國走向富強。對於西方輿論對中國民族主義的批評，錢端升認爲那是西方還沒有認識到其中的積極意義：

> 現時的中國是如此心神錯亂以及如此混亂，以至使那些膚淺的觀察者，特別是那些不抱同情心的人，無力發現中國人民的民族主義情緒究竟有多麼深。……無論有教養的階層怎樣表達這種意識，通常被考慮的僅是其消極方面，或者準確地說就是排外主義。但事實是，大多數中國人窮的和富的，受過教育與未受過教育的，都具有強烈的民族主義積極意識。〔註214〕

「未受過教育」亦有「積極意識」，不免有所誇大。但就大體言，當時工商學界，無論「反美」或「反蘇」，均是希望中國避免內戰，同時借助或美或蘇進行重建。

〔註211〕錢端升：《一個民享與民治政府的展望》，《自選集》，第628頁。
〔註212〕錢端升：《一個民享與民治政府的展望》，《自選集》，第630頁。
〔註213〕錢端升：《一個民享與民治政府的展望》，《自選集》，第630頁。
〔註214〕錢端升：《一個民享與民治政府的展望》，《自選集》，第630～631頁。

除民族主義外，「平等主義也是一個強有力的因素」。錢端升認為，近代西方傳入的「平等的思想是不可抗拒的。它從未在任何地方被成功地拒絕過」，「作爲一種觀念，平等已經成爲一種被普遍接受的事物」。因此，「平等主義的理想是發生根本的經濟和社會變化的強大動力」。〔註215〕錢端升承認，「不容置疑，現在在實行徹底的經濟和社會變革的道路上還有許多障礙」，「但是有一件事是肯定的，無論誰想實現孫逸仙的三民主義，或⋯⋯實現以民主實質作為民主形式的基礎⋯⋯就必須在幾方面勝過已經失敗的國民黨。⋯⋯一個成功的政權一定更要和人民打成一片，一定不能認爲自己是在人民之上的。它必須不同於那種僅僅表白自己遵守三民主義或歪曲三民主義的政權，它必須是更加眞正民族主義的，更加眞正社會主義的和更加眞正民主的政權。」〔註216〕

錢端升承認，上述觀點是「號召在人類的價值觀念方面發動一場根本的變化」。他指出，在這樣的革命中，革命組織者和優良政府的管理者並無二致。領袖們僅有能力、獻身革命的精神、甚至「位高則任重」的意識是不夠的，還須具備大公無私和平等意識：

> 對他們來說最需要的是和人民群眾打成一片並主張消滅差別。他們必須絕對無私地工作。他們必須用一切可能的辦法去激發人民發揚對公共事務產生興趣。但是他們一定不能期望永遠擔任領導或者是永不朽的首腦。如果這樣做就意味著仍然存在一個統治階級。⋯⋯過去的領導們並非沒有出現過英明的領袖⋯⋯〔但〕他們不能接受這樣的觀點：自己和所有的人都是平等的。〔註217〕

因此，錢端升認爲，只要執政者仍堅持「自己重要、高高在上的觀點，眞正的民主很明顯就不可能存在」。幸運的是，「那些新的和年輕的領導，那些既佔人數多又年輕兩者優勢的領導們對此持不同觀點」，錢端升認爲，

> 他們急於實現經濟改革，政治平等和民主的實質。他們充分意識到在這個積極變化的世界中如果不趕快發展成爲一個繁榮昌盛的國家，中國便會失去作爲一個國家的時機（按：重點爲本文所加）。他們決心在他們的有生之年，實現這些偉大的政治，經濟和社會變

〔註215〕錢端升：《一個民享與民治政府的展望》，《自選集》，第631～632頁。
〔註216〕錢端升：《一個民享與民治政府的展望》，《自選集》，第633～634頁。
〔註217〕錢端升：《一個民享與民治政府的展望》，《自選集》，第633～634頁。

革，他們已經知道這些變革是一個民族繁榮富強的前提。〔註218〕
「他們」之中，自然也包括錢端升，及「他們」這一代已對國民政府失望的知識分子。錢端升表示：「受過教育的大多數人不能允許自己消失在大量被喚醒的民眾之中。對中國的將來幸運的是，精英的新人數正在增加。由於他們人數的增加，他們不會在擺出新的領導方向上失誤；這種領導最終能夠在一個適當的短時期內，完成中國的經濟變化和社會前景時變化」。〔註219〕錢端升雖沒有明言，但所指應爲中國共產黨無疑。

在文中的結尾，錢端升再次展現了他對中國前景的樂觀態度，「應該把一則令人振奮的按語作爲結論性的評價」。他指出，「現時存在的政府，其形式之不完善正如其功能之貧乏。在內戰引起的巨大破壞中以及在民眾所承受的痛苦中，白天似乎是黑暗的。但是，與目前的黑暗對比，仍然存在著信心和決心，即人民一定要並能夠被喚醒起來去建立一個政府，一個會爲他們自己經濟和社會的提高而工作的政府，並且是他們有能力去控制的政府。既然這種信任和決心要不容延誤地達到一個眞正民享與民治的政府，這種信心和決心便是對中華民族未來眞正的樂觀主義」。〔註220〕這是黎明前的短暫黑暗。

四、對《展望》的評價

如同孫中山的三民主義一樣，就《展望》一章立論旨趣而言，是無可挑剔的。然就實現方法而言，則似又犯了過去過分理想和樂觀主義的毛病。不過，與錢端升提倡戰後世界之改造無疾而終不同的是，這一次他盼到了理想中的政權。儘管在40年代錢端升思想中不乏言論自由、教育獨立和法治思想，但在《展望》中並沒有再特別強調。其強有力政府論色彩亦有所減退，在中央地方關係上，也不再特別強調中央集權。

與此同時，錢端升強調了民族主義和平等主義作爲達到民主政治的主要力量，而這兩股力量恰是中共在抗戰期間和戰後崛起之主要力量（平等主義爲延安精神之一）。錢端升將改變當時中國的力量寄託在「一個成功的政權一定更要和人民打成一片」上，並提出更加「三民」的三民主義。就其實現方法而言，並無新奇之處。但他的上述提法與毛澤東的《新民主主義》或中共

〔註218〕錢端升：《一個民享與民治政府的展望》，《自選集》，第635頁。
〔註219〕錢端升：《一個民享與民治政府的展望》，《自選集》，第635頁。
〔註220〕錢端升：《一個民享與民治政府的展望》，《自選集》，第635頁。

的「人民政權」說法相當接近。因此，錢端升思想中的民族主義和平等主義，不無影響到他對新政權的認同。

　　就平等與自由關係而言，一直是西方學界爭論不休的話題。錢端升上述所強調的平等主義，接近當代自由主義左派，即自由平等主義（liberal egalitarianism），羅爾斯、德沃金可以作為這一方的代表。李強指出，自由主義左派這種對實質平等的關懷受到以諾齊克為代表的帶有保守主義色彩的極端自由主義者（libertarian）的強烈反對。諾齊克認為，國家的職能只應局限於「最小國家」，即保護公民的財產權利，保證契約的履行。國家無權以強制方式實行財產再分配，以達至公平之目的。〔註221〕據此可知，30年代胡適主張政府行為無為化，扮演守夜人角色，〔註222〕屬於接近「極端自由主義者」，恰與同時期錢端升提倡極權主義，主張國家全面干涉、統制經濟，成為自由主義光譜的兩極。進入40年代，胡適大致仍維持著原先的看法。〔註223〕錢端升的平等主義思想除在20～30年代的基礎上繼續發展外，還進一步受華萊士影響，與胡適的分歧相差更遠了。因此，除現實政治影響外，錢端升思想的內在發展邏輯也不無影響到其對新政權的認同。

〔註221〕李強：《自由主義》，吉林出版集團責任有限公司，2007年12月，第193頁。
〔註222〕胡適說，無為政治「就是把政府的權力縮小到警察權：只要能維持人民的治安，別的建設事業可以暫時不管」。胡適：《再論無為的政治》，《獨立評論》，第4卷第89號，1934年2月25日，第2頁。
〔註223〕在40年代，胡適依然強調個人自由。他說：「自由主義最淺顯的意思是強調的尊重自由，現在有些人否認自由的價值。同時又自稱是自由主義者。自由主義裏沒有自由，那就好像長阪坡裏沒有趙子龍，空誠計裏沒有諸葛亮，總有點叫不順口罷！」「總結起來自由主義的第一個意義是自由，第二個意義是民主，第三個意義是容忍——容忍反對黨，第四個意義是和平的漸進的改革」。胡適：《自由主義》，歐陽哲生編：《胡適文集》，第12集，北京大學出版社1998年，第805、810頁。《自由主義》一文原為1948年9月4日在北平電臺的廣播詞，後載1948年9月5日北平《世界日報》。

結　語

「我珍惜我的祖國，甚於我的靈魂」。

——馬基雅維利〔註1〕

　　在行將結束之前，須指出的是，本文對錢端升的評價，持開放性態度。就目前研究而言，對他的評價只是一個階段性的總結，並無蓋棺定論之意。在很大程度上，錢端升思想的複雜性，反映了 20 世紀中國作爲一個新興的民族國家——如果這詞適用的話——在建國過程（nation-building）中所經歷的種種困境。從這角度而言，錢端升思想既是一面棱鏡，又是一個座標。它折射出民國時期自由主義思想進程其中一個片段，同時又標示出其政治主張與其他學人之間的位置和距離。

〔註1〕　劉晨光指出，這句著名的可以作爲馬基雅維利墓誌銘的話出自他寫給年輕朋友圭恰迪尼的信。詳參 The Letters of Machiavelli, Chicago Prees 1988, p.249. 劉晨光：《君主與國家：馬基雅維利政治思想初探》，洪濤主編：《歷史與理性》，上海人民出版社，2007 年，第 49 頁，注腳 3。〔美〕利奧·施特勞斯著、申彤譯：《關於馬基雅維里的思考》，南京：譯林出版社，2009 年 9 月，第 267 頁。漢娜·阿倫特指出，這句話可能最早出現在 Gino Capponi l420 年的 Ricordi 中：「久經考驗者要加入 Balia，就要愛組織甚於愛自己的財產，甚於愛自己的靈魂」。（參見馬基雅維里，Oeuvres Completes,ed. Pleiades, p.1535.）馬基雅維里在《佛羅倫薩史》第三卷，第 7 章使用了一個類似的表達，在那裡，他讚美佛羅倫薩的愛國者們敢於挑戰教皇，以此顯示「他們將他們的城市置於比自己的靈魂要高得多的地位」。後來，他在彌留之際，寫信給他的朋友 Vettori，將一模一樣的表達用在自己身上：「我熱愛我土生土長的城市，甚於我的靈魂」。引自 The Letters of Machiavelli, ed. Allan Gilbert, New York, 1961, no.225。〔美〕漢娜·阿倫特著、陳周旺譯：《論革命》，南京：譯林出版社，2007 年 3 月，25～26 頁，注腳 3。

在前述諸章節中，我們可以看到的是一個相較目前各種研究較爲完整的錢端升形象。就錢端升的思想而言，言論自由、教育獨立和法治思想成了他思想中的三大底色，亦因這三大底色，儘管主張獨裁極權，仍無法將之剔除在自由主義知識分子光譜之外。

評價錢端升或他的思想的難處在於，正如施特勞斯在下面評價馬基雅維利時一樣。由於錢端升思想的獨特性，就本文所見，在民國知識分子當中，他屬於另類分子。1949 年前的錢端升既提倡理想，又主張現實；既主張專制，又贊成民主；既贊成中庸，又提倡極權。他的思想的矛盾性和複雜性，反映了 20 世紀上半葉中國政治的波譎雲詭。正如梁啓超一樣，錢端升思想雖多變，但貫穿其中的，卻是他的憲政思想。

在自由主義學人當中，丁文江或許可以一比，但他在 1936 年意外去世及未主張極權主義。在政界人物當中，孫中山思想與之相近。兩人均受美國政治影響甚巨，以憲政民主爲目標，主張用專制方法，希冀建立一個強有力的法治政府。兩者都有對民主眞誠追求的一面，但同時又囿於現實環境，不得不採取專制的手段。就此點而言，與其說錢端升是一國民黨黨員，不如說是中山先生的忠實信徒（黨義治國）。

與民國時期其他學人相較，錢端升思想中上述三大底色，與胡適、蔡元培、張奚若、王世杰、周鯁生、周炳琳等人是一致的。至於與其他學人不同之處，包括：阿里士多德的理想主義和中庸主義、馬基雅維利的現實主義，再加上美國式的樂觀主義和自由主義，可以說，錢端升思想集上述各種思想之大成。

但錢端升似乎沒有爲上述各種思想之間的不協調所困擾，可以隨著國家利益的需要而彈性處理。這種彈性或功利的處理，在闡釋三民主義過程中最爲明顯。在 30 年代，將民權主義與極權主義掛鈎，但同時從孫中山遺教精神角度，作出自由主義的解讀。在 40 年代，除將之與羅斯福四大自由聯繫外，後又與「羅丘宣言」掛鈎。這種翻手爲雲，覆手爲雨的做法，一如馬基雅維利在《君主論》中提倡君主爲了國家可以不計手段一樣。但錢端升的這種做法，是有其前提的：這是「國難」下的臨時權宜舉措。這點從 1946 年 4 月羅常培致函胡適說：「枚蓀、毅生、端升、今甫、燕紹庭和我……總算都有黨籍的……都能保持自由主義不屈不撓的傳統」可以看出。隨著國內外形勢的改變，錢端升在抗戰勝利前夕，恢復了其憲政主張，不僅放棄了 20 年

代以來的「一黨專政」主張，還主張聯合政府。

　　就錢端升的理想主義和中庸主義而言，在近代中國波詭雲譎、起伏跌宕的年代，其生存空間十分狹隘和有限。但他仍在各種不同的政治驚濤駭浪中，試圖維持其理想主義於不墜，並身體力行，實踐其中庸主義。在抗戰期間，錢端升提出了各種戰時和戰後中國的改革方案。一方面，他懸掛一理想鵠的，一方面強調現實政治，力圖調和兩者之間的差距，並力朝理想方向邁進。他對戰後世界之改造，主張國際法一元論，除軍事權外、還賦予經濟制裁大權。其理想主義色彩之濃厚，為同時代人所罕見。在戰後對日問題上，其建策則頗為合理和中庸。在國內政治方面，迫於國內外形勢，則相對偏向現實主義。

　　就錢端升的現實主義而言，馬基雅維利可說是錢端升的楷模和寫照。對於馬基雅維利的評價，施特勞斯指出，目前大致有兩種：一種為「傳授邪惡」這個老派的簡樸觀點；一種為 20 世紀「飽學之士們所提出的那些更為精緻的看法」。馬基雅維利「遠非居心叵測，刻意傳授邪惡，他其實是一位熱誠的愛國者，或者社會生活的一位講求科學方法的研究者，或者兩者兼而有之」。〔註2〕在治學方法一節中，錢端升所持明顯為後一種觀點，這種觀點亦可用在他身上。〔註3〕不過，施特勞斯認為，無論將馬基雅維利視為科學家，抑或「描述成一位愛國者，是混淆視聽的一個誤解」。〔註4〕他認為，馬基雅維利

　　　　其實屬於一種類型獨特的愛國者：他對於拯救他的祖國，比對
　　　　於拯救他自己的靈魂，更為牽腸掛肚。因此他的愛國主義，前提是

〔註2〕　〔美〕利奧‧施特勞斯著、申彤譯：《關於馬基雅維里的思考》，南京：譯林出版社，2009 年 9 月，第 1、2 頁。

〔註3〕　英國學者懷特亦持類似施特勞斯的看法。他指出，「對馬基雅維里最廣泛的批評之一是說他提倡邪惡、腐敗和不誠實。這些意見來自於《君主論》中無數的段落……」，「但馬基雅維里的寫作表明了其無比誠實和純粹。這一點正是被那些對馬基雅維里肺腑之言進行似是而非批評的人經常忽視的」，「我的主張是，馬基雅維里是非常誠實的一個人」。〔英〕邁克爾‧懷特著、周春生譯：《馬基雅維里──一個被誤解的人》，東北師範大學出版社，2008 年 12 月，第 149、156、201 頁。

〔註4〕　「將馬基雅維里視為科學家，至少跟將他視為愛國者同樣混淆視聽。講求科學方法的社會生活研究者，不願意或者不能夠作出『價值判斷』，可是馬基雅維里的著述中，則充斥著『價值判斷』。他對於社會所做的研究，屬於規範性的」。〔美〕利奧‧施特勞斯著、申彤譯：《關於馬基雅維里的思考》，南京：譯林出版社，2009 年 9 月，第 3 頁。

在祖國的位置份量與靈魂的位置份量之間，作出全面的權衡。正是
這種全面的權衡，而不是愛國主義，才是馬基雅維里思想的核心。
正是這個全面的權衡，而不是他的愛國主義，爲他造成了顯赫聲譽，
使他桃李滿天下。〔註5〕

施特勞斯解釋說：

通過乞靈於馬基雅維里的愛國主義來爲他駭人聽聞的學說尋
找根據，意味著看到了那種愛國主義的美德，而在同時卻對高於愛
國主義的事物視而不見，或者對既使愛國主義成爲神聖又對愛國主
義加以限定的事物視而不見。〔註6〕

儘管如此，施特勞斯同時也指出，「馬基雅維里在本質上是一位愛國者，或者
是一位科學家，我們也依然沒有必要否認他傳授邪惡（按：重點爲本文所
加）」。〔註7〕本文以爲，錢端升亦可作如是觀。

「我珍惜我的祖國，甚於我的靈魂」，馬基雅維利此言不僅可用在錢端
升身上，亦可應用在那些從海外歸來和 1949 年後大部分留下來的民國知識
分子身上。從某種角度而言，錢端升的確是將自己的靈魂獻給了給國家。這
點從他在建國後的一篇文章標題——《改造自己更好地服務祖國而學習》
（1951.11.6）亦可看出。趙寶煦先生說：「錢端升先生一顆拳拳愛國之心，
始終爲祖國的坎坷與興旺而超頻跳動。他本人一生遭遇，也與祖國的曲折發
展和凱歌行進同節拍、共命運」。〔註8〕錢端升曾在晚年說過：「做人只要清
清白白就行了，不應熱衷於個人名利」。〔註9〕本文以爲，這個夫子自白還
是成立的。

與馬基雅維利相較，錢端升雖趨向現實主義和功利主義，但他缺乏馬基
雅維利的實際從政經驗，所提建議仍偏向理想主義。就兩人共通點而言，均
曾將自己的政見主張，一度短暫寄託在明君身上。在《君主論》中，馬基雅

〔註5〕〔美〕利奧·施特勞斯著、申彤譯：《關於馬基雅維里的思考》，南京：譯林
出版社，2009 年 9 月，第 3 頁。
〔註6〕〔美〕利奧·施特勞斯著、申彤譯：《關於馬基雅維里的思考》，南京：譯林
出版社，2009 年 9 月，第 4 頁。
〔註7〕〔美〕利奧·施特勞斯著、申彤譯：《關於馬基雅維利的思考》，南京：譯林
出版社，2009 年 9 月，第 3 頁。
〔註8〕趙寶煦：《拳拳愛國心 殷殷報國情》，趙寶煦等主編：《錢端升先生紀念文集》，
中國政法大學出版社，2000 年 2 月，第 17 頁。
〔註9〕《怎樣發揮老年知識分子的作用？》，《群言》，1985 年第 2 期，第 5 頁。

維利說：「必須得出這樣的結論：一切良好的忠言，不論來自何人，必須產生於君主的賢明」。〔註 10〕在《羅馬史》中，馬基雅維利則說：「一個明智的頭腦決不會去非難那些爲了創建王國或共和國的目的而採用非常手段的人。他們的行爲招致譴責，而結果卻會諒解他們」。〔註 11〕

值得注意的是，在《李維史論》中，馬基雅維利提出共和主張。施特勞斯指出，「《李維史論》的目的，並不是要將古代的體制和秩序，單純地發掘出來，使之重見天日，而最重要的是證明，現代人能夠對它們加以倣仿」。〔註 12〕《君主論》譯者指出，當佛羅倫薩再度陷入危機，樞機主教朱利奧徵詢馬基雅維利關於政制意見時，馬基雅維利明確指出，「在現存條件下君主制是不可避免的」。但同時他又主張：「在人民習慣於平等的地方宜於建立共和制政府」。因此，馬基雅維利作了權宜處理，建議將來恢復 1512 年以前的共和制，但在此之前，承認梅迪奇家族的統治，並以教皇利奧十世和樞機主教朱利奧二人的生存期爲限。〔註 13〕

安東尼奧・葛蘭西亦指出，綜觀《君主論》全書，「馬基雅維利討論了君主帶領人民奠定新國家（按：重點爲原文所有）的必由之路，他在展開論證的時候邏輯嚴密，具有科學的公正性；臨到結尾，馬基雅維利自己成了人民，與人民融爲一體：但這不是『一般』意義的人民，而是馬基雅維利通過前文的論證已經說服了的人民，他成了他們的自覺的喉舌」。〔註 14〕30 年代至抗戰結束後的錢端升言論亦可作如是觀。

除以上外，在關於《君主論》與《李維史論》一致性問題上，施特勞斯認爲，馬基雅維利「所更贊同的，是共和政體，而不是君主政體。」〔註 15〕

〔註 10〕　〔意〕馬基雅維里著、潘漢典譯：《君主論》，北京：商務印書館，1997 年 4月，第 114 頁。

〔註 11〕　彭順生：《影響西方近現代思想的巨人：馬基雅維里思想研究》，天津古籍出版社，1995 年 1 月，第 166 頁。原載馬基雅維里：《羅馬史論》，《近代叢書》，紐約 1940 年版，第 138～139 頁。

〔註 12〕　〔美〕利奧・施特勞斯著、申彤譯：《關於馬基雅維里的思考》，南京：譯林出版社，2009 年 9 月，第 116 頁。

〔註 13〕　《譯者序》，〔意〕馬基雅維里著、潘漢典譯：《君主論》，北京：商務印書館，1997 年 4 月，第 16、17 頁。

〔註 14〕　〔意〕安東尼奧・葛蘭西著、陳越譯：《關於馬基雅維利政治學的札記》，《現代君主論》，上海世紀出版集團、上海人民出版社，2006 年 8 月，第 3 頁。

〔註 15〕　〔美〕利奧・施特勞斯著、申彤譯：《關於馬基雅維里的思考》，南京：譯林出版社，2009 年 9 月，第 16 頁。

有學者指出，「斯金納嚴格基於史實作了解答。對美第奇家族滿懷謙恭之心的馬基雅維里只是在感到失望後（按：重點爲本文所加），才開始參加在奧蒂·奧里塞拉里（Orti Oricellari）舉行的那些會議，這些辯論的後果之一就是促使他決定寫作《李維史論》」。〔註 16〕而錢端升對蔣介石失望之後的著作，則是《中國政府與政治，1912～1949》（英文），在最後一章中，寄託了他一生的追求和理想。因此，若果說「馬基雅維里從來不是一個馬基雅維里主義者」，〔註 17〕則對提倡獨裁和極權的錢端升來說，更是如此——他從來不是一個獨裁主義者或極權主義者。

從錢端升爲《霸術》所作的《編者導言》來看，他對馬基雅維利的生平和學說是十分清楚的。正如本研究曾指出的，在近代以至當代中國，從來沒有一個學者像錢端升那樣，如此出色地爲馬基雅維利辯護過。錢端升的建議亦頗似馬基雅維利：「九·一八」事變後至抗戰期間的中國，正如陷入危機的佛羅倫薩，需要強有力的領袖結束內憂外患的混亂狀態。在抗戰勝利後，則一人獨裁的局面，必須改變。這點從錢端升在抗戰後期建議在蔣介石身後實行民主政治就可看出。遺憾的是，像馬基雅維利一樣，未及蔣介石身後，國民黨政府已無心於憲政。在發現蔣介石並非他心目中的明君後，錢端升毅然提出聯合政府主張。

錢端升之所以提出聯合政府，並非偏愛於共產黨，而是他認爲，聯合政府不僅是戰後中國重建之基礎，亦是戰後世界和平之基礎。在他看來，人類經歷兩次大戰，元氣大傷，若再因東北問題而爆發第三次世界大戰，則人類將陷入萬劫不復之境。在今天看來，固是杞人之憂，但在上世紀 40 年代末期，以至冷戰期間，確實有如錢端升所擔憂之趨勢。1945 年 12 月 17 日，王世杰日記記載：「今晨國府紀念周，由余作外交報告，予謂第三次世界戰爭之恐怖，甚爲普遍，（一）由於思想之衝突（共產與非共產思想之衝突），（二）由於聯

〔註 16〕 〔芬蘭〕凱瑞·帕羅內著、李宏圖、胡傳勝譯：《昆廷·斯金納思想研究：歷史·政治·修辭》，華東師範大學出版社，2005 年 12 月，第 102 頁。按：意大利那不勒斯東方大學教授維奇指出，「實際上，《君主論》的寫作是馬基雅維里在另一部作品《論李維》的寫作間隙完成的。」姑勿論《君主論》與《李維史論》寫作誰前誰後，但馬基雅維里偏好羅馬共和制的態度則是一致的。田曉玲：《馬基雅維里從來不是一個馬基雅維里主義者》，《文匯報》，2013 年 8 月 19 日。

〔註 17〕 田曉玲：《馬基雅維里從來不是一個馬基雅維里主義者》，《文匯報》，2013 年 8 月 19 日。

合國組織上之軟弱（五強之否決權），（三）由於原子彈之發明」。〔註18〕

　　1931 年 4 月，錢端升在爲亞里士多德《政治學》選注時，曾明確反對「極端政治」和馬基雅維利的「邪惡」觀點，以及在《德謨克拉西的危機及將來》表現出對民主政治仍持信仰的態度。但同時，他的強有力政府主張和對馬基雅維利的辯護和讚賞，亦埋下了在亂離之世，依賴強有力的領袖帶領出困境的思想種子。不過，這種子至少在 1932 年前仍未發芽。30 年代的錢端升轉向獨裁極權，主要受三大因素影響：一、國際政治；二、國內政治；三、錢端升思想發展的內在邏輯，三者互相交替影響。

　　在國際政治方面，錢端升受國際政治（如日本入侵）和民主政治的異變（如德國）兩大互爲因果的趨勢影響，尤其德國政治轉向後，七大國中只有三國仍爲民主國家，世界形勢爲之一變。同時亦受國內因素，以及自己本身思想內在的發展邏輯影響。他的學術思想和對西方民主政治的研究，亦對獨裁極權的提出有相當的影響。

　　30 年代蔣介石接納王世杰、周鯁生等作爲智囊團，不論公私，均對錢端升思想變化起了關鍵作用。1932 年，王世杰和周鯁生等成爲蔣介石的政治顧問，並爲其講學。王世杰後更在 1933 年出任教育部長，並成爲民國時期最長命的一位（1933.4.21～1938.1.1）。〔註19〕應當說，蔣介石此舉完全符合《君主論》中的「明君」形象。

　　在 30 年代初期，蔣介石的政治形象在 1931 年拘禁胡漢民事件中降到谷底後，隨後採取了各種補救措施，以冀重獲合法性。除延聘王世杰、周鯁生等爲幕僚外，1932～1934 年採取「汪蔣合作」、1935 年進行國民經濟建設運動、年底組成「人才內閣」。不少留學歐美知識分子，如胡適、蕭公權、陳之邁、吳景超等，包括錢端升，均對蔣刮目相看。在西安事變期間，蔣介石的聲望更是達到繼北伐後另一次高峰，〔註20〕包括以張奚若、朱自清等爲首的

〔註18〕　《王世杰日記》，第 5 冊，第 231 頁。

〔註19〕　在王世杰執掌教育部期間，由於教育經費的相對穩定，在其大力整頓下，中國高等教育開始呈蒸蒸日上之勢。詳參金以林：《近代中國大學研究，1895～1949》，第三章　南京政府統治時代的大學教育（1927～1937），北京：中央文獻出版社，2000 年 2 月，第 159～224 頁。

〔註20〕　「〔1936 年 12 月〕二十四日蔣〔介石〕回南京眞是人民歡呼震天，爆竹之盛也是從來沒有過的，而大家皆出於自然而不是警察往人家強迫的舉動」。楊步偉：《雜記趙家》，遼寧教育出版社，1998 年 3 月，第 105 頁。

清華教授們均對蔣有所期待。〔註 21〕

　　與 20 年代相較，30 年代胡漢民被拘禁後，一黨專政理論即告破產。隨著國民黨西南執行部的成立，黨也四分五裂，並成為各領袖之間鬥爭的工具。錢端升能憑藉和依賴的基礎更是缺乏。在上述眾多「推」因素和蔣介石逐漸以「開明」形象出現的「拉」因素影響之下，錢端升的主張也隨著現實的變化而變化。這是他思想中的現實主義在作祟，亦與他的治學思想和方法，強調注重「行動中的政府」密切相關。

　　1934～1935 年是理解錢端升思想變化的關鍵的年份。這兩年的思想變化體現了他思想中的一些特質。一方面，他在 1934 年提倡獨裁、1935 年主張極權。但在另一方面，他又在 1934 年主張責任內閣制，維持汪蔣合作。在 1935 年，主張建議一個以蔣介石為核心，但又非個人獨裁的強有力法治政府。如何解釋這兩種政見主張之間的差距？這須從他的治學思想和方法中去理解。錢端升在評述《政治學》時指出，亞里士多德有兩種教訓絕不受時代及政治影響：一為他的理想主義，二為他的中庸主義。他說：「理想是亞里斯多德政治的目的，而中庸是亞里斯多德政治的方法，一則由於內心的信仰，一則由於實際的觀察」。

　　錢端升在 1934～1935 年所提的兩種不同的政見主張，這是他在嘗試彌合理想與現實之間的差距，走一條理想與現實兼顧、相對中庸的道路。在 20 年代，錢端升一方面懸掛一個理想的憲政目標，一方面採取現實的方法。與孫中山一樣，他在 20 年代採用了一黨專政的方法，實現民主。這一點從他對孫中山和三民主義的推崇可以看出。在 30 年代，國家生死存亡關頭，民族生存為第一要義。獨裁或極權理想暫時取代了他的憲政理想，成為懸掛追求的鵠的。錢端升在 1934～1935 年間提倡獨裁和極權，只是作為一種向前進的方向或目標，並沒有立即實現之意思。

　　隨著 1936 年西安事變的發生，進一步鞏固了蔣介石作為全國獨一無二的領袖地位。在抗戰期間，錢端升將復興中國的重任交給了舉國一致認同的領

〔註 21〕　1936 年 12 月 21 日，朱自清記載：「張奚若於紀念周上就西安事變發表演說，強調擁護政府並反對惡化勢力，使我亦頗受感動」。朱喬森編：《朱自清全集・日記》，第 9 卷，江蘇教育出版社，1998 年 3 月，第 448 頁。按：張奚若曾在 1935 年《獨立評論》上撰《塘沽協定以來的外交》，對國民黨政府的外交政策幾乎作了全盤否定。《獨立評論》後又因張奚若《冀察不應以特殊自居》一文，遭到停刊處分。

袖蔣介石。在經歷 1937～1938 年慘淡歲月後，1939～1942 年軍事形勢處於相對有利期間，中國國際地位上升，進一步突出了蔣氏作爲全國領袖至高無上的地位。

須指出的是，在 20～30 年代，儘管錢端升強調一黨專政，但仍嘗試維持其法治的原則。他在 20 年代主張的是一強有力的法治政府。在 30 年代論及中央政改時，主張柔性憲法，以便政府在抗戰期間隨時更改法律。但同時堅持人民權利的規定，必須剛性處理，即主張憲法保障主義。在主張獨裁極權時，仍嘗試維持最低限度的法治形式。他建議暫停孫中山的「四權」說，由國民大會賦予國民政府所有權力，以應付國難。儘管主張有利政府濫權，但維持一線法治之形式的苦心仍可見一斑。

在 1943 年，錢端升至少發表了 11 篇涉及戰後中國作爲一個大國應扮演的角色。與之形成反差的是，1943 年是國民政府大失人心的一年，隨之而來的是 1944 年春夏間軍事大潰敗。一方面中國國際地位急劇下降；一方面蔣介石無心於憲政，並摧殘各種輿論力量及一意孤行實行內戰。當黨內的力量無法制衡蔣介石時，錢端升遂在黨外尋求，力倡聯合政府。在某種程度上，錢端升在抗戰期間對蔣氏的公開讚美，在戰後變成砸自己腳的石頭。但須指出的是，抗戰期間的蔣氏，是周公還是王莽，當時很少人能分辨得出，錢端升也不例外。

錢端升積極參與國民參政會，原意是希望通過親身參與，爲戰後中國立下一個憲政的基礎。遺憾的是，國民參政會的現實政治經歷，加深了他對國民黨施行憲政「誠意」的瞭解。在最後一屆國民參政會上，錢端升、周炳琳與王世杰、傅斯年在召開國民大會和對國民黨的看法上，出現分化。這應該是抗戰期間自由主義陣營的第一次分化。在這次分化中，錢端升與周炳琳因同時反對國民黨單方面召開國大，成爲國民黨內名符其實的的反對派。

隨著抗戰勝利，內戰迫在眉睫。錢端升等人在 11 月 25 日西南聯大晚會上，反對內戰和主張聯合政府，引發「一二‧一」慘案和運動。這次慘案不僅進一步拉開了錢端升、周炳琳與國民黨之間的距離。同時，自由主義陣營也出現了第二次分化。這次分化比上一次更爲嚴重，影響也更爲深遠。西南聯大教授會因慘案至少分爲兩派。張熙若更因傅斯年在「一二‧一」慘案中的態度，不惜以公害私，與之絕交。

幾乎與錢端升同齡的 20 世紀英國最重要政治哲學家邁克爾‧歐克肖特

（1901～1990）認爲，20世紀政治或多或少沾染了他所謂的理性主義毛病。
〔註22〕他在《政治中的理性主義》中說：

> 我以爲，理性主義者的一般特徵和氣質不難認出。歸根結底，他主張（他始終主張）心靈不依賴一切偶然原因，思想除了「理性」的權威外不服從任何權威。他在近代世界的處境使他好爭論：他是權威的敵人，偏見的敵人，傳統、習俗和習慣的敵人（按：所有重點爲原文所有）。他的精神態度既是懷疑主義的，又是樂觀主義的：說是懷疑主義的，是因爲不管觀點、習性、信念多麼根深蒂固，廣爲人接受，他都毫不猶豫向其質疑，用他稱之爲「理性」的東西判斷它；說是樂觀主義的，是因爲理性主義者從不懷疑他的「理性」（適當應用時）決定事物的價值，觀點的真理，或行動的適當與否的力量。此外，使他增強信心的是，他相信「理性」對於全人類都是共同的，理性思考的力量也是普遍的，它是論證的根據和靈感：他的門上貼著巴門尼德的箴言——用理性論證來判斷。〔註23〕

上述說法大致吻合錢端升及大部分民國自由主義知識分子如胡適等人的思想特徵。此外，歐克肖特將知識分爲兩大類型：第一種稱之爲「技術的知識」，它「可以被精心學習、記住，並且……被付諸實踐」；第二種爲「實踐的知識」，它只存在於運用中，「既不能教，也不能學，而只能傳授和習得」。〔註24〕前者接近「科學的知識」，後者類似「藝術的知識」。借用孫元濤的說法，前者是「旁觀者的知識」，後者是「實踐者的知識」。〔註25〕

　　據以上分類，歐克肖特指出，理性主義者認爲「實踐知識的東西根本就不是知識，嚴格來說，它主張沒有知識不是技術知識」。〔註26〕同時，理性主義者「並不忽視經驗，但他常常顯得如此。這是因爲他總是堅持是他自己的

〔註22〕 「幾乎所有政治都成了理性主義或近理性主義的」。〔英〕邁克爾・歐克肖特著、張汝倫譯：《政治中的理性主義》，上海譯文出版社，2004年6月，第2頁。

〔註23〕 〔英〕邁克爾・歐克肖特著、張汝倫譯：《政治中的理性主義》，上海譯文出版社，2004年6月，第2頁。

〔註24〕 〔英〕邁克爾・歐克肖特著、張汝倫譯：《政治中的理性主義》，上海譯文出版社，2004年6月，第7、8、10頁。

〔註25〕 孫元濤：《教育學者介入實踐：探究與論證》，重慶大學出版社，2009年8月，第86頁。

〔註26〕 〔英〕邁克爾・歐克肖特著、張汝倫譯：《政治中的理性主義》，上海譯文出版社，2004年6月，第11頁。

經驗的東西（要重新開始一切——原注），以及迅速將複雜多樣的經驗歸約爲
一套原則，然後只根據理性的理由來攻擊或捍衛這些原則」。〔註27〕簡言之，
「理性主義者用某種他自己製造的東西——意識形態來代替傳統，它正式剝
奪了包含在傳統中的假定的理性真理的基礎」。〔註28〕

　　歐克肖特還指出，「理性化意味著推導出傳統的『真理』，把它展示在
一套抽象原理中，但傳統的豐富意義卻不可避免地從中遺漏了。洛克的《政
府論》就是突出的例子，它是像所有宗教抄本中最偉大」的一個政治抄本。
〔註29〕同時，「理性主義者獨處時能做的只是用一個他希望成功的理性主義
計劃代替另一個他已經失敗了的理性主義計劃」。〔註30〕

　　在很大程度上，錢端升思想帶有歐克肖特上述所言各種毛病。明顯的例
子是留美期間建議中國實行「區域政府制」，化省爲縣，不顧數百年行之已久
的傳統省制。其後在《現代評論》期間，出於道德潔癖主義，除摒棄北洋官
僚外，還排斥中華基督教青年會總幹事，主張理想的黨治；在國聯同志會期
間，提出理想的國聯政策；在抗戰期間，提出理想的戰後世界之改造計劃。
但在另一方面，錢端升受洛厄爾政治學強調「行動中的政府」和馬基雅維利
影響，也十分注重現實政治。但正如歐克肖特指出，理性主義者並不忽視經
驗，只是迅速將經驗轉化爲抽象原則，並且根據這些原則進行分析，這是錢
端升政論中經常出現對長遠問題假設性的看法。正如眾所周知，抽象原則的
一致並不代表現實中事實的一致。在某種程度上，錢端升將之意識形態化了。

　　歐克肖特說：「一種政治意識形態意味著一個抽象原則，或一套抽象原
則，它獨立地被人預先策劃。它預先給參加一個社會安排的活動提供一個明確
表述的、有待追求的目的，在這麼做時，它也提供了區分應該鼓勵的欲望和應
該壓抑或改變其方向的欲望的手段」。〔註31〕在很大程度上，這是錢端升在各

〔註27〕　〔英〕邁克爾・歐克肖特著、張汝倫譯：《政治中的理性主義》，上海譯文出
　　　　　版社，2004 年 6 月，第 2 頁。
〔註28〕　〔英〕邁克爾・歐克肖特著、張汝倫譯：《政治中的理性主義》，上海譯文出
　　　　　版社，2004 年 6 月，第 4 頁。
〔註29〕　〔英〕邁克爾・歐克肖特著、張汝倫譯：《政治中的理性主義》，上海譯文出
　　　　　版社，2004 年 6 月，第 25 頁。
〔註30〕　〔英〕邁克爾・歐克肖特著、張汝倫譯：《政治中的理性主義》，上海譯文出
　　　　　版社，2004 年 6 月，第 31 頁。
〔註31〕　〔英〕邁克爾・歐克肖特著、張汝倫譯：《政治中的理性主義》，上海譯文出
　　　　　版社，2004 年 6 月，第 41 頁。

種政論場合的辯論和修辭策略。這點在三民主義闡釋過程中更爲明顯，不僅理想化、功利化，還無形中將之意識形態化，變成一套可隨己意解釋的言說。

從某種角度而言，歐克肖特所言的兩種知識，就是學術和政治的關係，即「言說」與「行動」。在將傳統（或現實政治）歸結到文字的過程中，起作用的是理性。這點正如歐克肖特分析本身所顯示，也帶有他所言的理性主義弊端。如果我們同意歐克肖特上述分析，則近現代中國思想的進程也明顯犯了上述弊端。在移植西方各種思想過程中，歷史背景不僅簡單化，甚至抽離。近代知識分子受西方教育影響，崇尚理性言說，極端所致，無形中將經驗分析歸納爲一套意識形態，即將現實政治中的非理性因素排斥在外，成爲「技術的知識」。部分民國知識分子在論及蔣介石與胡漢民時，均希冀兩人拋棄成見，和衷共濟，從而忽略了兩人思想中一些非理性的因素，如在政治競爭遊戲中你死我亡的情感因素。〔註32〕

因之，在現實政治中，除「技術的知識」外，還需要「藝術的知識」，而這不是從書本上能習得的，或者說，知識分子所能指導的，因它涉及實踐者的親身參與，這可能是書生論政的最大局限之一。歐克肖特所言後者「只能傳授和習得」，並非指一般意義上的「傳授」，而是一種通過長期親身觀察、感染和體會的知識，與書本上知識不同。「藝術的知識」「只存在實踐中，唯一獲得它的方式就是給一個師傅當徒弟——不是因爲師傅能教它（他不能），而是因爲只有通過與一個不斷實踐它的人持續接觸，才能習得它」。〔註33〕

在學者將他們所觀察到的現實政治歸結到文字過程中，書面化後的言說變成了「技術的知識」，大多缺乏政治家本身在參與過程中那種獨一無二的個人感受。馬基雅維利之所以能寫成那本不朽的名著，就是拜他親身經歷所賜。

〔註32〕 如在《西南與中央》中，錢端升說：「以國民黨的現況而論，蔣汪胡仍爲三大領袖。蔣爲軍人及黨務工作人員所擁護，智識階級多歸汪，而老同志多向胡。這三個人中，有兩人聯合便可秉政，然在野的第三者，仍具有損害政府權力的可能。徵諸過去五六年的陳迹，歷試不爽」。因此，他主張「予胡漢民氏以合作的可能」。這不僅「從整個政府的前途著想，重要領袖應該團結，即爲目下應付西南局面起見，胡亦不容漠視」。錢端升還認爲：「胡氏氣量狹，而汪氏量宏，求胡就汪難，而求汪就胡應爲汪之所能……如汪能對胡推誠相與，則蔣當亦不吝作同樣的表示」。錢端升：《西南與中央》，天津《益世報》社論，1934年3月29日。

〔註33〕 〔英〕邁克爾·歐克肖特著、張汝倫譯：《政治中的理性主義》，上海譯文出版社，2004年6月，第10～11頁。

這或許是《君主論》的魅力所在，它很好地結合了馬基雅維利本身的實踐經驗。〔註34〕與一般政治學著作不同的是，《君主論》包含著馬基雅維利的「身教」，而這在過去，從政者基於道德原則是羞於開口的。

就現實政治言，錢端升不僅缺乏馬基雅維利的政治實踐經驗，即在研究現實政治方面，限於客觀條件，也存在著缺失。在治學方法上，錢端升師承美國當時「新政治學」典範，即注重「行動中的政府」。實際上，他對現實政治始終有一段距離，儘管作為國民黨黨員，及政府內部有王世杰、朱家驊、胡適、周鯁生、周炳琳等提供內幕消息，但正如本文分析所顯示，即如當時掌管宣傳職務、蔣介石的結拜兄弟邵元冲，也只是一個奉命行事的角色，錢端升的角色和地位可以想像，像蔣廷黻所自嘲一樣，也是「局內的局外人」。

從學術角度來說，政治學並沒有企圖一攬子包攬所有政治任務，或借用歐克肖特所言，教導如何實踐現實政治。政治學作為一個學科，它只負責提供各種不同分析和理解角度。〔註35〕在這意義上，似不能太過苛責政治學或政治學家本身。此外，學術獨立的意義在於與現實利益保持距離，以維持其言論的客觀性，這或許是錢端升與現實政治保持一定距離的原因。如王世杰、朱家驊、傅斯年等距離政治中心太近，明顯缺乏對最高當局應有的批判。

就錢端升治學背景而言，還有如下漏弊。近代美國政治學不太注重政治思想史〔註36〕或相對忽視政治哲學〔註37〕的結果是，在分析現實政治中，過

〔註34〕錢端升在評述《法意》時曾指出，孟德斯鳩預備《法意》時間很長，且屢易其稿。相較馬基雅維利數月內完成《君主論》，「不啻有霄壤之別」。但實際上，馬基雅維利也是累積了約二十年經驗寫成，時間長度可能比孟德斯鳩預備工作有過之而無不及。馬基雅維利之所以能在數月內完成，是因他對自己的實踐經驗早已了然於胸。易言之，兩者一為旁觀者，一為實踐者，因此撰寫所需時間不能一概而論。相關分析詳參本文第二章第四節治學方法及思想特色。
〔註35〕英國學者 Steve Bruce 說：「一門學科只有當它受到自身而不是他人所關注的問題的驅動時，才能運行」。〔英〕Steve Bruce 著、蔣虹譯：《社會學的意識》，鳳凰出版集團、譯林出版社，2010 年 11 月，第 81 頁。
〔註36〕就美國早期政治學言，政治思想史的地位不高。《政治科學大全》一書指出，「有三百年之久，大學未產生重要的政治思想論著，未產生與發動意味深長的政治改革，也未發表過一篇當代政治學家視為有價值的政治學研究」，即使到上世紀初，「政治思想史〔仍〕為一小學科，由哥倫比亞的唐寧（1857–1922）及其門生所支配」。〔美〕Dwight Waldo 著、劉聿新譯：《政治學的發展》，《政治科學大全》，第 1 卷，政治學：範圍與理論》，臺北：幼獅文化事業公司，1982 年，第 48、32 頁。《當代國外社會科學手冊》亦指出，在美國政治學初期，「政治思想的研究只占很小一部分」。王興權等編：《當代國外社會科學手

於強調事實的陳述，以至缺乏應有的哲學探討。二戰後，西方各國學者從不同的角度對納粹德國和極權主義進行了集體反思，其中以施特勞斯從政治哲學層面所作的反思最爲深刻。在《論僭政》中，施特勞斯指出，「對僭政的分析也就和政治科學本身一樣古老。最早的政治科學家對僭政的分析是如此清晰、廣泛和令人難忘，以致它能被沒有直接的對於實際僭政經驗的後代所記住和理解」。但隨著時間流逝，當近代世界與「僭政——一種超越了過去最有力的思想家的最大膽想像的暴政——直面相逢時，我們的政治科學竟然不認識它」。在施特勞斯看來，這是何等的尷尬！

施特勞斯指出，「現代政治科學不能如其所是地把握僭政並非偶然。我們的政治科學是被這樣一種信念所支配：即認爲在科學考慮中不能接受『價值判斷』，而稱一種政體爲『僭政』就顯然等於是在給出一個『價值判斷』。……一個人若不反省現代政治科學的基礎或者根源，他就不可能克服這一限制」。〔註38〕而避免價值判斷，恰是錢端升治學的特徵之一。近代美國政治學在其發展過程中，它的形而上學基礎竟然給遺忘了！這也是本文結合歷史分析，

冊》，江蘇人民出版社，1985 年 4 月，第 179 頁。這一點，被芝加哥學派奉爲美國政治學之父的梅里亞姆在《美國政治學說史》一書中亦說：「美國政治學說的發展是出奇地不爲美國史研究者所注意。甚至於革命先輩們的政洽〔治〕思想以及諸如以傑斐遜和亞當斯爲代表的那些重要學派的原則，也未得到仔細的分析研究或正確對待」。此書初版出版於 1903 年，1924 年再版時，梅里亞姆仍未修正上述觀點。〔美〕梅里亞姆著、朱曾汶譯：《前言》，《美國政治學說史》，北京：商務印書館，1988 年 11 月，第 1 頁。美國政治學在早期輕視政治思想史，固與美國立國思想，注重實用主義有關，但也與其本身研究方法有關。民國時期有學者在論及歷史法之現勢時說：「十九世紀中，歷史法可分爲英德兩大系。英出於德，而又更有科學的精神者也。美爲最後出，從英德所繼受；惟較偏於英，故少玄學之成分」。易言之，美國政治學在創建之時，受歷史法影響較深，而「用歷史法者〔，〕每輕視政治哲學，對於『應如何』之問題，無所適從」。范用寅：《政治學中的歷史法》，《國聞周報》，第 6 卷第 34 號，1929 年 9 月 1 日，第 4、9 頁。

〔註37〕 帕羅内認爲，「政治哲學消亡的原因之一是社會學方法的興起……社會學家雖然『接管』了社會及政治哲學家的領域，但他們『對這個領域卻無所作爲，或者至少說，沒有表現出任何哲學興趣』」。〔芬蘭〕凱瑞·帕羅内著、李宏圖、胡傳勝譯：《昆廷·斯金納思想研究：歷史·政治·修辭》，華東師範大學出版社，2005 年 12 月，第 12～13 頁。

〔註38〕 〔美〕施特勞斯等著、何地譯：《論僭政：色諾芬〈希耶羅〉義疏》，華夏出版社，2006 年 1 月，第 25、26 頁。關於「價值中立」之批評和討論，詳請參本文第三章第四節歷史比較法的評價及其缺點。

嘗試從政治哲學角度，重新評估錢端升思想的起點。

　　就錢端升與其他大部分民國知識分子而言，借用舞臺譬如，他們缺乏的是觀眾。這種尷尬，一方面，正如眾多學者在分析近代中國民主政治難產時指出，中國社會缺乏一個堅挺的中產階層。一方面，錢端升個人因素也在影響著他對現實政治的參與。20 年代青年錢端升出於道德理想和潔癖主義，對蔣介石在北伐後的種種政治措施，表現出厭惡，有意識地與政治保持一定的距離，他在 30 年代初期退回書齋和在抗戰期間，與傅斯年自我定位為「讀書人」，表明了他書生論政的立場。與蔣廷黻、丁文江兩者相較，明顯缺乏後二者「幹」政治的氣魄，這是他們大不同的地方之一。錢端升在抗戰期間參與國民參政會的心態，一如胡適擔任駐美大使一樣，出於政治責任心多於對政治權力的熱衷。

　　就個人因素而言，錢端升思想中的現實主義與理想主義言，在不同場合存有不同程度的矛盾。李強指出，哈耶克在討論自由主義時，有一個至關重要的觀念，就是所謂「演進理性主義（evolutionary rationalism）」與「構建理性主義（constructive rationalism）」的對立。哈耶克除沿襲休謨對構建理性主義的批評外，還比休謨更進一步指出，理性主義在認識論上的虛妄，而且斷言，構建理性主義最終必然會導向非自由主義乃至反自由主義的結論。在波普看來，構建理性主義的本質是對理性指導人們評判社會制度、進而幫助人們掌握並控制社會進程的能力持樂觀主義態度。哈耶克認為，這種態度必然要求對社會實行某種理性化的控制或導向，以實行某種目標。〔註 39〕不言而喻，孫中山的訓政論帶有上述兩種色彩，錢端升的政論亦如此。

　　錢端升始終未能解決的是孫中山訓政論中的悖論，即如何跨越從專制到憲政這一鴻溝。這一困境，在他的《中國政府與政治，1912～1949 年》最後一章亦曾指出。孫中山認識到中國國情之落後，一方面用「演進理性主義」，主張憲政的漸進，等到全國半數縣自治後施行之；一方面用「構建理性主義」，勾畫出中國憲政三階段論。就兩者關係而言，前者傾向現實主義，後者傾向理想主義。終其前半生，錢端升在嘗試調和兩者之間關係，顯現其思想中的中庸主義：一方面懸著憲政民主目標，一方面將希冀寄託在國民黨身上，採用孫中山三階段論。美國學者米諾格指出，若將正義比作北斗星，我們對正

───────────────

〔註39〕李強：《自由主義》，吉林出版集團責任有限公司，2007 年 12 月，第 116、117頁。

義的追求，並不表示我們要將船開到北斗星上去。〔註40〕錢端升的政論主張，亦可作如是觀。無獨有偶，陶孟和在 30 年代亦持類似看法。他說：

> 大凡關於政治，經濟或社會的文章，不外取兩種態度，一種是承認現狀……一種是不承認現狀……。後一種又可分為兩派。一派是絕對的不承認現狀……於是不惜用……革命的方法……另一派雖然不肯承認現狀……但他知道還有一個與現狀完全不同的理想的世界……經過相當的時間〔和努力〕，纔可達到的。一般的知識分子，開明的中產階級，三十以上的人們，大概都屬於此派。……後兩派，一個可以稱呼革命的理想主義者，一個可以稱為現實主義的理想主義者或理想主義的現實主義者。〔三派之中，〕第一種……祇求應付目前……。第二種不管眼前，祇管將來，以為破壞了現在，所企望的將來即可到臨。……第三種，用比喻來說，是站在臭泥塘裏，認識泥塘的性質，努力收拾這個環境，而同時時時想着近旁由池塘改變了的美麗的花園，企圖達到那樣的境地。這樣的人，換一個比喻來說，是踏實的站在地上，兢兢業業的工作，而時時仰望著天上的星斗（按：所有重點為本文所加）。〔註41〕

就陶氏分類而言，頗為簡潔。三派可分為：保守、革命和改良派。陶氏所言第三派，恰可形容錢端升思想中理想、現實和中庸三者兼備的情形。按陶氏看法，「現實主義的理想主義者」和「理想主義的現實主義者」兩者意義相等。本文據此略作修正，前者指偏重理想主義，後者指偏重現實主義，以描述錢端升前半生三階段之思想變化，本文以為：

> 在 20 年代，錢端升是一「現實主義的理想主義者」；在 30 年代，是一「理想主義的現實主義者」；在 40 年代初期，又恢復到「現實主義的理想主義者」；在 40 年代中期，亦即抗戰勝利前後，再次

〔註40〕 米諾格說：「用航海來比喻，正義是給我們導航的星斗。憑藉星斗來指引航向，並不意味著我們要把船開到星斗上去。我們有時候說，正義是一種規範式概念，這意味著我們應當以它為標準。如果我們說，為了維護正義必須制定某政策，或是說，目前存在著不公正的現狀，這都是在建議採取行動。……因此，正義和其他理想的本質，它們能發揮許多不同的功能」。〔美〕米諾格著、龔人譯，《政治學》，香港：牛津大學出版社，1998 年，第 81 頁。

〔註41〕 陶孟和：《民治與獨裁——對於丁文江先生〈民主政治與獨裁政治〉的批評》，《國聞週報》，第 12 卷第 1 期，1935 年 1 月 1 日，第 1～2 頁。

恢復爲「理想主義的現實主義者」。

大體言之，20、30、40年代錢端升思想最大不同處在於：20年代，主張一黨專政，像孫中山一樣，通過一黨獨裁來實現民主；30年代，主張獨裁極權，暫緩憲政，以解救國難。抗戰期間，放棄獨裁極權，恢復20年代憲政主張；抗戰結束後，放棄一黨專政主張；當蔣介石無意於憲政時，更尋求黨外力量制衡之。可以說，終其一生，錢端升從沒公開宣佈過放棄憲政思想，只是因應國情的變化，提出不同的主張而已。在《現代評論》上，錢端升明確表示，提倡一黨專政，是爲扶植民治，並以黨治的第一功用爲防止軍治；其次是監督官治。不幸的是，禍不單行，福無雙至。除1929～1931年間蔣介石行個人獨裁，軍治凌駕黨治外，1931～1945年間日本的入侵，完全打亂了上述計劃，錢端升只好暫緩原本已舉步維艱的憲政道路。可以說，歧路是被迫越走越遠了。

隨著外患的入侵，如同馬基雅維利一樣，錢端升最終將天平的秤砣擺向了現實主義。這固然是中國國情和國際環境的複雜使然，但亦與他思想發展的內在邏輯密切相關。這點從青年錢端升主張強有力政府就能看出，獨裁極權是他本身思想邏輯發展的結果。但隨著戰後蔣介石無心於憲政和堅持內戰，在現實主義作祟下，錢端升的政論開始擺向聯合政府，最後倒向中共。新政權所展示的紀律和效率，恰好解決了上述孫中山所面臨的困境。這是錢氏1949年後留在大陸的背後原因。在很大程度上，錢端升的思想是其時代和環境的產物。

關於目的與手段之關係，韋伯曾說過：「任何人，不論其目的爲何，一旦同意採用武力這種手段，就必須聽任它的特定後果的擺佈……任何人想要用武力，在世界上建立絕對的正義，就需要爲此有跟從者……對這些跟從者，他一定要能描繪出必然可得的精神方面和物質方面的報償的遠景——不論這報償是在天上或人間；非如此，這個機構就不會運作起來」。靠武力的結果是，成功與否取決於跟隨者個人動機。〔註42〕杜威亦說：「民主的手段與民主的目的的實現，是不可分離的整體……使用怎樣的手段，決定了獲得怎樣的結果」。〔註43〕易社強指出，在《今日評論》上，羅隆基曾「告誡錢

〔註42〕　〔德〕韋伯著、錢永祥等譯：《政治作爲一種志業》，《學術與政治：韋伯選集（I）》，廣西師範大學出版社，2004年5月，第268～269頁。

〔註43〕　杜威指出，對手段的判斷標準就是運用了多大的「智慧」，「純粹的暴力意味著使用了最少的智慧」。孫有中：《美國精神的象徵——杜威社會思想研究》，上海人民出版社，2002年1月，第111頁。

端升，嘗試通過中央集權來實現民主，這本質上是自相矛盾的」。〔註44〕

　　就孫中山的憲政理論來說，除上述流弊外，還表現在他試圖控制社會發展方向。卡羅爾·愛德華·索烏坦指出，「我們不能發展這一點，所有這三種類型的能力，即預測、控制和發展每一種事物的能力」。〔註45〕正如眾所周知，我們不能預測每個新生個體的個人偏好，社會的發展方向是各種自由意志和多種社會力量錯綜複雜相互影響的結果。這一點從孫中山坎坷的革命歷程就可看出。〔註46〕就上述種種言，錢端升亦犯了類似孫中山的毛病，意圖預測、控制和發展每一種事物，及未能像胡適那樣，堅持用民主的方法爭取民主。〔註47〕其實，錢端升何嘗不知道「憲法是自由生長而非人造的」。但時不予人，近代中國的落後和處於一個民族競爭激烈的年代，決定了中國憲政的坎坷命運。它必須兼程並進。在相對和平時期，主張一黨專政，以利急進；在危急關頭，主張獨裁極權，以謀生存。

　　就孫、錢政治主張而言，很大程度上反映了近現代中國的雙重困境。〔註48〕錢端升高足、鄒魯之子鄒讜在《中國二十世紀與西方政治學》中，嘗試提出「全能主義（totalism）」來解釋 20 世紀中國政治。鄒讜表示，他所用的「全能主義」與 30 年代中國和西方現在一般理論家所用「極權主義（totalitarianism）」

〔註44〕　〔美〕易社強著、饒佳榮譯：《戰爭與革命中的西南聯大》，臺北：傳記文學出版社，2010 年 4 月，第 324 頁。

〔註45〕　〔美〕卡羅爾·愛德華·索烏坦：《一般的憲政論》，《新憲政論：爲美好的社會設計政治制》，北京：三聯書店，1997 年，第 99 頁。

〔註46〕　詳參〔美〕史扶鄰著、丘權政等譯、陳昌光校：《孫中山：勉爲其難的革命家》，北京：中國華僑出版社，1996 年；〔美〕韋慕廷著、楊慎之譯：《孫中山——壯志未酬的革命家》，廣州：中山大學出版社，1986 年；〔美〕陳福霖：《孫中山、廖仲愷與中國革命》，廣州：中山大學出版社，1990 年 6 月。

〔註47〕　1947 年 4 月 10 日，胡適致函傅斯年說：「老兄主張『現在改革政治之起碼誠意是沒收孔宋家財產』。我的 Anglo-Saxon 訓練決不容許我作此見解。若從老兄主張的『法治』觀點看來，用法律手續是絕不可能。若不用法律手續，則又不是我所想像的『法治』了。只可以用共產黨的『清算』方法了」。《致傅斯年》，耿雲志、歐陽哲生整理：《胡適全集·書信（1944～1955）》，第 25 卷，安徽教育出版社，2003 年 9 月，第 246 頁。關於「民主」與「獨裁」的爭論，當時有學者指，「只不過是爲了同一目的而採取兩種先後不同的手段」罷了。劉子端：《政治學（介紹與批評）》（書評），《客觀》，第 1 卷第 11 期，1936 年 1 月 20 日，第 17 頁。

〔註48〕　即內政和外交的雙重困境。在內政方面，需要一強有力之民主政府；在外交方面，需要同盟國家但又不希望它（或它們）干涉中國內政。詳參本文第三章第三、五節。

一詞不同，不涉及社會政治制度或組織形式。他指出，

　　　　中國 20 世紀初期，國家在軍閥混戰中解體，社會中的各個領
　　域的傳統制度都在崩潰，日常生活中湧現出不少問題不能以傳統的
　　思想和常規的方法去解決。在國家生死存亡的時候，有些仁人志士
　　認爲只有社會革命才能從根本上克服整個國家、整個社會和各個領
　　域中的危機。他們看到只有先建立一個強有力的政治機構或政黨，
　　然後用它的政治力量，組織方法，深入和控制每一個階層、每一個
　　領域，才能改造或重建社會國家和各領域中的組織與制度，才能解
　　決問題，克服全面危機，因此社會革命一開始就蘊藏著全能主義政
　　治的因素。

鄒讜還認爲，

　　　　如果我們拿中國的全能主義與德、意的極權主義比較，我們立
　　刻可以看到另一個要點，這就是從事社會革命必須以全能主義爲手
　　段，但是採用極權主義的政治集團卻不一定從事社會革命。反之，
　　它往往以防止或消滅社會革命運動爲目的。正是因爲社會革命運動
　　必須深入各階層，各領域，所以要防止和消滅社會革命運動的政治
　　集團的政治權力也必須深入各階層各領域。〔註49〕

從鄒讜上述所言，不難看出，有以暴力對抗暴力之意，其所言的全能主義，
除目標有所區別外，其手段與極權主義基本無甚差別。上述所言恰好表達了
錢端升在 30 年代的政治主張，強調國家權力的極限擴展，包括對社會的全
面干涉。與其他極權主義者不同的是，錢端升在提倡極權之餘，仍維持著一
線的法治形式，即通過國民大會授權國民政府。不過，就其制衡力量而言，
與政府擴權是遠不成比例的。因此，鄒讜所言全能主義的流弊也形同極權主
義。

　　在《開放社會及其敵人》（1945）一書中，卡爾·波普指出，個人主義與
唯我主義或自私自利不同，以我爲中心，只考慮自身的利益，罔顧他人或其

〔註49〕 鄒讜：《中國廿世紀政治與西方政治學》，《二十世紀中國政治》，香港：牛津
　　　　大學出版社，1994 年，第 3～4 頁。這是鄒讜在 1986 年 4 月 29 日在北京大
　　　　學授予名譽教授儀式上的致詞，曾刊載《政治研究》，第 3 期，1986 年 9 月。
　　　　此文亦見《國際政治研究》，1986 年第 3 期；《經濟社會體制比較》，1986 年
　　　　第 4 期。

他團體的利益，這既可能是個人的行為，也可能是某一集體的行為。〔註 50〕
波普的看法接近當代公共選擇理論。該理論據「經濟人」假設認為，國家是
一種人類組織，它就不可避免地具有人性弱點：一、國家干預可能像個人一
樣犯錯誤；二、國家機器的執行者可能追求自身的利益而不是公共利益。
〔註 51〕

　　不論政黨、還是政府，任何政策一旦落實，均須由個人承擔，個人一旦
有私心，則任何制度均無可避免地受到影響。因此，密爾強調，為了保證政
府每一個官員對人民負責（accountable），為了保障社會大多數人的利益，
為了不使政府墮落為少數人或個別階層謀取私利的機構，必須引入民主制
度。〔註 52〕若從此點言，國民黨內民主是中國實行憲政民主成敗的關鍵。
早在 20 年代，錢端升對此已有所體認，並身行力踐，加入國民黨；在 30
年代提出，「有一好憲法而國民不能實行，不如有一好黨章而黨員切實予以
遵守」；〔註 53〕在抗戰後期主張戰後國民黨民主化。這點部分國民黨元老亦
有所體認。于右任在 30 年代說：「想教政府入憲政，當然黨人先入憲政」。
〔註 54〕

　　正如本文分析指出，儘管是在戰時，以一超過十多年沒有進行過黨內選
舉的政黨，錢端升認為可輕易獲得普遍基礎，不能不說其樂觀主義是不可救
藥的。與密爾所言相近的是，錢端升也提倡大多數人，甚至全體的利益，但
他在如何防微杜漸的方法上，各種制衡措施遠遠跟不上賦予國家和政府的大
權。錢端升在 20 年代《現代評論》上所提倡的各種制衡方法，在 30 年代初
期，基本上已不起作用，黨不僅支離破碎，紀律也蕩然無存，除黨、政外，
甚至輿論也成為蔣介石操控的對象。在這種情況之下，錢端升所能依賴的只
有個別領袖的道德良心。隨著形勢的改變，蔣介石的政治形象在 1935 年間開
始改善，儘管錢端升對蔣介石的讚揚不乏真誠成分——這些讚美不論在公開
場合，還是在私人信件中——但更多的似是希望通過輿論正面翼助，使其政
治行為能納入一定的軌道。若從這角度去分析，則他的讚美似又略顯過頭，

〔註 50〕 李強：《自由主義》，吉林出版集團責任有限公司，2007 年 12 月，第 142 頁。

〔註 51〕 李強：《自由主義》，吉林出版集團責任有限公司，2007 年 12 月，第 134 頁。

〔註 52〕 李強：《自由主義》，吉林出版集團責任有限公司，2007 年 12 月，第 203 頁。

〔註 53〕 錢端升：《國憲與黨章》，《半月評論》，第 1 卷第 19 期，1935 年 11 月 1 日，
　　　　 第 3 頁。

〔註 54〕 劉延濤編：《民國于右任先生年譜》（1946 年 4 月 27 日），臺北：商務印書館，
　　　　 1987 年 8 月，第 83 頁。

顯得有點天眞和功利。〔註 55〕易社強甚至因此認爲「錢端升深陷於中國傳統之中，他認爲絕對的權力放在一個有正確道德原則的人的手上可能是最安全的」。〔註 56〕易社強所言略有不確，和周炳琳一樣，錢端升在抗戰期間雖強調支持蔣介石，但同時亦十分強調政治制度化（詳參本文第五章第一、二節）。

1991 年 2 月，錢端升生前親手校訂的《自選集》發行。在序中，他表示：

關於抗戰時期地方自治和《政治活動應當制度化》兩篇文章，那是表達我當時對民主政治的一種嚮往。新中國成立後，我在英文《中國建設》所寫的一篇短文也選入此集（按：即《人民政府如何運作》），其目的在於說明我對人民政府的熱忱，同時也向讀者坦露了我對實際政治的天眞。但爲什麼又不避其拙而選它呢？無非想以此表明理想和現實的差距，雖政治學亦難畢盡其功，讀者若能以我爲戒不亦可乎！（按：重點爲本文所加）〔註 57〕

從這段序言可以看出，晚年錢端升對自己過去經歷已有了深刻的反省。

就學術與政治關係而言，在錢端升思想中，兩者是高度合一的。作爲中山主義的信徒，錢端升孜孜追求近代西方民主政治制度在中國的移植和生根，與其所學專長高度一致。在政治領域，作爲接受西方近代教育的知識分子代表之一，錢端升積極參與現實政治。作爲一職業政治學家，他對現實政治的投入，超過胡適相對消極、業餘的態度。不僅主動介入現實政治，還加入國民黨，希冀通過翼贊一個現代的政黨，改變現代中國。正如有學者指出，近代科學的發達，學術研究已非一人能力所及，在民族林立的世界政治競爭領域尤然，集體主義爲大勢所趨。一個有組織、有政綱、有理想的政黨，正好是實現錢端升政治抱負和學術理想的較佳途徑，如果不是最佳的話。

〔註 55〕　如 1939 年 7 月 9 日，錢端升說：「處這種不良的環境之下，而能毅然迎戰，以保全我領土主權的完整，更以維持我民族的尊嚴，我們應服膺並感謝我們領袖蔣先生的大智」。1940 年 5 月 12 日，「我們所以成功，當然是賴蔣委員長的神算及將士的用命」。7 月 7 日，「最近三四年來，在蔣先生英明忠勇的領導之下，全國確是團結得很堅密」。錢端升：《抗戰中國際形勢的轉變》，《今日評論》（合訂本），第 2 卷第 3 號，1939 年 7 月 9 日，第 43 頁；《論戰時的行政機構》，《今日評論》（合訂本），第 3 卷 19 號，1940 年 5 月 12 日，第 292 頁；《抗戰的三週年》，《今日評論》，第 4 卷第 1 號，1940 年 7 月 7 日，第 4 頁。

〔註 56〕　〔美〕易社強著、饒佳榮譯：《戰爭與革命中的西南聯大》，臺北：傳記文學出版社，2010 年 4 月，第 326 頁。

〔註 57〕　錢端升：《自序》，《自選集》，1991 年 2 月，第 2～3 頁。按：《自選集》，第 500 頁記載爲《政治活動應制度化》，沒有「當」字。

　　但在另一方面，如前所述，錢端升始終對現實政治保持一定的距離，除參加大學院和國民參政會外，未曾擔任其他政府公職，明顯與蔣廷黻、丁文江有所不同。因此，就 1949 年前錢端升而言，他始終遵守著學術人的分寸，堅持「讀書人」的立場：獨立於權威和忠於自己的信仰。當現實政治與學術人立場相違背時，則力持後者立場。在 20 年代末期，錢端升鑒於國內政治日趨黑暗，遂退回書齋，進行憲政民主的學術研究和教學；在 30 年代，因外患入侵，1934 年再次介入現實政治，主筆天津《益世報》；在抗戰期間，創辦《今日評論》，以筆報國，重申自由主義。抗戰期間，參加國民參政會，力圖為戰後中國打下一憲政基礎。抗戰勝利後，國共內戰爆發在即，和周炳琳一起違反國民黨內決議，提出聯合政府主張和冀望國民黨履行承諾，實行憲政民主。

　　與過去士大夫傳統不同的是，第一、在 40 年代，錢端升認為，知識分子「一切社會利益者的釀造者，而不是統治群的支持者，點綴者，最後乃是參與者」。這是他認為現代知識分子與傳統士大夫之間的最大分別。第二、儘管錢端升沒有指出，「不管民主的定義是什麼，沒有新聞自由，民主本身無法存在」。〔註58〕但從他對言論自由的強調，不難窺見其意向，即使在抗戰期間亦是如此。第三、錢端升對「學術自由」的執著，從他在 20 年代反對「黨化教育」至在抗戰期間，仍一再堅持學術獨立就可看出。第四、知識分子作為現代公民，須保持對政治的必要參與。這點從他在「五四運動」後學潮不斷，對清華學生規勸的兩篇文章可以看出：「讀書不忘救國」。一方面，擔憂部分學生沉迷學潮，迷失自我和救國方向；一方面，擔憂部分學生埋頭書齋，置國事於不顧。在很大程度上，這兩篇文章，亦可理解為錢端升對學術與政治的立場和取向，即以學術為本，政治為輔：「學術不忘政治」。第五、錢端升思想中的三種主義：理想、現實和中庸主義。如前所述，由於近代中國內憂外患嚴重，這種影響亦體現在錢端升身上。像孫中山一樣，錢端升以憲政民主為鵠的，輔以現實主義的手段，力持中庸立場，企圖調和兩者之間的鴻溝。本文以為，以上幾點不僅是研究錢端升思想中值得注意的地方，同時亦是西方自由主義在近代中國進程中應該留意的幾個片段。

　　本文再次重申，無意為錢端升辯護，只是嘗試從反思的角度去瞭解他的

〔註58〕　張賢明：《論政治責任──民主理論的一個視角》，長春：吉林大學出版社，2000 年 10 月，第 169 頁。原載〔美〕希爾斯曼：《美國是如何管理的》，北京：商務印書館，1986 年，第 390 頁。

思想和主張與時代的關係。他在 30 年代的政論主張，有深刻的時代背景。正
如本研究所顯示的，從 30 年代初反對「極端政治」，持相對中庸和自由主義
立場，到 1934 年提出極權主義，與其外在的環境和內在的思路是分不開的。
在某種程度上，其極權主義主張，亦可視爲「讀書人」的想當然主張。這點
從他同時代人，包括胡適、張奚若、陳之邁等人只對他的主張提出反駁，對
他的動機——即務求民族命脈之延續，並沒有提出質疑，就可看出。

　　或者我們從西方自由主義在上個世紀發展的大背景去理解，更能瞭解錢
端升的政治主張。在二次大戰期間，西方自由主義至少經歷了兩次重創和異
變，作爲西方自由主義的傳承者，30 年代的中國自由主義者自不例外。這點
從德國民主政治的異變對錢端升的影響就可看出。但無可否認的是，錢端升
主張「理想的」極權主義，在主觀上「病急亂投藥」和在客觀上爲「好心做
壞事」的指責是無法避免的，這點本文亦曾指出，「沒有必要否認他傳授邪
惡」。借用他晚年的自評：「理想和現實的差距，雖政治學亦難畢盡其功」，反
映了「讀書人」的天眞，其極權主義主張亦可如是觀。與丁文江一樣，其理
想主義色彩是極爲濃厚的。因此，研究人物思想，若不結合當時國內外在的
時代背景和梳理人物內在的思想理路，並參照同時代人的言論，對其政治主
張的分析很有可能就會出現偏頗。

　　1946 年 5 月 4 日，西南聯大解散。10 月 5 日，《觀察》雜誌發表《歷史
轉入新頁，聯大化整爲零》，對西南聯大的「容忍精神」和作爲「自由堡壘」
的象徵，作了高度評價：

　　　　聯大容忍精神最好的表現，就是它包含了各黨各派的教授與學
　　生……教授方面，在屬於左派政黨的教授中，有聞一多和曾昭掄等
　　先生；在民主社會黨中，有潘光旦和費孝通等先生；沒有黨派而批
　　評政府的有張奚若和陳序經等先生；比較中立而對政治常有意見的
　　有陳岱孫和王贛愚等先生；在經濟問題方面批評政府的有伍啓元、
　　楊西孟、戴世光等先生；屬於國民黨反對派的有錢端升等先生；屬
　　於國民黨批評派的有周炳琳、楊振聲等先生；國民黨開明分子有馮
　　友蘭和雷海宗等先生；三青團的有姚從吾和陳雪屏等先生。在聯大
　　這許多教授中，有一件可喜的事，就是聯大是沒有頑固派的分子。
　　不過，如果有極左極右的人，聯大教授也必能包容而不加排斥的。

這才是一個真正的「民主堡壘」，真正的「自由堡壘」。〔註59〕

　　儘管《觀察》記者對各教授的評價，未必能準確反映每一位學人之思想定位，如周炳琳，以他在參政會的表現和立場，應與錢端升一同歸類爲「反對派」的，但大致而言，對理解這些學人在自由主義思想光譜中，有一定的提綱挈領作用。通過與各學人對比，可以看出，錢端升在自由主義知識分子光譜中，約中間偏左，與聞一多、吳晗等有一定的距離，但比馮友蘭、楊振聲等則過之。在戰後各種學生和聯署抗議行動中，經常可以看到錢端升的名字和身影。至於保護或掩護學生，更不在話下。應當說，作爲「自由堡壘」的一員，錢端升對戰後中國民主運動的發展，有著不可磨滅的貢獻。

　　關於學術與政治之關係，賀麟有一段十分精彩而深刻的論述：

　　　　學術界常常有一些人，逃避政治，視政治爲畏途，視政治爲污濁，惟恐怕政治妨礙了學術的清高。這種態度足使學術無法貢獻於政治，政治不能得學術的補益，因而政治愈陷於腐敗，學術愈趨乾枯寂。這種與政治絕緣的學術，在過去的中國，頗占勢力，如像乾嘉時代的考證，不過是盛世的點綴，南北朝的玄談，也不過是末世學人的麻醉劑。無補於治道，也無補於世道。這種學術，表面上好像是超政治而自由獨立，實際上並沒有達到真正自由獨立的境界。真正的學術自由獨立，應當是「磨而不磷，涅而不淄」。學術到了這一種程度，它就能夠影響和支配政治社會，不怕政治社會玷污了它的高潔。假如我們奉考據玄談爲學術獨立自由的圭臬，那就離真正的思想自由、學術獨立太遠了。〔註60〕

潘光旦在《說學人論政》中亦認爲，

　　　　任何人有做人、做國民、做一種專業身份〔的自由〕與權責，而做人與做國民的比起做專業的來更要先決，更要基本。沒有做一個完整的人的意識的專家，無論他的專業如何精深，他終究是一個匠人。〔註61〕

〔註59〕　本刊特約記者：《歷史轉入新頁，聯大化整爲零》，《觀察》，第1卷6期，1946年10月5日，第17頁。

〔註60〕　賀麟：《觀念與行動》，《文化與人生》，上海世紀出版集團、上海人民出版社，2011年1月，第247～248頁。

〔註61〕　潘光旦：《說學人論政》，《自由之路》，上海：商務印書館，1946年9月，第364頁。

應該說，用這二段文字來描述 1949 年前錢端升的生平、學術和思想：「學術不忘政治」，可能是最貼切不過了。馬基雅維利在《李維史論》中說：「與其說是當前的這個宗教爲整個世界所造成的孱弱狀態，或者與其說是野心勃勃的閑暇爲很多的基督教國家與城邑所造成的邪惡狀態，不如說是對於各國歷史缺乏眞知的狀態」。〔註62〕對過去歷史缺乏瞭解造成了人類道德的墜落。雖然歷史不能在哪裏跌倒，就從哪裏爬起，但我們或可從過去歷史中，理解到過去學術和政治理想的失落，或許能對將來中國有所裨益一二。

〔註62〕　〔美〕利奧‧施特勞斯著、申彤譯：《關於馬基雅維里的思考》，南京：譯林出版社，2009 年 9 月，第 270 頁。

附錄　錢端升學術政論著述年表
（1900～1990）

※ 時事短評　▲表示同上　◆為專著、譯著　◎書評

1918 年 3 月 31 日

《聯邦制可否行於中國論》，《清華週刊》，總 133 期。

1920 年

"Are there Inherent Political Rights of Man?"（《人的政治權利是天賦的嗎？》）。（《自選集》譯為：「人的政治權利存在繼承嗎？第 707 頁。」）

▲「Freedom of Speech」（《言論自由》）。（《自選集》，第 707 頁。）

1920 年 11 月 29 日

"The Rider Legislation"。（據英文日記，此為完成日期。）

1921 年 3 月 22 日

"The Open Door Policy of China"（《中國的門戶開放政策》）。（《自選集》，第 708 頁。）

1921 年 4 月

"The United States Commerce Court"（《美國的貿易法庭》）。（《自選集》，第 708 頁。）

1921 年 6 月

《告提倡聯邦制者》，《留美學生季報》，6 月號。

1921 年 9 月 25 日

Thomson S. Chien，*China at the Conference, to the Editor of the New York Times*, New York Times.（《華盛頓會議與中國——致〈紐約時報〉編輯》）（文章結束日期顯示此文寫於 9 月 26 日，不過刊登日期爲 9 月 25 日。由於下載的爲 PDF 版，其日期由計算機自動生成，故刊登日期，需要原件才能確定。）

1921 年 9 月

《聯邦制可否行於中國論》，《留美學生季報》，9 月號。

1921 年 11 月 20 日

Thomson S. Chien, *Japanese Population, to the Editor of the New York Times*, New York Times.

（《日本的人口問題——致〈紐約時報〉編輯》）（文章擡頭日期顯示寫於 11 月 1 日。）

1921 年 11 月 27

Thomson S. Chien, *International Supervision Opposed as Harmful and Unnecessary, to the Editor of the New York Times*, New York Times《反對國際共管，既有害又沒必要——致〈紐約時報〉編輯》）（文章結尾日期顯示寫於 11 月 21 日。）

1921 年

"Rider Legislation in Congress"（《國會中立法的附加條款》）。（《自選集》，第 708 頁。）

1922 年 1 月

"Thomas Hart Benton and the Public Lands"（《托馬斯·哈頓和公共土地》）。（《自選集》，第 708 頁。）

1922 年 3 月 19 日

"Political Thought of James Harrington"（《詹姆斯·哈林頓的政治思想》）（據英文日記，此爲完成日期。）

1922 年 4 月

"James Harrington"（《詹姆斯·哈林頓》）。（《自選集》，第 708 頁。）

1924 年 10～12 月

◎"Deutsches und Preussiches Staatsrecht（Hatschek）（書評）"，《國立北京大學社會科學季刊》，第 3 卷第 1 號。

◎"New Governments of Central Europe,（Graham）（書評）"，《國立北京大學社會科學季刊》，第 3 卷 1 號。

1925 年 1 月 2 日

《清華改辦大學之商榷》，《清華週刊》，總 333 期。（《自選集》，第 708 頁。）

1925 年 1 月 3 日

※文：《外國人干涉我們的言論》（短評），《現代評論》，第 1 卷第 4 期。

1925 年 4～6 月

《新近憲法中立法行政兩機關之關係》，《國立北京大學社會科學季刊》，第 3 卷第 3 號。（《自選集》文題爲《晚近幾年憲法中立法與行政的關係》，年份爲 1930 年，疑年份和標題皆誤。）

1925 年 7 月

《租界慘殺國人案交涉方法》，《晨報副鐫》，滬案特號 8 號。

1925 年 8 月 1 日

※文：《江蘇學閥與東大》（短評），《現代評論》，第 2 卷第 34 期。

1925 年 8 月 29 日

※文：《裁兵呢？招兵呢？》（短評），《現代評論》，第 2 卷第 38 期。

1925 年 9 月 5 日

※文：《人權保障主義在那裡》（短評），《現代評論》，第 2 卷第 39 期。

※文：《誰配整飭學風》（短評），《現代評論》，第 2 卷第 39 期。

1925 年 9 月 11 日

《論學潮贈新舊諸生》，《清華週刊》，第 24 卷第 1 號總 350 期。

1925 年 9 月 18 日

《過度之安分守己》，《清華週刊》，第 24 卷第 2 號總 351 期。

1925 年 9 月 19 日

　　文：《羅素眼中的英國對華政策》，《現代評論》，第 2 卷第 41 期。

1925 年 9 月

　　◎ "Marcel Prelot: La Representation Professionnelle dans I allemagene Contemporaine（書評）"，《國立北京大學社會科學季刊》，第 3 卷第 4 號。

　　◎陳翰笙、高仁山、錢端升："H. E. Barnes and Others: The History and Prospects of the Social Sciences（書評）"，《國立北京大學社會科學季刊》，第 3 卷第 4 號。

1925 年 11 月 3 日

　　《對俄問題致勉已〔己〕書》，《晨報・社會周刊》，第 5 號。後收入章進編：《聯俄與仇俄問題討論集》，北新書局，1927 年。

1925 年 11 月 14 日

　　※文：《拆臺的先兆嗎？》（短評），《現代評論》，第 2 卷第 49 期。

1925 年 11 月 7 日

　　※文：《又是軍閥均勢的戰爭！》（短評），《現代評論》，第 2 卷第 48 期。

1925 年 11 月 28 日

　　※文：《別要忘記了滬案》（短評），《現代評論》，第 2 卷第 51 期。

1925 年 11 月 29 日

　　《清華學校（上）》，《晨報》，第三版。

1925 年 12 月 1 日

　　《治外法權問題》，《晨報》七週年紀念增刊。（全文見《自選集》，第 429～446 頁。）

1925 年 12 月 4 日

　　《清華學校》，《清華週刊》，總 362 期。

1925 年 12 月 5 日

　　《清華學校》，《現代評論》，第 2 卷第 52 期。（《自選集》第 708 頁顯示年份為 1926 年，有誤。）

※文：《首都的革命運動》（短評），《現代評論》，第 2 卷第 52 期。

1925 年 12 月 7 日

《清華學校（下）》《晨報》，第三版。

1925 年 12 月 12 日

※文：《金融風潮》（短評），《現代評論》，第 3 卷第 53 期。

1925 年 12 月 25 日

《莫索爾問題》，《晨報副鐫·國際周刊》，第 51 期第 12 號。

1926 年 1 月 1 日

章熊筆記：《政治學》，《清華週刊》，第 24 卷第 17 號總 366 期。（全文見《自選集》，第 447～458 頁。）

1926 年 1 月 16 日

※文：《內亂和法統》（短評），《現代評論》，第 3 卷第 58 期。

※文：《廣東大學的風潮》（短評），《現代評論》，第 3 卷第 58 期。

1926 年 1 月 22 日

《國際法庭》，《晨報副鐫·國際周刊》，第 52 期第 15 號。

1926 年 1 月 30 日

※文：《教育經費與賠款》（短評），《現代評論》，第 3 卷第 60 期。

1926 年 1 月

《壬子》，《甲寅周刊》，第 1 卷 28 期。

1926 年 2 月 1 日

《甲寅周刊的「通訊」》，《晨報副刊》，第 53 期。（目錄作「錢端生」，內文作「錢端升」。）

1926 年 2 月 13 日

※文：《教育特稅與教育經費》（短評），《現代評論》，第 3 卷第 62 期。

1926 年 2 月 27 日

※文：《又一個人權問題》（短評），《現代評論》，第 3 卷第 64 期。

※文：《蘇俄政府與華僑》（短評），《現代評論》，第 3 卷第 64 期。

1926 年 3 月 5 日

《清華改組之商榷》，《清華週刊》第 25 卷第 2 號。

1926 年 3 月 6 日

※文：《我們所希望於馮煥章者》（短評），《現代評論》，第 3 卷第 65 期。

1926 年 3 月 13 日

※文：《俄款到底做什麼用》（短評），《現代評論》，第 3 卷第 66 期。

1926 年 3 月 20 日

※文：《俄款問題的責任者》（短評），《現代評論》，第 3 卷第 67 期。

1926 年 3 月 27 日

※文：《國民軍的撤退》（短評），《現代評論》，第 3 卷第 68 期。

1926 年 4 月 3 日

※文：《北京人的生活》（短評），《現代評論》，第 3 卷第 69 期。

1926 年 4 月 10 日

※文：《吳馮議和》（短評），《現代評論》，第 3 卷第 70 期。

※文：《無可奈何的財政》（短評），《現代評論》，第 3 卷第 70 期。

1926 年 4 月 17 日

※文：《不可樂觀的時局》（短評），《現代評論》，第 3 卷第 71 期。

1926 年 4 月 23 日

※文：《無關輕重的政變》（短評），《現代評論》，第 3 卷第 72 期。

※文：《奉方對俄使額外難題》（短評），《現代評論》，第 3 卷第 72 期。

1926 年 5 月 1 日

※文：《北京的恐慌》（短評），《現代評論》，第 3 卷第 73 期。

※文：《官僚世界的北京》（短評），《現代評論》，第 3 卷第 73 期。（內文標題爲《變態的北京》。）

1926 年 5 月 8 日

※文：《五七紀念》（短評），《現代評論》，第 3 卷第 74 期。

1926 年 5 月 15 日

　　※文：《教育經費與俄國庚款》（短評），《現代評論》，第 3 卷第 75 期。

1926 年 5 月 22 日

　　※文：《毋忘五卅慘案！》（短評），《現代評論》，第 3 卷第 76 期。（內文標題爲《願國人毋忘五卅慘案！》）

　　※文：《顏惠慶內閣》（短評），《現代評論》，第 3 卷第 76 期。

1926 年 5 月 29 日

　　※文：《戰爭的損失》（短評），《現代評論》，第 3 卷第 77 期。

1926 年 6 月 5 日

　　※文：《教育部與教育經費》（短評），《現代評論》，第 3 卷第 78 期。

1926 年 6 月 12 日

　　※文：《密雲不雨的局面》（短評），《現代評論》，第 3 卷第 79 期。

1926 年 6 月 26 日

　　※文：《北京國立教育破產嗎？》（短評），《現代評論》，第 4 卷第 81 期。

1926 年 7 月 3 日

　　※文：《上海的大搶案》（短評），《現代評論》，第 4 卷第 82 期。

1926 年 7 月 10 日

　　※文：《杜代攝閣》（短評），《現代評論》，第 4 卷第 83 期。

1926 年 7 月 24 日

　　※文：《俄款用途的爭執》（短評），《現代評論》，第 4 卷第 85 期。

1926 年 7 月 31 日

　　※文：《原來也只如此》（短評），《現代評論》，第 4 卷第 86 期。

1926 年 8 月 7 日

　　※文：《復宮運動還未打消嗎？》（短評），《現代評論》，第 4 卷第 87 期。

1926 年 8 月 14 日

　　※文：《教育經費到底怎麼樣？》（短評），《現代評論》，第 4 卷第 88 期。

1926 年 8 月 21 日

　　※文：《一篇戰爭之聲》（短評），《現代評論》，第 4 卷第 89 期。

1926 年 8 月 28 日

　　※文：《弔新戰墟》（短評），《現代評論》，第 4 卷第 90 期。

1926 年 9 月 4 日

　　※文：《俄款是怎樣進行的！》（短評），《現代評論》，第 4 卷第 91 期。

1926 年 9 月 11 日

　　※文：《首都教育的危機》（短評），《現代評論》，第 4 卷第 92 期。

1926 年 9 月 25 日

　　※文：《已瀕絕境的中央財政》（短評），《現代評論》，第 4 卷第 94 期。

1926 年 10 月 2 日

　　※文：《國立九校的生死》（短評），《現代評論》，第 4 卷第 95 期。

1926 年 10 月 9 日

　　※文：《國立九校到底怎樣辦呢？》（短評），《現代評論》，第 4 卷第 96 期。

1926 年 10 月 16 日

　　※文：《雙十節》（短評），《現代評論》，第 4 卷第 97 期。

1926 年 10 月 23 日

　　※文：《無可奈何的國立各校》（短評），《現代評論》，第 4 卷第 98 期。

1926 年 10 月 30 日

　　※文：《修約的前提》（短評），《現代評論》，第 4 卷第 99 期。

1926 年 11 月 6 日

　　文：《首都的無教育狀態》（短評），《現代評論》，第 4 卷第 100 期。

1926 年 11 月 13 日

　　※文：《北京解嚴》（短評），《現代評論》，第 4 卷第 101 期。

1926 年 11 月 20 日

　　※文：《廣東政府與英國》（短評），《現代評論》，第 4 卷第 102 期。

1926 年 11 月 27 日

　　山木：《司法部與收回法權》，《現代評論》，第 4 卷第 103 期。

1926 年 12 月 4 日

　　※文：《英人對華手段》（短評），《現代評論》，第 4 卷第 104 期。

1926 年 12 月 11 日

　　※文：《勝利的條件》（短評），《現代評論》，第 5 卷第 105 期。

　　※文：《天津英國租界引渡黨員》（短評），《現代評論》，第 5 卷第 105 期。

1926 年 12 月 25 日

　　※文：《武漢消息》（短評），《現代評論》，第 5 卷第 107 期。

1927 年 1 月 8 日

　　※文：《美使往還》（短評），《現代評論》，第 5 卷第 109 期。

　　※文：《教育閒話》，《現代評論》，第 5 卷第 109 期。

1927 年 1 月 22 日

　　※文：《顧內閣復活》（短評），《現代評論》，第 5 卷第 111 期。

1927 年 2 月 5 日

　　※文：《修約問題》（短評），《現代評論》，第 5 卷第 113 期。

　　▲《美國對華的外交》，《現代評論》，第 5 卷第 113 期。（《自選集》第 709 頁標題漏一「的」字。）

1927 年 2 月 12 日

　　※文：《上海中立案》（短評），《現代評論》，第 5 卷第 114 期。

1927 年 2 月 26 日

　　※文：《上海的大屠殺》（短評），《現代評論》，第 5 卷第 116 期。

1927 年 3 月 5 日

　　※文：《奉直再戰》（短評），《現代評論》，第 5 卷第 117 期。

1927 年 3 月 11 日

　　※文：《顧內閣山窮水盡》（短評），《現代評論》，第 5 卷第 118 期。

1927 年 3 月 19 日

　　※文：《二五附加稅保管委員會》（短評），《現代評論》，第 5 卷第 119 期。

1927 年 3 月 26 日

　　※文：《東南的新局面》（短評），《現代評論》，第 5 卷第 120 期（只存目）。

　　※文：《學生獄》（短評），《現代評論》，第 5 卷第 120 期（只存目）。

1927 年 4 月 9 日

　　《收回上海租界的迫切》，《現代評論》，第 5 卷第 122 期。

1927 年 5 月 7 日

　　※文：《黨獄和領事裁判權》（短評），《現代評論》，第 5 卷第 126 期（只存目）。

1927 年 5 月 28 日

　　※文：《京師長官設壇祈雨》（短評），《現代評論》，第 5 卷第 129 期。

1927 年 6 月 4 日

　　山木：《上海公共租界及其解決》，《現代評論》，第 5 卷第 130 期。

1927 年 7 月 16 日

　　※文：《北京國立九校的前途》（短評），《現代評論》，第 6 卷第 136 期。

1927 年 7 月 30 日

　　《設立中央計劃委員會芻議》，《現代評論》，第 6 卷第 138 期。（按：《現代評論》第 138 期開始，編輯部遷移至上海。）

　　※文：《造謠與止謠》（短評），《現代評論》，第 6 卷第 138 期。

1927 年 8 月 6 日

　　《黨治與輿論》，《現代評論》，第 6 卷第 139 期。

　　※文：《孔繼榮案件》（短評），《現代評論》，第 6 卷第 139 期。

1927 年 8 月 13 日

　　※朋：《薩各樊才第事件》（短評），《現代評論》，第 6 卷第 140 期。

1927 年 8 月 20 日

　　《日內瓦海軍會議》，《現代評論》，第 6 卷第 141 期。

　　※朋：《寧漢合併革命進行》（短評），《現代評論》，第 6 卷第 141 期。

　　※朋：《英軍割斷滬杭鐵路》（短評），《現代評論》，第 6 卷第 141 期。

1927 年 8 月 27 日

　　※朋：《寧漢應即誠摯合作起來》（短評），《現代評論》，第 6 卷第 142 期。

1927 年 9 月 10 日

　　※文：《監察委員會應先召集》（短評），《現代評論》，第 6 卷第 144 期。

　　※端：《食鹽問題》（短評），《現代評論》，第 6 卷第 144 期。

1927 年 9 月 17 日

　　※文：《國民革命政府與滿蒙》（短評），《現代評論》，第 6 卷第 145 期。

　　※端：《再談談食鹽問題》（短評），《現代評論》，第 6 卷第 145 期。

1927 年 9 月 24 日

　　《黨治與用人》，《現代評論》，第 6 卷第 146 期。

　　※端：《最近國民政府財政狀況》（短評），《現代評論》，第 6 卷第 146 期。

　　※文：《蔣胡汪三氏的出處問題》（短評），《現代評論》，第 6 卷第 146 期。

　　※朋：《李濟琛氏宣言及蔣汪合作》（短評），《現代評論》，第 6 卷第 146 期。

1927 年 10 月 1 日

　　※文：《政治分會》（短評），《現代評論》，第 6 卷第 147 期。

　　※端：《江蘇匪患與時局》（短評），《現代評論》，第 6 卷第 147 期。

1927 年 10 月 8 日

　　山木：《黨治的鐵律》，《現代評論》，第 6 卷第 148 期。

　　※文：《反動中的湖南》（短評），《現代評論》，第 6 卷第 148 期。

1927 年 10 月 22 日

　　※文：《第四屆執監會議》（短評），《現代評論》，第 6 卷第 150 期。

1927 年 10 月 29 日

　　《黨紀問題》，《現代評論》，第 6 卷第 151 期。

　　※文：《討唐與統一黨國》（短評），《現代評論》，第 6 卷第 151 期。

　　※朋：《全體執監會議的召集》（短評），《現代評論》，第 6 卷第 151 期。

1927 年 11 月 5 日

　　※文：《速開執監會議》（短評），《現代評論》，第 6 卷第 152 期。

1927 年 11 月 12 日

　　《上海臨時法院的存廢問題》，《現代評論》，第 6 卷第 153 期。

　　※文：《防止軍閥借用比款》（短評），《現代評論》，第 6 卷第 153 期。

1927 年 11 月 26 日

　　※文：《英國對華新舉動》（短評），《現代評論》，第 6 卷第 155 期。

　　※升：《廣州事變與執監大會》（短評），《現代評論》，第 6 卷第 155 期。

1927 年 11 月 3 日

　　※文：《悼一二二的傷亡》（短評），《現代評論》，第 6 卷第 156 期。

1927 年 12 月 10 日

　　山木：《我們的希望》，《現代評論》，第 7 卷第 157 期。

　　◎《王世杰氏的〈比較憲法〉》（書評），《現代評論》，第 7 卷第 157 期。

1927 年 12 月 17 日

　　※文：《執監預備會議的成績》（短評），《現代評論》，第 7 卷第 158 期。

1927 年 12 月 24 日

　　※文：《一般期望中之蔣氏復職》（短評），《現代評論》，第 7 卷第 159 期。

1928 年 1 月 7 日

　　山木：《安定的政府》，《現代評論》，第 7 卷第 161 期。

1928 年 1 月 21 日

　　※文：《德商共給軍閥大批軍火》（短評），《現代評論》，第 7 卷第 163 期。

　　※文：《日本積極政策要實現了》（短評），《現代評論》，第 7 卷第 163 期。

1928 年 1 月 28 日

　　※文：《俄國政府放棄叛黨者》（短評），《現代評論》，第 7 卷第 164 期。

1928 年 2 月 4 日

　　※文：《中央全體會議》（短評），《現代評論》，第 7 卷第 165 期。

1928 年 2 月 11 日

　　※文：《這纔是千載一時的機會》（短評），《現代評論》，第 7 卷第 166 期。

1928 年 2 月 18 日

　　※端：《英自由黨首領愛士蔡逝世》（短評），《現代評論》，第 7 卷第 167 期。

1928 年 2 月 25 日

　　山木：《英外相演說與國民革命》，《現代評論》，第 7 卷第 168 期。

1928 年 3 月 17 日

　　※文：《中山三先生逝世後的第三週年》（短評），《現代評論》，第 7 卷第 171 期。

1928 年 3 月 24 日

　　山木：《黨治與國民會議》，《現代評論》，第 7 卷第 172 期。

　　※文：《統一的空氣》（短評），《現代評論》，第 7 卷第 172 期。

1928 年 3 月 31 日

　　※文：《北伐中後方的預備》（短評），《現代評論》，第 7 卷第 173 期。

1928 年 4 月 7 日

　　※文：《民用飛機》（短評），《現代評論》，第 7 卷第 174 期。

1928 年 4 月 14 日

　　※文：《上海納稅華人與租界當局的妥協》（短評），《現代評論》，第 7 卷第 175 期。

1928 年 4 月 21 日

　　※文：《北伐勝利中後方的義務》（短評），《現代評論》，第 7 卷第 176 期。

1928 年 5 月 12 日

　　山木：《應付濟南事變的方針》，《現代評論》，第 7 卷第 179 期。

　　※文：《田中內閣的壽延長》（短評），《現代評論》，第 7 卷第 179 期。

1928 年 5 月 19 日

　　※文：《全國教育會議》（短評），《現代評論》，第 7 卷第 180 期。

1928 年 6 月 23 日

　　※端：《西南各省的建設事業》（短評），《現代評論》，第 8 卷第 185 期。

1928 年 6 月 30 日

　　※文：《目前的兩大問題》（短評），《現代評論》，第 8 卷第 186 期。

1928 年 7 月 14 日

　　※端：《教育經費獨立的保障》（短評），《現代評論》，第 8 卷第 188 期。

1928 年 7 月 21 日

　　※端：《國貨銀行》（短評），《現代評論》，第 8 卷第 189 期。

1928 年 7 月 28 日

　　※端：《對日交涉於對日貿易》（短評），《現代評論》，第 8 卷第 190 期。

1928 年 8 月 3 日

　　※文：《第五次中央全會開幕》（短評），《現代評論》，第 8 卷第 191 期。

1928 年 8 月 11 日

　　※文：《第五次全會的工作》（短評），《現代評論》，第 8 卷第 192 期。

　　※端：《五次全會與財政整理案》（短評），《現代評論》，第 8 卷第 192 期。

1928 年 8 月 25 日

　　※文：《倫敦的社會科學獎勵設備》（短評），《現代評論》，第 8 卷第 194 期。

1928 年 9 月 8 日

　　※文：《時局與領袖的團結》（短評），《現代評論》，第 8 卷第 196 期。

1928 年 9 月 29 日

　　《立法院〔權〕的行使與立法院》，《現代評論》，第 8 卷第 199 期。

　　※文：《中德寧案解決》（短評），《現代評論》，第 8 卷第 199 期。

1928 年 10 月 13 日

　　※文：《中日交涉的方針》（短評），《現代評論》，第 8 卷第 201 期。

1928 年 11 月 4 日

　　※文：《白崇禧將軍移駐新疆說》（短評），《現代評論》，第 8 卷第 204 期。

1928 年 12 月 22 日

※文：《英日同盟說》（短評），《現代評論》，第 8 卷第 206、207、208 合刊。

1930 年 3 月

《德謨克拉西的危機及將來》，《國立武漢大學社會科學季刊》，第 1 卷第 1 號。後摘錄轉載《批判中國資產階級中間路線參考資料》，第 2 輯，第 76 ～79 頁。

◎1. "The Government and administration of Germany（Frederick F.Blachly and Miriame E.Oatman）（書評）"；2. "Les Constitutions de I'Europe Nouvelle（Mirkine-Guetzevitch）；Les Constitutions Modernes（F.-R.Darcste et P.Dareste）；Europe, I Albanie Grece （Delpech et Paul Lafferriere）（書評）"，《國立武漢大學社會科學季刊》，第 1 卷第 1 號。

1930 年 6 月

◎1. "Les Reglements des Assemblees Legislatives de la France depuis 1789（Notices historiques et Textes）（Roger Bonnard）（書評）"；2. "Elements de roit Constitutionnel Francais et Compare （A.Esmein）（書評）"；3. "Grundziige des Sovĕtrussischen Staatsreehts （N.Timaschew）；How the Soviet Works（H.N.Brailsford）；Le Pcuveir Contral et le Système Electcral de la Russie Soviètique （Dragomir Isaakovitch）；La Thèorie Gcncrale de I'Etat Sovietique（B.Mirkine-Guetzevitch）（書評）"，《國立武漢大學社會科學季刊》第 1 卷第 2 號。

1930 年 9 月

《世界公法學會》，《國立武漢大學社會科學季刊》，第 1 卷第 3 號。

◎"The Mechanism of the Modern State, A Treatise on the Science and Art of Government （John A.R.Marriot）；Responsible Government in the Dominions.（A.B.Keith）；English Government and Polities.（F.A.Ogg）（書評）"，《國立武漢大學社會科學季刊》，第 1 卷第 3 號。

1930 年 11 月

◆《法國的政治組織》，上海：商務印書館。

1930 年 12 月

《哈林吞政治思想的研究》，《國立武漢大學社會科學季刊》，第 1 卷第 4 號。

1931 年 1 月

錢端升講、潘如澍記：《英國之員吏制度》，《政治學報》，第 1 卷第 1 期。（《政治學報》為北平清華政治學會出版物。）

◎"Sir Almeric Fitzroy: The History of the Privy Council; E. R. Turner: The Cabinet Council of England in the Seventieth and Eighteenth Centuries, 1622～1784（書評）"，《政治學報》，第 1 卷第 1 期。

1931 年

德謨：《國民會議不要弄成黨的官吏的會議》，《社會科學季刊》。（待考。《自選集》僅存目，第 709 頁。）

1933 年 4 月

〔英〕屈勒味林著、錢端升譯：《英國史》（一冊本），上海：商務印書館。

1933 年 6 月 15 日

《德意志的國會及國會議員》，《清華大學學報（自然科學版）》。

1933 年 6 月

《西班牙的新憲法》，《國立武漢大學社會科學季刊》，第 3 卷第 4 號。

1933 年 7 月 6 日

《序》，龔祥瑞、樓邦彥著《歐美員吏制度》，1934 年 4 月。

1933 年 9 月 1 日

《希忒勒秉政前的德意志政黨》，《民族》，第 1 卷第 9 期。

1934 年 1 月 1 日

《民主政治乎？極權國家乎？》，《東方雜誌》，第 31 卷第 1 號。

▲《今年的展望》，天津《益世報》社論。

◎周其勳：《錢端升譯屈勒味林〈英國史〉》，《圖書評論》，第 2 卷第 5 期。

1934 年 1 月 4 日

《美國國會開會前的政治觀察》，天津《益世報》社論。

1934 年 1 月 5 日

　　《中國外交的出路》，天津《益世報》社論。

1934 年 1 月 6 日

　　《如何挽救新疆局面》，天津《益世報》社論。

1934 年 1 月 10 日

　　《劉桂堂部之南竄》，天津《益世報》社論。

1934 年 1 月 13 日

　　《溥儀稱帝前後應有之防範》，天津《益世報》社論。

1934 年 1 月 16 日

　　《閩變結束以後》，天津《益世報》社論。

1934 年 1 月 17 日

　　《四中全會與政治改造》，天津《益世報》社論。

1934 年 1 月 18 日

　　《四中全會與黨之改革》，天津《益世報》社論。

1934 年 1 月 19 日

　　《解決土地問題的急要》，天津《益世報》社論。

1934 年 1 月 21 日

　　《最近幾年內日蘇間會有戰事嗎？》，天津《益世報》社論。

1934 年 1 月 22 日

　　《孫殿英軍的駐地問題》，天津《益世報》社論。

1934 年 1 月 24 日

　　《日外相廣田的演說》，天津《益世報》社論。

1934 年 1 月 25 日

　　《福建的軍事善後》，天津《益世報》社論。

1934 年 1 月 26 日

　　《四中全會的總檢討》，天津《益世報》社論。

1934 年 1 月 27 日

《論整理並減輕田賦》，天津《益世報》社論。

1934 年 1 月 29 日

《一‧二八二週年又過去矣！》，天津《益世報》社論。

1934 年 1 月 30 日

《如何消弭疏附之變》，天津《益世報》社論。

1934 年 1 月 31 日

《政府不要辜負人民擁護統一的苦心》，天津《益世報》社論。

1934 年 2 月 1 日

《法國內閣的更迭》，天津《益世報》社論。

1934 年 2 月 2 日

《藏事不可忽視》，天津《益世報》社論。

1934 年 2 月 4 日

《再論疏附事件》，天津《益世報》社論。

1934 年 2 月 5 日

《美國的新貨幣法》，天津《益世報》社論。

1934 年 2 月 6 日

《省長制與委員制》，天津《益世報》社論。

1934 年 2 月 7 日

《古物的政治可以不玩了罷！》，天津《益世報》社論。

1934 年 2 月 8 日

《工程師組四川考察團》，天津《益世報》社論。

1934 年 2 月 9 日

《華僑的疾苦》，天津《益世報》社論。

1934 年 2 月 10 日

《錢幣革命不可隨便提倡》，天津《益世報》社論。

1934 年 2 月 11 日

　　《山海關之回收》，天津《益世報》社論。

1934 年 2 月 12 日

　　《用洋人與迷信洋人》，天津《益世報》社論。

1934 年 2 月 13 日

　　《讀汪蔣眞電感言》，天津《益世報》社論。

1934 年 2 月 17 日

　　《國際環境與外交路線》，天津《益世報》社論。

1934 年 2 月 18 日

　　《怎樣可以促進我們國家的近代化》，天津《益世報》社論。

1934 年 2 月 19 日

　　《裁軍問題與中國》，天津《益世報》社論。

1934 年 2 月 20 日

　　《英日間的商戰》，天津《益世報》社論。

1934 年 2 月 21 日

　　《統一中國的途徑》，天津《益世報》社論。

1934 年 2 月 22 日

　　《中日問題果能解決嗎？》，天津《益世報》社論。

1934 年 2 月 23 日

　　《對日應採取何種策略》，天津《益世報》社論。

1934 年 2 月 24 日

　　《復興民族幾個必備條件（上）》，天津《益世報》社論。

1934 年 2 月 25 日

　　《復興民族幾個必備條件（下）》，天津《益世報》社論。

1934 年 2 月 26 日

　　《二次大戰在醞釀中》，天津《益世報》社論。

1934 年 2 月 27 日

　　《冀中學畢業會考》，天津《益世報》社論。

1934 年 2 月 28 日

　　《奧國問題的危險性》，天津《益世報》社論。

1934 年 3 月 1 日

　　《長春今日的傀儡戲》，天津《益世報》社論。

1934 年 3 月 2 日

　　《憲法初稿評議》，天津《益世報》社論。

1934 年 3 月 3 日

　　《白銀問題（上）》，天津《益世報》社論。

1934 年 3 月 4 日

　　《白銀問題（下）》，天津《益世報》社論。

1934 年 3 月 5 日

　　《德奧與歐洲》，天津《益世報》社論。

1934 年 3 月 6 日

　　《剿匪工作的進展》，天津《益世報》社論。

1934 年 3 月 7 日

　　《教部派員視察高等教育》，天津《益世報》社論。

1934 年 3 月 8 日

　　《內蒙的自治》，天津《益世報》社論。

1934 年 3 月 9 日

　　《傀儡僭號與西南態度》，天津《益世報》社論。

1934 年 3 月 11 日

　　《何以彌貪污豪奪之風》，天津《益世報》社論。

1934 年 3 月 12 日

　　《所謂承認偽國謠言》，天津《益世報》社論。

1934 年 3 月 13 日

　《天津救國基金用途之商榷》，天津《益世報》社論。

1934 年 3 月 14 日

　《當前幾個政治問題》，天津《益世報》社論。

1934 年 3 月 16 日

　《由兒童年想到育嬰和優生》，天津《益世報》社論。

1934 年 3 月 17 日

　《英兵侵入滇邊事件》，天津《益世報》社論。

1934 年 3 月 18 日

　《爲新生活運動進一解》，天津《益世報》社論。

1934 年 3 月 19 日

　《意奧匈成立三角協定》，天津《益世報》社論。

1934 年 3 月 20 日

　《對日外交之東西兩向》，天津《益世報》社論。

1934 年 3 月 21 日

　《有新環境然後有新生活》，天津《益世報》社論。

1934 年 3 月 22 日

　《生產建設應如何著手？》，天津《益世報》社論。

1934 年 3 月 23 日

　《建設與工程教育》，天津《益世報》社論。

1934 年 3 月 24 日

　《論憲稿中人民代表機關的保守性》，天津《益世報》社論。

1934 年 3 月 25 日

　《日美關係的轉變》，天津《益世報》社論。

1934 年 3 月 26 日

　《孫殿英與劉桂堂》，天津《益世報》社論。

1934 年 3 月 27 日

《中美修改商約》，天津《益世報》社論。

1934 年 3 月 28 日

《經濟委員會的過去與未來》，天津《益世報》社論。

1934 年 3 月 29 日

《西南與中央》，天津《益世報》社論。

1934 年 3 月 30 日

《廢除苛捐雜稅》，天津《益世報》社論。

1934 年 3 月 31 日

《國聯改組問題》，天津《益世報》社論。

1934 年 4 月 1 日

《論憲草中的人權章》，天津《益世報》社論。

1934 年 4 月 3 日

《論華北大勢——兼送黃委員長南行》，天津《益世報》社論。後收入郭貴儒主編：《20 世紀中國經世文編》，第 4 冊，民國卷三，第 293～298 頁。

1934 年 4 月 4 日

《戴宋西巡與開發西北》，天津《益世報》社論。

1934 年 4 月 5 日

《河北的內政》，天津《益世報》社論。

1934 年 4 月 6 日

《唐山工潮》，天津《益世報》社論。

1934 年 4 月 7 日

《請中央政府嚴剿劉桂堂》，天津《益世報》社論。

1934 年 4 月 8 日

《廣田召駐外日使回國》，天津《益世報》社論。

1934 年 4 月 9 日

《對日要不卑不亢》，天津《益世報》社論。

1934 年 4 月 10 日

　　《日本之外交策略》，天津《益世報》社論。

1934 年 4 月 11 日

　　《康藏間的糾紛》，天津《益世報》社論。

1934 年 4 月 12 日

　　《論中日問題告日本人》，天津《益世報》社論。

1934 年 4 月 13 日

　　《通車通郵之害》，天津《益世報》社論。

1934 年 4 月 14 日

　　《讀戴傳賢請禁發掘古墓電感言》，天津《益世報》社論。

1934 年 4 月 15 日

　　《華北對日的外交方略》，天津《益世報》社論。

1934 年 4 月 16 日

　　《宋孔組銀公司》，天津《益世報》社論。

1934 年 4 月 17 日

　　《教部關於高等教育的設施》，天津《益世報》社論。

1934 年 4 月 18 日

　　《銀行應借錢給河北農民》，天津《益世報》社論。

1934 年 4 月 19 日

　　《黃郛與華北》，天津《益世報》社論。

1934 年 4 月 20 日

　　《日本的恐嚇政策》，天津《益世報》社論。

1934 年 4 月 21 日

　　《再論日本的東亞政策》，天津《益世報》社論。

1934 年 4 月 22 日

　　《國際形勢的鳥瞰》，天津《益世報》社論。

1934 年 4 月 23 日

《蒙古自治政委會成立》，天津《益世報》社論。

1934 年 4 月 24 日

《西南與對日外交》，天津《益世報》社論。

1934 年 4 月 25 日

《我們不能孤立》，天津《益世報》社論。

1934 年 4 月 26 日

《美國與中日問題》，天津《益世報》社論。

1934 年 4 月 27 日

《論日本外務省與軍部》，天津《益世報》社論。

1934 年 4 月 28 日

《建設西北》，天津《益世報》社論。

1934 年 4 月 29 日

《英國與中日問題》，天津《益世報》社論。

1934 年 4 月 30 日

《天津紗業的救濟》，天津《益世報》社論。

1934 年 4 月

◆〔英〕屈勒味林著、錢端升譯：《英國史》（上、中、下），上海：商務印書館。

◆《德國的政府》（硬皮本），上海：商務印書館。

1934 年 5 月 1 日

《俄國與中日問題》，天津《益世報》社論。

1934 年 5 月 2 日

《一旬餘來的日本外交》，天津《益世報》社論。

1934 年 5 月 3 日

《菲律濱的獨立》，天津《益世報》社論。

1934 年 5 月 4 日

　　《對日外交與內部統一》，天津《益世報》社論。

1934 年 5 月 6 日

　　《中國能和日本妥協麼？》，天津《益世報》社論。

1934 年 5 月 7 日

　　《五七紀念告中日國民》，天津《益世報》社論。

1934 年 5 月 8 日

　　《蔣委員長對於軍隊的期望》，天津《益世報》社論。

1934 年 5 月 9 日

　　《論所謂直接交涉》，天津《益世報》社論。

1934 年 5 月 10 日

　　《如何改進有娛樂性的藝術》，天津《益世報》社論。

1934 年 5 月 11 日

　　《國人應多去日本遊歷考察》，天津《益世報》社論。

1934 年 5 月 12 日

　　《日本反對中國與外國合作》，天津《益世報》社論。

1934 年 5 月 13 日

　　《畢業會考應嚴厲實行》，天津《益世報》社論。

1934 年 5 月 14 日

　　《評拉西曼報告並論技術合作的將來》，天津《益世報》社論。

1934 年 5 月 15 日

　　《努力禁煙毒》，天津《益世報》社論。

1934 年 5 月 16 日

　　《國聯與通郵問題》，天津《益世報》社論。

1934 年 5 月 17 日

　　《政府應與教廷換使節》，天津《益世報》社論。

1934 年 5 月 18 日

《山海關通車問題》，天津《益世報》社論。

1934 年 5 月 19 日

《合理化的節約運動》，天津《益世報》社論。

1934 年 5 月 20 日

《戰區的內政外交》，天津《益世報》社論。

1934 年 5 月 21 日

《財政會議之所應努力》，天津《益世報》社論。

1934 年 5 月 22 日

《黑田案件及日本政局》，天津《益世報》社論。

1934 年 5 月 23 日

《遠東運動會的滅亡》，天津《益世報》社論。

1934 年 5 月 24 日

《薩爾瓦多為日本作倀》，天津《益世報》社論。

1934 年 5 月 25 日

《美國的復興工作及其批評者》，天津《益世報》社論。

1934 年 5 月 26 日

《有吉回任與中日外交》，天津《益世報》社論。

1934 年 5 月 28 日

《財政會議的成績》，天津《益世報》社論。

1934 年 5 月 29 日

《中俄關係應更密切》，天津《益世報》社論。

1934 年 5 月 30 日

《海軍軍縮會議預備會》，天津《益世報》社論。

1934 年 5 月 31 日

《塘沽停戰協定的一週年》，天津《益世報》社論。

1934 年 5 月

◆《法國的政府》（硬皮本），上海：商務印書館。

1934 年 6 月 2 日

《裁軍會議的末日》，天津《益世報》社論。

1934 年 6 月 3 日

《「不承認主義」與薩爾瓦多》，天津《益世報》社論。

1934 年 6 月 4 日

《改革漢字之商榷》，天津《益世報》社論。

1934 年 6 月 5 日

《參觀鐵展後的幾個感想》，天津《益世報》社論。

1934 年 6 月 6 日

《中國建設銀公司之展望》，天津《益世報》社論。

1934 年 6 月 8 日

《遊資集中與經濟建設》，天津《益世報》社論。

1934 年 6 月 9 日

《裁軍之現階段》，天津《益世報》社論。

1934 年 6 月 10 日

《監察院木框公佈彈劾案》，天津《益世報》社論。

1934 年 6 月 11 日

《暑期軍訓之認識》，天津《益世報》社論。

1934 年 6 月 12 日

《中日懸案與東亞和平》，天津《益世報》社論。

1934 年 6 月 13 日

《北平大學生群毆之風》，天津《益世報》社論。

1934 年 6 月 14 日

《論捲煙改稅》，天津《益世報》社論。

1934 年 6 月 15 日

《歐美間之戰債問題》，天津《益世報》社論。

1934 年 6 月 16 日

《上海各銀行投資農村之計劃》，天津《益世報》社論。

1934 年 6 月 17 日

《十省最近施政報告》，天津《益世報》社論。

1934 年 6 月 18 日

《意德成立新諒解之檢討》，天津《益世報》社論。

1934 年 6 月 19 日

《提倡國貨運動》，天津《益世報》社論。

1934 年 6 月 20 日

《縣長任用辦法與刷新庶政》，天津《益世報》社論。

1934 年 6 月 21 日

《初等教育》，天津《益世報》社論。

1934 年 6 月 22 日

《告大專畢業生》，天津《益世報》社論。

1934 年 6 月 23 日

《再論暑期軍訓》，天津《益世報》社論。

1934 年 6 月 24 日

《論遺產稅法草案》，天津《益世報》社論。

1934 年 6 月 25 日

《大學畢業生出路問題》，天津《益世報》社論。

1934 年 6 月 26 日

《西南與剿匪》，天津《益世報》社論。

1934 年 6 月 27 日

《大學校長可掛名乎？》，天津《益世報》社論。

1934 年 6 月 28 日

　　《日本要求減稅》，天津《益世報》社論。

1934 年 6 月 29 日

　　《平潘通車以後》，天津《益世報》社論。

1934 年 6 月 30 日

　　《中學生的出路》，天津《益世報》社論。

1934 年 6 月

　　◆《德國的政府》（平裝本），上海：商務印書館。

1934 年 7 月 2 日

　　《新聞紙與政府》，天津《益世報》社論。

1934 年 7 月 3 日

　　《德國未成的政變》，天津《益世報》社論。

1934 年 7 月 4 日

　　《日本齋藤內閣辭職》，天津《益世報》社論。

1934 年 7 月 5 日

　　《省府合署辦公》，天津《益世報》社論。

1934 年 7 月 6 日

　　《日本政局的展望》，天津《益世報》社論。

1934 年 7 月 7 日

　　《平潘直達車中的日警》，天津《益世報》社論。

1934 年 7 月 8 日

　　《全國礦冶地質展覽會開幕》，天津《益世報》社論。

1934 年 7 月 9 日

　　《擴大縣政府組織之商榷》，天津《益世報》社論。

1934 年 7 月 10 日

　　《論整理舊債》，天津《益世報》社論。

1934 年 7 月 11 日

《憲法草案修正稿評議》，天津《益世報》社論。

1934 年 7 月 12 日

《監察院彈劾顧孟餘案》，天津《益世報》社論。

1934 年 7 月 13 日

《歐洲和平運動的新趨勢》，天津《益世報》社論。

1934 年 7 月 14 日

《如何救濟水旱兩災》，天津《益世報》社論。

1934 年 7 月 15 日

《外債與建設》，天津《益世報》社論。

1934 年 7 月 16 日

《關稅與經濟政策》，天津《益世報》社論。

1934 年 7 月 17 日

《安定政局》，天津《益世報》社論。

1934 年 7 月 18 日

《蘇聯將入國聯》，天津《益世報》社論。

1934 年 7 月 19 日

《斥自殺》，天津《益世報》社論。

1934 年 7 月 20 日

《華北高等教育的改進》，天津《益世報》社論。

1934 年 7 月 21 日

《監察院與監察權》，天津《益世報》社論。

1934 年 7 月 22 日

《會考結果與中等教育》，天津《益世報》社論。

1934 年 7 月 23 日

《海軍預備會議的停頓》，天津《益世報》社論。

1934 年 7 月 24 日

《上海市政公債之暢銷》，天津《益世報》社論。

1934 年 7 月 25 日

《職業運動大同盟》，天津《益世報》社論。

1934 年 7 月 26 日

《榮氏棉紗麵粉事業之善後》，天津《益世報》社論。

1934 年 7 月 27 日

《所謂大連會議》，天津《益世報》社論。

1934 年 7 月 28 日

《奧總理被刺後》，天津《益世報》社論。

1934 年 7 月 29 日

《軍官訓練團》，天津《益世報》社論。

1934 年 7 月 30 日

《臺灣開了對岸會議以後》，天津《益世報》社論。

1934 年 7 月 31 日

《再論安定政局》，天津《益世報》社論。

1934 年 8 月 1 日

《奧大利問題的演化》，天津《益世報》社論。

1934 年 8 月 2 日

《撙節公帑以救災難》，天津《益世報》社論。

1934 年 8 月 3 日

《悼興登堡總統》，天津《益世報》社論。

1934 年 8 月 4 日

《統制教育與職業運動》，天津《益世報》社論。

1934 年 8 月 5 日

《願國人注意民族健康》，天津《益世報》社論。

1934 年 8 月 6 日

《廣九鐵路修約及其重要性》，天津《益世報》社論。

1934 年 8 月 7 日

《農村合作事業》，天津《益世報》社論。

1934 年 8 月 9 日

《考試制度之推行》，天津《益世報》社論。

1934 年 8 月 10 日

《戰區之整理》，天津《益世報》社論。

1934 年 8 月 11 日

《大學畢業生之失望與失業》，天津《益世報》社論。

1934 年 8 月 12 日

《論生產教育》，天津《益世報》社論。

1934 年 8 月 13 日

《美國宣佈白銀國有》，天津《益世報》社論。

1934 年 8 月 14 日

《論所謂的既定的對日方針》，天津《益世報》社論。

1934 年 8 月 15 日

《關於憲法草案的根本問題》，天津《益世報》社論。

1934 年 8 月 18 日

《日蘇衝突的尖銳化》，天津《益世報》社論。

1934 年 8 月 19 日

《海會聲中之軍備戰》，天津《益世報》社論。

1934 年 8 月 20 日

《外國一致提高日貨關稅》，天津《益世報》社論。

1934 年 8 月 21 日

《德國的總投票》，天津《益世報》社論。

1934 年 8 月 22 日

　《政治設施應從切實簡單著手》，天津《益世報》社論。

1934 年 8 月 23 日

　《貧民法律扶助會》，天津《益世報》社論。

1934 年 8 月 25 日

　《學會與進步》，天津《益世報》社論。

1934 年 8 月 26 日

　《五全大會與其使命》，天津《益世報》社論。

1934 年 8 月 28 日

　《日本與海軍會議》，天津《益世報》社論。

1934 年 8 月 29 日

　《英自由黨與自由主義》，天津《益世報》社論。

1934 年 8 月 30 日

　《救災與糧食運銷局》，天津《益世報》社論。

1934 年 9 月 2 日

　《工業化之途徑》，天津《益世報》社論。

1934 年 9 月 3 日

　《日本與東亞戰機》，天津《益世報》社論。

1934 年 9 月 4 日

　《公文式的行政與實在的行政》，天津《益世報》社論。

1934 年 9 月 5 日

　《招商局的整理改進》，天津《益世報》社論。

1934 年 10 月 1 日

　《評立憲運動及憲草修正案》，《東方雜誌》，第 31 卷第 19 號。（全文見《自選集》，第 459～476 頁。）

1934 年 10 月

　◎陳之邁：《〈德國的政府〉；Herbert Kraus："The Crisis of German Democracy"

（書評）》，《清華學報》，第 9 卷第 4 期。

1934 年 11 月 1 日

《評中華民國憲法草案》，《東方雜誌》，第 31 卷第 21 期。（全文見《自選集》，第 477～486 頁。東海大學圖書館藏王徵編的《東方雜誌論文索引》，記載年份爲「民 22」有誤，見《圖書館學報》，1965 年第 7 期。）

1934 年 12 月 20 日

何炳松、錢端升等：《中國對於未來世界戰爭之方針專號——各界人士意見特輯》，《外交評論》，第 3 卷 11～12 期。（《自選集》，第 714 頁。按：共有 94 位各界人士發表意見，第 11 篇爲錢端升所著。）

1935 年 2 月 1 日

《論極權主義》，《半月評論》（南京），第 1 卷 1 期。後載《大公報》，第五版，1935 年 2 月 9～10 日。

1935 年 3 月 16 日

《借款與外交》，《半月評論》，第 1 卷 4 期。

1935 年 8 月 4 日

《對於六中全會的期望》，《獨立評論》，第 7 卷 162 號。後載《華年》周刊，第 4 卷第 33 期，1935 年 8 月 24 日。

1935 年 10 月 19 日

《中央政治的改善》，《華年》周刊，第 4 卷 41 期。

1935 年 10 月

《青年與國家》，《申報》。亦見《知用學生》，第 1 卷第 6 期，1935 年 12 月；《廣播周報》，第 63 期第 1 號，1935 年 11 月 30 日。《江西教育》（教育播音演講第 1 輯），第 19 期，1936 年 5 月 30 日。（《自選集》，第 714 頁。中山文化教育館編：《期刊著者索引》，第 5 卷第 3 期，第 3155 頁。）

1935 年 11 月 1 日

《國憲與黨章》，《半月評論》（南京），第 1 卷 19 期。

1935 年 12 月

李樸生：《改善現行委員制之必要》，《行政效率》，第 3 卷合訂本（7～12

月），其文附有中央改制問題時論的分析一表，其中包括：陳之邁、錢端升、胡適、汪精衛、君衡、張佛泉、徐公達、李集賢、陳公博、《大公報》社評、蔣錚一等。

1935 年

《迷信與習慣》（缺）。（待考。《自選集》，第 714 頁。）

▲《各種職業的薪給不能相差太遠》（缺）。（待考。《自選集》，第 714 頁。）

▲《政治活動應制度化》（缺）。（待考。全文見《自選集》，第 500～502 頁。）

1936 年 1 月 1 日

《孫中山先生的憲法觀念》，《民族》，第 4 卷第 1 期。（待考。《自選集》第 714 頁記爲 1935 年 10 月，有誤。）

▲《論中日關係》，《中國新論》，第 2 卷第 1 期。（待考。《自選集》第 714 頁記載年份爲 1935 年，有誤。中山文化教育館編：《期刊著者索引》，第 5 卷第 4 期，第 3484 頁。）

▲《怎樣做一個現代中國的青年》，《中國學生》，第 2 卷第 1～4 期。

1936 年 2 月 10 日

《論中日邦交告日本人》，《日本評論》，第 8 卷第 1 期。（《自選集》第 714 頁記爲 1935 年，有誤。）

1936 年 4 月

《波蘭新憲法》，《國立中央大學社會科學叢刊》，第 2 卷第 2 期。（《自選集》，第 715 頁。）

1936 年 5 月 15 日

《世界資源重新分配問題》，《中國國際聯盟同志會月刊》創刊號。

1936 年 7 月

◎陳之邁：《〈法國的政府〉；邱昌渭：〈議會制度〉》（書評），清華大學《社會科學》，第 1 卷第 4 期。

1936 年 12 月

◆王世杰、錢端升：《比較憲法》，上海：商務印書館。

▲據不完全統計，各種版本大略如下：1936 年 12 月之前爲王世杰獨著本。

1927 年 9 月初版、1929 年 1 月再版、1930 年再版、1933 年 7 月國難後第 1
版、1935 年 5 月國難後 2 版、1935 年 12 月國難後 4 版、1936 年 12 月國難
後增訂第 3 版、1937 年 3 月初版、1937 年 6 月國難後增訂第 6 版，1938
年 3 月初版、1943 年 12 月重慶第 3 版（增訂 4 版）、1946 年 3 月滬 4 版、
1946 年 12 月上海增訂第 5 版、1947 年 10 月上海增訂第 7 版、1947 年 12
月上海增訂第 8 版、1948 年 6 月上海增訂第 9 版、1948 年 8 月滬 10 版。

1937 年 2 月 5 日

《論官等官俸》，《行政研究》，第 2 卷第 2 期。（全文見《自選集》，第 503～518
頁。）

1937 年 2 月 15 日

《國聯與和平機構》，《世界政治》，第 1 卷第 2 期。

1937 年 4 月

《蘇聯新憲法》，《國立武漢大學社會科學季刊》，第 7 卷第 3 號。

1937 年 6 月

◆錢端升、薩師炯等：《民國政制史（上）》，上海：商務印書館。

1937 年 7 月

◎ "Hsü, Die Verfassungswandlung（書評）"，《清華學報》（季刊），第 12
卷第 3 期。

1937 年 7 月

◎ "Salvemini: Under the Axe of Fascism（《法西斯統治下的意大利》）（書
評）"；"Schneider: The Fascist Government of Italy（《意大利的法西斯政
府》）；Bornhak, Das Italienische Staatsrechl des Fascismus（書評）"；Finer:
"Mussolini's Italy（《墨索里尼統治下的意大利》）（書評）"，清華大學《社
會科學》，第 2 卷第 4 期。

1938 年 9 月

《擁護國聯與制裁侵略》，《重慶日報》（缺）。（待考。《自選集》僅存目，第 715
頁。）

1938 年 10 月 9 日

《論外交根本政策》,《新民族》，第 2 卷 13 期；後連載《雲南日報》，1938
年 11 月 11、12 日，第三版。(《自選集》，第 715 頁。《雲南日報》目錄和文章分別由
聞黎明先生和謝慧提供。)

1938 年 10 月 15 日

《慕尼黑協定與歐洲和平》,《時事月報》，第 19 卷第 5 期。

1938 年 11 月 16 日

《建設期內的行政改善》,《新經濟》（半月刊），創刊號。

1938 年 12 月 1 日

《論國聯政策為唯一正大而有利的政策》,《世界政治》，第 3 卷第 9 期。

1938 年 12 月 26 日

《昨雲南起義紀念會，錢端升演詞》,《朝報》，第 2 版。(目錄和文章由聞黎明先
生和謝慧提供。)

1939 年 1 月 1 日

《統一與一致》,《今日評論》，第 1 卷第 1 號。(除時事短評外，所有《今日評論》
目錄由謝慧提供。)

《國聯政策的實施及運用》,《世界政治》，第 4 卷第 1 期。

▲《元旦獻詞－民國廿八年的展望》，昆明《朝報》。(目錄和文章由聞黎明先生
提供。)

1939 年 1 月 8 日

※端:《汪精衛提和事件》（短評）,《今日評論》，第 1 卷第 2 號。

1939 年 1 月 15 日

《對於六中全會的企望》,《今日評論》，第 1 卷第 3 號。

▲《論張伯倫的綏靖政策》,《雲南日報》（星期論文），第 3 版。(目錄和文章
由聞黎明先生和謝慧提供。)

1939 年 1 月 22 日

※端:《英政府一月十四日的對日照會》（短評）,《今日評論》，第 1 卷第 4
號。

※端：《關稅擔保各債賠款的新處置》（短評），《今日評論》，第 1 卷第 4 號。

1939 年 1 月 29 日

《英美法制日助我的最近形勢》，《今日評論》，第 1 卷第 5 號。後載《半月文摘》（重慶），第 3 卷 4 期，1939 年 2 月 10 日；《改進半月刊》，創刊號，1939 年 4 月 1 日。

※端：《國聯行政院會議》（短評），《今日評論》，第 1 卷第 5 號。

1939 年 2 月 5 日

※端：《西班牙內戰》（短評），《今日評論》，第 1 卷第 6 號。

1939 年 2 月 12 日

《政治的制度化》，《今日評論》，第 1 卷第 7 號。後載《時代文選》，第 1 卷第 2 期，1939 年 4 月 20 日。

※端：《美總統援助英法》（短評），《今日評論》，第 1 卷第 7 號。

1939 年 2 月 19 日

※山：《交通管理問題》（短評），《今日評論》，第 1 卷第 8 號。

1939 年 3 月 12 日

《抗戰致勝的途徑》，《今日評論》，第 1 卷第 11 號。

▲《抗戰第二期的政治》，昆明《益世報》（星期評論），後載《益世週報》，第 2 卷第 11 期，1939 年 3 月 24 日。（《自選集》第 715 頁記載爲天津《益世報》有誤，應爲昆明《益世報》。目錄和文章分別由聞黎明先生和謝慧提供。）

※壽：《西班牙內戰的結束》（短評），《今日評論》，第 1 卷第 11 號。

記者：《英美記者論歐美局勢》（通信），《今日評論》，第 1 卷第 11 期。

1939 年 3 月 19 日

《抗戰致勝的政治》，《今日評論》，第 1 卷第 12 號。

1939 年 3 月 26 日

《捷克滅亡後的歐局》，《今日評論》，第 1 卷第 13 號。後轉《半月文摘》（重慶），第 3 卷第 7 期，1939 年 4 月 25 日。

1939 年 3 月

◆錢端升、薩師炯等：《民國政制史（下）》，重慶：商務印書館。

1939 年 4 月 16 日

《侵略集團與防侵略集團》，《今日評論》，第 1 卷第 16 號。

※壽：《意大利侵佔阿爾巴尼亞》（短評），《今日評論》，第 1 卷 16 號。

1939 年 4 月 23 日

《幾件戰時的不急政事》，《今日評論》，第 1 卷第 17 號。

※《羅斯福的和平運動》（短評），《今日評論》，第 1 卷第 17 號。

1939 年 4 月 30 日

※端：《羅斯福和平建議的進展》（短評），《今日評論》，第 1 卷第 18 號。

1939 年 4 月 25 日

《捷克滅亡後的歐局》，《半月文摘》（重慶），第 3 卷第 7 期。

1939 年 5 月 14 日

※端：《雲南龍主席斥「和」》（短評），《今日評論》，第 1 卷 20 號。

※壽：《英蘇談判》（短評），《今日評論》，第 1 卷 20 號。

1939 年 5 月 21 日

※山：《日人排擠外商在華航業》（短評），《今日評論》，第 1 卷 21 號。

1939 年 6 月 4 日

※端：《國聯行政院會議》（短評），《今日評論》，第 1 卷第 23 號。

1939 年 6 月 18 日

※壽：《歐洲危機復迫的傳說》（短評），《今日評論》，第 1 卷第 25 號。

※端：《國府令緝汪兆銘》（短評），《今日評論》，第 1 卷第 25 號。

1939 年 6 月 25 日

《英蘇談判的前途》，《雲南日報》（星期論文），第二版。（目錄和文章由聞黎明先生和謝慧提供。）

《抗戰的目的》，《今日評論》，第 2 卷第 1 號。

※端：《悼荷蘭人蒲德利等》（短評），《今日評論》，第 2 卷第 1 號。

1939 年 7 月 9 日

《抗戰中國際形勢的轉變》，《今日評論》，第 2 卷第 3 號。

1939 年 7 月 16 日

　　※青：《肅清私存煙土》（短評），《今日評論》，第 2 卷第 4 號。

1939 年 7 月 23 日

　　※青：《省參議會漸次成立》（短評），《今日評論》，第 2 卷第 5 號。

　　※山：《調平後方物價》（短評），《今日評論》，第 2 卷第 5 號。

　　※端：《最近的國際形勢》（短評），《今日評論》，第 2 卷第 5 號。

1939 年 7 月 30 日

　　※端：《外匯比率又生變化》（短評），《今日評論》，第 2 卷第 6 號。

1939 年 7 月

　　《論今後的抗戰》，《國民日報》（缺）。（待考。《自選集》，第 715 頁。）

1939 年 8 月 6 日

　　《英美對日外交的新變化》，《今日評論》，第 2 卷第 7 號。

　　▲《自助然後人助》，昆明《益世報》（星期評論），第二版。後載《新南星》，第 5 卷第 12 期，1939 年 12 月 1 日。（《益世報》目錄和文章由聞黎明先生和謝慧提供。）

1939 年 8 月 13 日

　　《歐洲各國的軍備及戰略》，《今日評論》，第 2 卷第 8 號。

　　※端：《英法蘇談判快要成功》（短評），《今日評論》，第 2 卷第 8 號。

1939 年 9 月 3 日

　　《蘇德新條約及世界新局面》，《今日評論》，第 2 卷第 11 號。

1939 年 9 月 24 日

　　※山：《戰局底下的外交》（短評），《今日評論》，第 2 卷第 14 號。

1939 年 9 月

　　《圖書季刊》第 1 卷第 3 期介紹錢端升等所著《民國政制史》。

1939 年 10 月 1 日

　　※山：《中立法的誘惑正與美國對時局的態度》（短評），《今日評論》，第 2 卷第 15 號。

1939 年 10 月 8 日

　　※山：《湖北戰事》（短評），《今日評論》，第 2 卷第 16 號。

1939 年 10 月 15 日

　　※山：《湖北大捷》（短評），《今日評論》，第 2 卷第 17 號。

1939 年 10 月 22 日

　　※山：《改進川政》（短評），《今日評論》，第 2 卷第 18 號。

1939 年 10 月 29 日

　　※山：《蘇德的結合》（短評），《今日評論》，第 2 卷第 19 號。

1939 年 11 月 5 日

　　※山：《歐洲戰事沉寂》（短評），《今日評論》，第 2 卷第 20 號。

1939 年 11 月 12 日

　　※山：《敵人外交的苦悶》（短評），《今日評論》，第 2 卷第 21 號。

1939 年 11 月 19 日

　　※山：《六中全會》（短評），《今日評論》，第 2 卷第 22 號。

1939 年 11 月 26 日

　　※山：《敵人在欽州灣登陸》（短評），《今日評論》，第 2 卷第 23 號。

1939 年 12 月 3 日

　　※山：《桂南戰局》（短評），《今日評論》，第 2 卷第 24 號。

1940 年 1 月 16 日

　　《淺說民權與極權（講座）》，《讀書通訊》，第 9 期。

1940 年 1 月 7 日

　　※山：《新年捷報》（短評），《今日評論》，第 3 卷第 1 號。

1940 年 1 月 14 日

　　※山：《東南歐的外交局勢》（短評），《今日評論》，第 3 卷第 2 號。

1940 年 1 月 21 日

　　※壽：《風雲幻變的東南歐》（短評），《今日評論》，第 3 卷第 3 號。

※山：《德國與荷比中立》（短評），《今日評論》，第 3 卷第 3 號。

1940 年 1 月 28 日

　※壽：《關於小學教師》（短評），《今日評論》，第 3 卷第 4 號。

1940 年 2 月 11 日

　※壽：《巴爾幹協商國會議》（短評），《今日評論》，第 3 卷第 6 號。

1940 年 2 月 18 日

　※壽：《威爾斯訪歐》（短評），《今日評論》，第 3 卷第 7 號。

1940 年 2 月 25 日

　※山：《桂南大捷》（短評），《今日評論》，第 3 卷第 8 號。

1940 年 3 月 3 日

　《一九四〇年的美國》，《今日評論》，第 3 卷第 9 號。

　※山：《蘇芬戰事與北歐局勢》（短評），《今日評論》，第 3 卷第 9 號。

1940 年 3 月 10 日

　《美國當前的外交政策》，《今日評論》，第 3 卷 10 號。

　※端：《悼蔡孑民先生》（短評），《今日評論》，第 3 卷第 10 號。

　※山：《人事行政會議》（短評），《今日評論》，第 3 卷第 10 號。

1940 年 3 月 17 日

　《中日戰爭與美國今後的行動》，《今日評論》，第 3 卷 11 號。

　※端：《威爾斯訪歐》（短評），《今日評論》，第 3 卷第 11 號。

1940 年 3 月 24 日

　《歐戰與美國今後的行動》，《今日評論》，第 3 卷 12 號。

　※端：《希特勒與莫索里尼會談》（短評），《今日評論》，第 3 卷第 12 號。

1940 年 3 月 31 日

　※壽：《日來的歐洲局勢》（短評），《今日評論》，第 2 卷第 13 號。

　※山：《加緊團結》（短評），《今日評論》，第 2 卷第 13 號。

1940 年 4 月 21 日

　※山：《北歐戰事》（短評），《今日評論》，第 3 卷第 16 期。

1940 年 4 月 28 日

　《歐戰的推演與中國的地位》，《今日評論》，第 3 卷 17 號。

　※山：《巴爾干與戰局》，《今日評論》，第 3 卷第 17 號。

1940 年 5 月 5 日

　《今日的財政及經濟》，《今日評論》，第 3 卷 18 號。

　※端：《蔣兼主席勸蜀紳服務地方》（短評），《今日評論》，第 3 卷第 18 號。

1940 年 5 月 12 日

　《論戰時的行政機構》，《今日評論》，第 3 卷 19 號。

1940 年 5 月 19 日

　《今後的外交》，《今日評論》，第 3 卷 20 號。

　※山：《鄂南鄂北大捷》（短評），《今日評論》，第 3 卷第 20 號。

　※端：《英閣改組》（短評），《今日評論》，第 3 卷第 20 號。

1940 年 5 月 26 日

　《制憲與行憲》，《今日評論》，第 3 卷 21 號。

1940 年 6 月 9 日

　《論黨》，《今日評論》，第 3 卷 23 號。

　※山：《近日戰局》（短評），《今日評論》，第 3 卷第 23 號。

1940 年 6 月 16 日

　《大學往何處去》，《今日評論》，第 3 卷 24 號。

　※山：《襄西戰局》（短評），《今日評論》，第 3 卷第 24 號。

　※端：《日脅越南》（短評），《今日評論》，第 3 卷第 25 號。

1940 年 6 月 23 日

　《法國崩潰後的歐戰》，《今日評論》，第 3 卷 25 號。

1940 年 7 月 7 日

　《抗戰的三週年》，《今日評論》，第 4 卷第 1 號。

1940 年 7 月 14 日

　◎《孤立的美國（書評）》，《今日評論》，第 4 卷第 2 號。

1940 年 7 月 21 日

《德勝法敗的教訓》（星期論文），《國民日報》。（目錄和文章由聞黎明先生和謝慧提供。）

1940 年 7 月 28 日

《競選期中的美國內政外交》，《今日評論》，第 4 卷第 4 號。

1939 年 8 月 25 日

《論蘇德不侵犯條約》，《雲南日報》（專論），第二版。（目錄和文章由聞黎明先生和謝慧提供。）

1940 年 9 月 29 日

《國家今後的工作與責任》，《今日評論》，第 4 卷第 13 號。

1940 年 10 月 13 日

《我們需要的政治制度》，《今日評論》，第 4 卷第 15 號。

1940 年 10 月 20 日

《一黨與多黨》，《今日評論》，第 4 卷第 16 號。

1940 年 10 月 27 日

《論自由》，《今日評論》，第 4 卷第 17 號。

1940 年 11 月 3 日

《三國同盟後的世界局勢與蘇聯地位》，《今日評論》，第 4 卷第 18 號。

1940 年 11 月 10 日

《羅斯福當選與今後的美國》，《今日評論》，第 4 卷第 19 號。

1940 年 11 月 18 日

《我們需要的經濟政策》，《今日評論》，第 4 卷第 20 號。

1940 年 11 月 24 日

《我們需要的教育政策》，《今日評論》，第 4 卷第 21 號。

1940 年 12 月 1 日

《我們需要的世界政策》，《今日評論》，第 4 卷 22 號。

1940 年 12 月 8 日

　　《日僞訂約》,《今日評論》,第 4 卷 23 號。

1940 年 12 月 22 日

　　《大戰的趨勢》,《今日評論》,第 4 卷第 25 號。

1940 年 4 月 21 日

　　《歐戰的進展》,《雲南日報》（星期論文）,第二版。（目錄和文章由聞黎明先生和謝慧提供。）

1940 年 8 月 18 日

　　《我們需要怎樣一個世界》,《雲南日報》（星期論文）。（《自選集》,第 716 頁。目錄和文章由聞黎明先生和謝慧提供。）

1940 年 9 月 1 日

　　《淺說民權與極權》（講座）,《讀書通訊》（半月刊）,第 9 期。

1941 年 1 月 12 日

　　《民國三十年度的工作》,《今日評論》,第 5 卷第 1 號。

1941 年 1 月 19 日

　　《日本的南進》,《今日評論》,第 5 卷第 2 號。

1941 年 4 月 13 日

　　《論黨務》,《今日評論》,第 5 卷第 14 號。

1941 年 9 月 4 日

　　《新中國與一黨制》,《中央周刊》,第 4 卷第 4 期。（目錄由謝慧提供。）

1941 年 9 月 27 日

　　《三民主義的闡揚與宣傳》,《三民主義周刊》,第 2 卷第 1 期。

1941 年 10 月 4 日

　　《三民主義與新世界的建設》,《三民主義周刊》,第 2 卷第 2 期。

1942 年 3 月

　　◆《建國途徑》,重慶：中國文化服務社。

1942 年 4 月

《論中國的戰時政治體制》，《美國政治學評論》，第 36 卷第 5 號，1942 年 10 月。（Tuan-Sheng Chien, *War-Time Government in China,* The American Political Science Review, Vol. 36, No. 5.（Oct.，1942），pp. 850-872.）

1943 年 1 月 30 日

《新世序與世界公務員》，《世界政治》，第 7 卷第 19～20 期。

1943 年 1 月

《今後世界民權建設之展望》，中山文化教育館民權組編：《民權建設中的世界與中國》。（《自選集》，第 716 頁。該書共有 14 篇，包括：孫科：《民主世界中的民主中國》，《今後世界民權建設之展望》，費鞏：《英國民權之運用及制度》，楊幼炯：《我國民權建設之理論與實施》，吳紱徵：《人民權利之理論的認識》，張志讓：《人民自由在憲法上的保障與限制》等。還有附錄：《國民政府保障人權法令》。）

1943 年 3 月 15 日

《羅斯福四大自由之知與行》，《東方雜誌》，第 39 卷第 1 期（復刊號）。

▲《新世序的建設》，《三民主義半月刊》，第 2 卷第 6 期。

1943 年 3 月 25 日

《青年與和平的建設》，《世界學生》，第 2 卷第 3 期。

1943 年 5 月

《戰略與政略—評羅邱的作戰計劃》，《時事新報》（缺）。

1943 年 6 月 1 日

《勝利後之對日政策》，《日本評論》，第 16 卷第 9 期。

1943 年 6 月 3 日

《國際的經濟分工合作為和平基礎論》，《當代論壇》第 1 期。（《錢端升先生紀念文集》第 40 頁記載為《當代評論》，有誤。）

1943 年 6 月 17 日

《建國完成的期限》，《中央周刊》（重慶），第 5 卷第 44 期。

1943 年 6 月 30 日

《論戰後國之大小》，《東方雜誌》，第 39 卷第 8 期。（《自選集》，第 717 頁。）

1943 年 7 月

《新中國的要求》，美國《外交事務》，第 21 卷第 4 期。（T. S. Chien, *New China's Demands*, Foreign Affairs, Vol. 21, No. 4，（Jul.，1943），pp. 690-698）。

1943 年 8 月 15 日

《戰後應否有一國際人權宣言》，《國際編譯》，第 1 卷第 2 期。（《自選集》，第 717 頁。）

1943 年 10 月 16 日

◎汪冷觀：《讀王錢合著之〈比較憲法〉（書評）》，《讀書通訊》，第 76 期。

1943 年 11 月

◆《戰後世界之改造》，1943 年 11 月，重慶初版；1944 年 2 月重慶再版；1947 年 7 月上海初版。

1943 年 12 月

《中國戰時地方政府》，美國《太平洋事務》，第 16 卷第 4 號，1943 年 12 月。（Chien Tuan-Sheng, *War-Time Local Government in China*, Pacific Affairs, Vol. 16, No. 4.（Dec., 1943），pp. 441-460.）（《自選集》翻譯爲《太平洋季刊》。）

1943 年

《新世序的設計》，《大路半月刊》（江西泰和），第 8 卷第 6 期。

1944 年 1 月 20 日

《戰後和平會議的展望》，《中央周刊》，第 6 卷第 23 期。（目錄由謝慧提供。）

1944 年 2 月 10 日

◎羅應榮：《讀錢著〈戰後世界之改造〉（書評）》，《中央周刊》，第 6 卷第 25、26 期合刊。（目錄由謝慧提供。）

1944 年

《現代各國政治制度》，中央訓練團黨政高級訓練班教材。

1944 年 4 月 1 日

◎王鐵崖：《〈戰後世界之改造〉（書評）》，《讀書通訊》，第 87 期。

1944 年 6 月 15 日

《現代化》，《中國青年》，第 10 卷第 6 期。後收入三民主義青年團中央幹事

會文化建設運動委員會編：《文化建設論叢》，第一輯，青年出版社，1946年。

1945 年 1 月 9 日

《戰後中國的外交政策》，《中央日報》（昆明）第三版（缺）。（目錄由聞黎明先生提供。）

1945 年 8 月

◆錢端升、薩師炯等：《民國政制史》，重慶：商務印書館。

1945 年 9 月 1 日

《僵局如何打開——論中國政治的前途》，《民主周刊》（昆明），第 2 卷第 7期。後載《文萃》，第 5 期，1945 年 11 月 6 日，第 11～15 頁。收入章鐸馨編著：《民主初步講話》，上海：博覽書局，1945 年，第 50～57 頁。

1945 年 12 月 8 日

《華北會變成第三次世界大戰的橋梁嗎？》，《文萃》，第 12 期，1945 年 12月 25 日；原載上海《密勒氏評論報》，後收入《批判中國資產階級中間路線參考資料（第四輯）》，第 149～152 頁。

1946 年 5～6 月

《圖書季刊》第 7 卷第 1～2 期，介紹錢端升等所著《民國政制史》。

1946 年 10 月

《錢序》，施養成著：《中國省行政制度》，商務印書館，1947 年 5 月再版。

1946 年

《序》，薩師炯著：《清代內閣制度》，商務印書館。

1947 年 1 月 18 日

錢端升等：《北大教授致司徒雷登函》，《正報》（香港）（缺）。（《關於資產階級社會學、政治學、法學、經濟學資料索引》，第 88 頁）。

1947 年 1 月

《今後世界民權建設之展望》，中山文化教育館民權組：《民權建設中的世界與中國》（民權政治集刊第二輯），中華書局。（《自選集》第 716 頁記載《民權建設中的世界與中國》發表年月爲「1943 年 1 月號」。）

1947 年 3 月 1 日

《教師與進步》，《觀察》，第 2 卷第 1 期。後載《展望文摘》（重慶），創刊號，1947 年 4 月 22 日。

1947 年 3 月 15 日

《世界大勢與中國地位》，《觀察》，第 2 卷第 3 期。

1947 年 3 月 22 日

《唯和平始得統一論》，《觀察》，第 2 卷第 4 期。

1947 年 4 月 19 日

北京大學政治學系學生楊中順：《對於錢端升先生所擬「聯立路」的意見》，《觀察》，第 2 卷第 8 期。

1947 年 6 月 16 日

《軍人跋扈的中國政府》，香港《時代批評》（缺）。（《劍橋中華民國史》，第 2 卷，第 977 頁。按：1947 年 6 月 16 日香港《時代批評》，第 4 卷第 85 號復刊號上，並無此文記載。另據《中國的內戰》一書記載此文爲 1948 年 12 月 15 日。〔美〕胡蘇珊著、王海良、金燕、胡禮忠、許立冰譯、金光耀校對：《中國的內戰—1945～1949 年的政治鬥爭》，中國青年出版社，1997 年 11 月，第 228 頁。原載錢端升：《軍人保護〔跋扈〕的中國政府》，《時代批評》，1948 年 12 月 15 日，第 21～23 頁。）

1947 年 11 月 7 日

《最近國際局勢》，在中國國際學會第 4 次討論會講詞，後 1948 年由中國國際學會發行單行本（缺）。

1947 年 12 月 1 日

《要使國家近代化》，《遠東雜誌》，試刊號。

1947 年 12 月 14 日

《錢端升論羅隆基》，成都《新民晚刊》（缺）。

1948 年 9 月

《軍人在中國政府中的角色》，美國《太平洋事務》。（Ch'ien Tuan-sheng，*The Role of the Military in Chinese Government*, Pacific Affairs, Vol. 21, No. 3（Sep., 1948），pp. 239-251.）（《自選集》譯爲《太平洋季刊》。）

1949 年 5 月 21 日

《論如何解決北平人民的住的問題》，《人民日報》，第二版。

1949 年 11 月 1 日

《統一戰線・人民政權・共同綱領》，《觀察》，第 6 卷第 1 期。（《自選集》，第 590～600 頁。）

1949 年 6 月 5 日

《假如我是一位民族資本家》，《進步日報》。後轉《中國工業》（桂林），第 1 卷第 3 期，7 月號，1949 年 7 月 20 日。（〔美〕德克・博迪：《北京日記—革命的一年》第 176 頁譯爲《如果我是平民資本家》，現據《中國工業》改過來。）

1949 年 8 月 30 日

《從北平各界代表會議瞻望人民民主專政》，《怎樣召開各界人民代表會議》，江西：新華書店，1949 年。

1949 年 8 月 31 日

何戍雙、羅常培、錢端升等：《我們對北平各界代表會議感想》，《民日報》。（《北京觀察》，第 10 期，2009 年。）

1950 年 2 月 17 日

《國際主義的新標誌、中蘇友好的新里程碑》，《人民日報》，第三版。

1950 年 6 月 25 日

《政協全委會二次會議上的發言》，《浙江日報》，第一版。

1949 年 7 月 20 日

《假設我是一個民族資本家》，《中國工業》（桂林），第 1 卷第 3 期，7 月號。

1950 年 8 月 8 日

《關於召開區各界人民代表會議的報告》，《北京市重要文獻選編：1950》，第 390～395 頁。

1950 年

◆Chien, Tuan-sheng, *The Government and Politics of China, 1912-1949*, Cambridge, Mass.: Harvard University Press, 1950.（《中國政府與政治，1912～

1949》，哈佛大學出版社，1950 年。）

1951 年 2 月 25 日

《斯大林號召全世界人民戰爭保衛和平》，《新觀察》，第 4 卷第 2 期。

1951 年 10 月 16 日

《我要丟掉舊知識的重包袱》，《新觀察》，第 3 卷第 6 期。

1951 年 10 月 28 日

《在抗美援朝中感到的》，《人民日報》，第四版。

1951 年 11 月 6 日

《改造自己更好地服務祖國而學習》，《人民日報》，第三版。

1951 年 12 月 28 日

《關於提案審查結果的報告》，《北京市重要文獻選編，1951 年》，第 605～
607 頁。

1951 年

《關於中國教育工會章程草案中幾個問題的說明》，《中國教育工會工作者手
冊》，工人出版社。

1952 年 3 月 9 日

《撲滅散佈細菌的美國侵略者》，《人民日報》，第三版。

1952 年 7 月 1 日

《共產黨教育了我》，《光明日報》。

1952 年 7～8 月

《人民政府如何運作》，英文《中國建設》（China Reconstructs）（《自選集》，第
682～692 頁）；亦見 Chien Tuan-sheng, After Liberation--New Democracy, *China
in Transition*, Peking: China Reconstructs, pp. 40-45.後收入張同樂主編：《20
世紀中國經世文編》，第 6 冊，中華人民共和國卷一，第 16～26 頁。

1952 年 9 月 30 日

《擁護亞洲及太平洋區域和平會議　為了人民的教育事業而爭取和平》，《世
界知識》，第 39 期。

1954 年 6 月 29 日

　　《對政法教育方針任務的一些體會》，《人民日報》，第三版。

1954 年 7 月 3 日

　　錢端升、樓邦彥：《論資產階級憲法的虛構性和反人民的本質》，《新建設》，
第 7 期。

1954 年

　　《中英友誼》，《人民中國》，第 16 期。

　　▲錢端升、樓邦彥：《論資產階級憲法的虛構性和反人民的本質》，《憲法的
階級本質》，新知識出版社。

1955 年 2 月

　　《新政府組織》（New State Structure），英文《中國建設》（China Reconstructs）；
亦見 Chien Tuan-sheng, New State Structure, *China in Transition*, Peking: China
Reconstructs, 1957, pp. 63-68.

1955 年 3 月 17 日

　　《中國科學家代表團訪問印度的報告》，《科學通報》，第 5 期。

1955 年 4 月 9 日

　　《亞非國家人民的正義事業必然勝利》，《人民日報》，第四版。

1955 年 7 月 19 日

　　《堅決肅清胡風集團和一切暗藏的反革命分子 提高革命熱情，消滅一切反
革命分子》，《人民日報》，第三版。

1956 年 5 月

　　《改良高等教育的途徑》（New Path for Higher Education），英文《中國建設》
（China Reconstructs）；亦見 Chien Tuan-sheng, New Path for Higher Education,
China in Transition, Peking: China Reconstructs, 1957, pp.322-326.

1956 年 7 月

　　錢端升、樓邦彥：《資產階級憲法的反動本質》，武漢：湖北人民出版社。

1957 年 8 月 3 日

　　《我的罪行》，在北京市第二屆人民代表大會第二次會議上所作的檢討。後

以北京政法學院院長名義轉載在 1957 年 8 月 6 日《人民日報》，第三版。

▲〔美〕約翰遜・查默斯著、黃得福譯、楊肅獻校訂：《社會主義花園中的思想毒草：以錢端升為例》，華茲等著：《中國近代思想人物論——自由主義》，臺北：時報出版公司 1980 年 6 月。（Chalmers A. Johnson, An Intellectual Weed in the Socialist Garden: The Case of Ch'ien Tuan-sheng, *The China Quarterly*, No. 6, Apr.-Jun., 1961. ）

1979 年 8 月 10 日

《區分新舊民主與法制》，《民主與法制》，第 1 期。

1981 年 5 月 25 日

《錢端升在中國政治學會成立大會上的講話》，中國政治學會編：《政治學研究通訊》，試刊第 3 期。後收入汝信主編：《新時期中國政治學發展 20 年：1980～2000》，第 53～57 頁。

▲《開展政治學的重要意義》，《政治與政治科學》，群眾出版社，1981 年。

1982 年 8 月 5 日

《法學家錢端升說日文部省篡改侵華史損害了中日友好關係，日本政府有責任作出嚴肅處理》，《人民日報》，第四版；亦見《中國外交（複印報刊資料）》，第 8 期，1982 年。

1982 年 8 月 25 日

《讀書不忘救國》，《北京日報》，第 3 版；亦見《南洋中學八十六週年校慶特刊》，第 17～34 頁。

1983 年 6 月 30 日

《進一步加強人民民主專政》，《中國政法大學學報》，第 3 期。

1986 年 1 月 10 日

《為我國政治學的發展進言》，《政治學研究》。

1988 年 5 月 27 日

《〈蔡元培政治論著〉跋》，《群言》，第 2 期；亦見《出版工作、圖書評介（複印報刊資料）》，1988 年第 6 期。

1989 年 10 月

　　◆錢端升、薩師炯等：《民國政制史（上、下）》（民國叢書），上海書店出版社。

附記：

1991 年 2 月

　　◆《錢端升學術論著自選集》，北京師範學院出版社。

2008 年 8 月

　　◆錢端升、薩師炯等：《民國政制史（上、下）》，上海人民出版社。

2009 年 10 月

　　◆《法國的政府》、《德國的政府》，北京大學出版社。

2010 年 1 月

　　◆《錢端升自選集》，首都師範大學出版社。

參考書目

一、重要史料、檔案文獻

（一）公開出版物

1. 錢大都口述、陳遠整理：《我的父親錢端升》，劉瑞琳主編：《溫故 6》，廣西師範大學出版社，2005 年 12 月。
2. 錢端升：《讀書不忘救國》，《南洋中學八十六週年校慶特刊》，1982 年。錢大都先生提供。
3. 錢端升：《錢端升學術論著自選集》，北京師範學院出版社，1991 年 2 月。
4. 《校史館舉辦錢端升生平圖片展》，《北京大學校報》，第 1046 期，2005 年 1 月 5 日。
5. 王世杰、錢端升：《比較憲法》（增訂本），上海：商務印書館，1937 年 6 月國難後增訂第六版。
6. 趙寶煦等主編：《錢端升先生紀念文集》，2000 年 2 月，中國政法大學出版社。
7. Chien Tuan-Sheng, *The Government and Politics of China, 1912-1949*, Cambridge, Mass.: Harvard University Press, 1950.

（二）重要檔案文獻

1. 《錢端升檔案》，北京大學校史館，C2-44a-44c279。
2. 錢端升遺稿、陳玉翻譯、整理：《錢端升留美日記》。錢大都先生提供。
3. 錢端升遺稿：《大學院組織法草案》（拍攝件）。錢大都先生提供。
4. 錢端升遺稿：《〈今日評論〉停刊公告》（拍攝件）。錢大都先生提供。
5. 錢端升遺稿：《〈現代評論〉與〈今日評論〉》手稿複印件。錢大都先生提供。

6. Pope Papers, Copy from the University of Tennessee Special Collections Library.（美國田納西州大學圖書館免費提供）

7. T. S. Chien, Harvard Papers. 錢大都先生提供（出版地點年月不詳）。

8. T. S. Chien, *Parliamentary Committees：A Study in Comparative Government with special reference to the British House of Commons, American Congress, French Chamber of Deputies, and German Reichstag*」, PhD. Dissertation of Harvard University, 1923.

9. T. S. Chien, *The Politics, Four Political Classics Abstracted: Abridged and Annotated with a Preface in Chinese,* Shanghai：The Commercial Press, 1931.

10. The Problems of Shanghai and Other Related Questions, Nationalist Publicity Bureau.（出版地點年月不詳）。錢大都先生提供。

11. Thomson S. Chien, *China at the Conference, to the Editor of the New York Times,* New York Times, 25th Sept., 1921.

12. Thomson S. Chien, *International Supervision Opposed as Harmful and Unnecessary, to the Editor of the New York Times*, New York Times, 27th Nov., 1921.

13. Thomson S. Chien, *Japanese Population, to the Editor of the New York Times,* New York Times, 20th Nov., 1921.

14. Villard Papers, Copy from the Houghton Library, Harvard University.

二、檔案、函電、報刊、原始文獻資料

（一）檔案、函電

1. 《朱家驊檔案》複印件，臺北：中研院近代史研究所，黃麗安提供。

2. 美國國務院根據檔案編輯、中華民國外交部譯：《美國與中國之關係：特別著重一九四四年至一九四九年之一時期》，1949 年 8 月。

3. 任駿整理：《國民政府軍委會、外交部等為籌備中國訪英團出訪事往來函電（1943 年 7～11 月）》，《民國檔案》，2009 年第 1 期。

4. 吳景平、郭岱君編：《宋子文駐美時期電報選（1940～1943 年）》，復旦大學出版社，2008 年 3 月。

5. 吳景平、郭岱君主編：《風雲際會：宋子文與外國人士會談記錄（1940～1949）》，復旦大學出版社，2010 年 5 月。

6. 中國第二歷史檔案館編：《中華民國史檔案資料匯編》，第 5 輯第 1 編：教育，江蘇古籍出版社，1994 年 5 月。

7. 中國社會科學院近代史研究所翻譯室譯：《馬歇爾使華：美國特使馬歇爾出使中國報告書》，北京：中華書局，1981 年。

8. 中國社科院近代史研究所中華民國史組編：《胡適任駐美大使期間往來電稿》，北京：中華書局，1978 年 3 月。

（二）期刊、報刊

【中文（1949 年前）】

《半月評論》、《北京大學日刊》、《朝報》、《晨報》、《晨報副刊》、《大道》、《大公報》（天津、重慶）、《大路半月刊》、《大學院公報》、《當代論壇》、《東方雜誌》、《東南論述》、《獨立評論》、《讀書通訊》、《復旦大學政治學報》、《改進半月刊》、《觀察》、《廣播周報》、《國際編譯》、《國立北京大學社會科學季刊》、《國立武漢大學社會科學季刊》、《國立中央大學半月刊》、《國立中央大學社會科學叢刊》、《國民日報》、《國民外交雜誌》、《國聞周報》、《國訊》（港版）、《行政效率》、《行政研究》、《湖北省政府公報》、《華年》、《甲寅周刊》、《江西教育》、《教育雜誌》、《今日評論》、《金融知識》、《進步》、《進步日報》、《京報副刊》、《客觀》、《留美學生季報》、《羅素月刊》、《民主與科學》、《民主周刊》（昆明）、《民族》、《平論半月刊》、《清華大學學報》、《清華週刊》、《人文月刊》、《日本評論》、《日本研究》、《三民主義半月刊》、《三民主義月刊》、《三民主義周刊》、《社會科學》（清華）、《申報月刊》、《生命》、《時代公論》、《時代批評》、《時代文選》、《時事旬刊》、《時事月報》、《世界學生》、《世界政治》、《太平洋》、《天下事》、《圖書季刊》、《外交公報》、《外交評論》、《外交月報》、《文萃》、《現代評論》、《新教育》、《新教育評論》、《新經濟》、《新路》、《新民叢報》、《新民族》、《新南星》、《選報》、《學藝》、《益世報》（天津、昆明）、《益世周報》、《語絲》、《遠東雜誌》、《雲南日報》（昆明）、《再生》、《展望文摘》、《浙江日報》、《政治學報》（清華）、《政治學研究通訊》、《政治與經濟》、《知行學刊》、《知用學生》、《中國工業》、《中國國際聯盟同志會月刊》、《中國青年》、《中美周刊》、《中外經濟周刊》、《中興周刊》、《中央日報》（南京、昆明）、《中央周報》、《中央周刊》

【中文（1949 年後）】

《北京日報》、《出版工作、圖書評介（複印報刊資料）》、《中國外交（複印報刊資料）》、《科學通報》、《民主與法制》、《南洋中學八十六週年校慶特刊》、《群言》、《人民日報》、《人民中國》、《新觀察》、《新建設》、《中國政法大學學報》

【英文】

《美國政治學評論》（The American Political Science Review）、《紐約時報》（New York Times）、《太平洋事務》（Pacific Affairs）、《外交事務》（Foreign Affairs）、《中國建設》（China Reconstructs）

（三）原始文獻資料

【1949 年前（I）】

1. 〔美〕韋羅貝著、薛壽衡等譯：《中日糾紛與國聯》，上海：商務印書館，1937 年 2 月。

2. 〔蘇〕《斯大林論蘇聯憲法草案的報告、蘇聯憲法（根本法)》，外國文書籍出版局，1945 年。

3. 〔英〕邱吉爾著、吳澤談譯：《第二次大戰回憶錄》，第 1 冊，商務印書館，1948 年 7 月。

4. 《復興關訓練集——教材選輯（上)》，中央訓練團復興關訓練集編纂委員會編印，1944 年 8 月。

5. 《國民參政會第二次大會紀錄》，重慶：國民參政會秘書處編印，1938 年。

6. 《國民參政會第三次大會紀錄》，重慶：國民參政會秘書處編印，1939 年

7. 《國民參政會第三屆第三次大會提案原文・上冊》，重慶：國民參政會秘書處編印，1944 年 9 月。

8. 《清華同學錄》，國立清華大學校長辦公處，1937 年 4 月。

9. 龔祥瑞、樓邦彥合著、錢端升校：《歐美員吏制度》，上海：世界書局，1934 年。

10. 胡適等：《人權論集》，上海：新月書店，1931 年 8 月。

11. 羅隆基：《政治論文》，上海：新月書店，1932 年。

12. 潘光旦：《政學罪言》，上海：觀察社，1948 年 11 月 3 版。

13. 潘光旦：《自由之路》，上海：商務印書館，1946 年 9 月。

14. 孫本文編：《現代社會科學趨勢》，上海：商務印書館，1948 年。

15. 西南聯大除夕副刊主編：《聯大八年》，昆明：西南聯大學生出版社，1946 年。

16. 尹衍：《全面抗戰與國民外交》，中山文化教育館，1938 年 2 月。

17. 章鐸馨編著：《民主初步講話》，上海：博覽書局，1945 年。

18. 章進編：《聯俄與仇俄問題討論集》（近代中國史料叢刊續編第 87 輯），北新書局，1927 年。

19. 中山文化教育館民權組編：《民權建設中的世界與中國》（第二輯），中華書局，1947 年 1 月。

20. 周鯁生：《革命的外交》（增訂三版），上海：太平洋書店，1929 年 9 月。

【1949 年前（II，政治學類）】

1. 〔美〕巴路捷斯著、日本高田早苗譯、朱學曾等重譯：《政治學及比較憲法論》，上海：商務印書館，1913 年 4 月 6 版。

2. 〔美〕波拉克著、張景琨譯:《政治學史概論》,上海:商務印書館,1936年9月。

3. 〔美〕高納原著、顧敦鍒譯:《政治學大綱(上)》,上海:世界書局,1934年11月初版、1946年9月再版。

4. 〔美〕加納著、孫寒冰譯:《政治科學與政府(1)》,上海:商務印書館,1936年3月初版、1946年11月四版。

5. 〔美〕麥理安著、黃嘉德譯:《公民教育》(The Making of Citizens),上海:商務印書館,1935年9月。

6. 〔美〕麥利恒、鮑爾思等著、張虹君譯:《近世政治思想史》,上海:商務印書館,1930年12月初版、1933年6月、1935年6月國難後第一、二版。

7. 〔美〕梅里亞姆等原著、曲宗邦譯:《近世政治思想史》,萬國道德總會,1936年11月初版。

8. 〔美〕梅里亞姆著、胡道維譯:《美國政治思想史》,長沙:商務印書館,1939年6月初版。

9. 〔美〕蒲徠士著、楊永泰譯:《現代民主政治》,出版地不詳,參議院公報科,1923年、上海:泰東圖書局,1924年再版。

10. 〔美〕蒲徠斯著、梅祖芬譯、張慰慈校:《現代民治政體》,第1編,上海:商務印書館,1923年6月;第2編上,趙冠青譯、張慰慈校,1927年7月初版,1933年1月國難後第1版;第2編中,趙蘊琦譯、張慰慈校,1923年6月初版,1926年7月再版;第2編下,張慰慈譯:出版地年月不詳。

11. 〔美〕蒲徠斯著、張慰慈等譯:《現代民治政體》,14冊,上海:商務印書館,1935年9月初版。

12. 〔美〕約翰·溫澤爾著、楊鉓森、張萃農合譯:《美法德四國憲法比較》,上海:中華書局,1913年7月。

13. 〔清〕楊廷棟:《政治學教科書》,上海:作新社,1902年11月19日(光緒二十八年十月廿日)。

14. 〔日〕下河邊半五郎編:《飲冰室文集類編奧附》,帝國印刷株式會社,1904年。

15. 〔英〕A. Headlam—Morley著、李鐵錚譯、周鯁生校:《歐洲新民主憲法之比較的研究》,上海:太平洋書店,1931年9月初版。

16. 〔英〕黑德蘭—莫黎著、黃公覺譯:《歐洲新民主憲法的比較》,上海:神州國光社,1930年11月初版。

17. 程樹德:《憲法歷史及比較研究》,北平:朝陽學院出版部,1933年9月初版。

18. 高一涵：《政治學綱要》，神州國光社，1930 年。

19. 胡越：《比較政治》，上海：神州國光社，1933 年 3 月。

20. 劉迺誠：《比較政治制度》，上海：商務印書館，1934 年、1947 年再版。

21. 劉迺誠：《比較市政學》（國立武漢大學叢書），上海：商務印書館，1937 年。

22. 呂復：《比較地方自治論》，上海：商務印書館，1943 月 5 月；《增訂比較地方自治論》，上海：商務印書館，1947 年 3 月。

23. 潘大逵：《歐美各國憲法史》，上海：大東書局，1913 年 11 月。

24. 浦薛鳳：《西洋近代政治思潮》（上），重慶：商務印書館，1944 年 4 月蓉 1 版。

25. 喬萬選編著：《比較地方自治》，上海：大陸書局，1932 年。

26. 沈乃正：《比較政治制度》，上海：中華書局，1934 年、1940 年再版。

27. 王孟鄰編著：《比較縣政府》，重慶：正中書局，1943 年 7 月渝出版、1946 年 3 月滬 1 版。

28. 吳昆吾、戴修駿譯述：《萬國比較政府議院之權限》，上海：商務印書館，1917 年 8 月初版。

29. 楊鴻烈：《史學通論》，上海：商務印書館，1939 年。

30. 張銳：《比較市政府》，上海：華通書局，1931 年。

31. 張慰慈編：《政治學大綱》，上海：商務印書館，1923 年 2 月。

【1949 年後】

1. 〔美〕杜威著、袁剛、孫家祥、任丙強編：《民治主義與現代社會：杜威在華講演集》，北京大學出版社，2004 年 8 月。

2. 〔美〕約瑟夫・C・格魯著、蔣相澤譯，陳宏志、李健輝校：《使日十年——1932～1942 年美國駐日本大使的日記及公私文件摘錄》，北京：商務印書館，1992 年 3 月。

3. 〔英〕羅素著、袁剛、孫家祥等編：《羅素在華演講集》，北京大學出版社，2004 年 8 月。

4. 《「一二・一」運動史料匯編》，昆明師範學院、雲南省歷史研究所，第 2 輯，1979 年 10 月、第 4、5 輯，1980 年 3 月。

5. 《國民參政會紀實》，上、下卷，重慶出版社，1985 年 8 月、10 月。

6. 《國民參政會紀實・續編，1938～1948》，重慶出版社，1987 年 6 月。

7. 《國民參政會資料》，四川人民出版社，1984 年 6 月。

8. 《蔣總統集》，第 1 冊，華岡書局，1969 年。

9. 《批判中國資產階級中間路線參考資料》，第 1 輯，中國人民大學出版社，

1958 年。

10. 《日本軍國主義侵華資料長編（上）——〈大本營陸軍部〉摘譯》，人民
    出版社，1987 年 1 月。

11. 包遵彭、李定義、吳相湘編纂：《中國近代史論叢》，第 1 輯第 10 冊，《俄
    帝之侵略》，臺北：正中書局，1959 年 3 月。

12. 陳竹筠、陳起城編選：《中國民主黨派歷史資料選編（下）》，華東師範大
    學出版社，1985 年 11 月。

13. 第一次會議秘書處編：《中華人民共和國第六屆全國人民代表大會第一次
    會議會刊》，北京：新華書店，1984 年 3 月。

14. 復旦大學歷史系中國近代史教研組：《中國近代對外關係史資料選輯
    （1840～1949（下）》，第 1 分冊，上海人民出版社，1977 年 9 月。

15. 共青團中央青運史工作指導委員會、中國青少年研究中心、中央檔案館
    利用部編：《中國青年運動歷史資料（16），1942～1946》，中國青年出版
    社，2002 年 4 月。

16. 國民參政會史料編纂委員會：《國民參政會史料》，臺北：國民參政會在
    臺歷屆參政員聯誼會，1962 年 11 月。

17. 國聞周報社編：《論評選輯》（近代中國史料叢刊 3 編第 5 輯第 8 冊），臺
    北：文海出版社，1985 年 10 月。

18. 何勤華、李秀清主編：《民國法學論文精萃》，第 2 卷，憲政法律編，法
    律出版社，2002 年。

19. 洪葭管主編：《中央銀行史料（1928.11～1949.5）》，下卷，北京：中國金
    融出版社，2005 年。

20. 胡春惠選輯，《民國憲政運動》（中國現代史史料選輯），臺北：正中書局，
    1978 年。

21. 林語堂著、劉小磊譯、馮克利校：《中國新聞輿論史》（1936 年），上海
    世紀集團、上海人民出版社，2008 年 12 月。

22. 千家駒編：《舊中國公債史資料（1894～1949）》，北京：中華書局，1984
    年 1 月。

23. 秦孝儀主編：《中華民國重要史料初編》，第 3 編第 1 冊，戰時外交，中
    國國民黨中央委員會黨史委員會，1985 年 11 月。

24. 榮孟源主編、孫彩霞編輯：《中國國民黨歷次代表大會及中央全會資料
    （上）》，光明日報出版社，1986 年 5 月。

25. 上海社會科學院歷史研究所編：《五卅運動史料》，第 2 卷，上海人民出
    版社，1981 年 11 月。

26. 韜奮：《抗戰以來》，民國叢書第四編（99），上海書店重刊本，1946 年
    10 月。

27. 王檜林主編：《中國現代史參考資料》，高等教育出版社，1988 年 9 月。

28. 西南聯大除夕副刊主編：《聯大八年》，北京：新星出版社，2010 年 6 月。

29. 夏新華等整理：《近代中國憲政歷程：史料薈萃》，中國政法大學出版社，2004 年 7 月。

30. 楊紀、戴君曠編：《憲政要覽・行憲述要》（近代中國史料叢刊續輯第 81 輯），臺北：文海出版社，1981 年（1940 年 7 月初版）。

31. 一二・一運動史編寫組：《一二・一運動史料選編（上、下）》，雲南人民出版社，1980 年 12 月。

32. 張寶明、王中江主編：《回眸〈新青年〉》（社會思想卷），河南文藝出版社，1998 年 3 月。

33. 張寶明、王中江主編：《回眸〈新青年〉》（哲學思潮卷），河南文藝出版社，1998 年 4 月。

34. 章伯鋒、莊建平主編：《抗日戰爭》，第 4 卷上，四川大學出版社，1997 年。

35. 中共雲南省委黨史資料徵集委員會、中共雲南師範大學委員會編：《一二・一運動》，中共黨史出版社，1988 年。

36. 中華民國大學院編：《全國教育會議報告（一、二）》（近代中國史料叢刊續編第 43 輯），臺北：文海出版社，1977 年（1928 年 5 月原版）。

37. 朱有瓛主編：《中國近代學制史料》，第 1 輯（下），華東師範大學出版社，1987 年。

38. 中共雲南省委黨史資料徵集委員會、中共雲南師範大學委員會編：《一二・一運動》，中共黨史出版社，1988 年。

三、日記、書信、年譜、文集、回憶錄等

（一）日　記

1. ［美］德克・博迪（Derk Bodde）著、洪菁耘、陸天華譯：《北京日記——革命的一年》，上海：東方出版中心，2001 年 2 月。

2. ［英］羅伯特・白英著、劉守蘭譯、劉欽審校：《中國日記（1945～1946）——一位英國作家筆下的「一二・一」運動及其他》，《雲南文史資料選輯》，第 30 輯，1987 年 12 月。

3. 《王世杰日記》，第 1～6 冊，臺北：「中研院」近代史研究所，1990 年 3 月。

4. 《竺可楨全集・日記》，第 7、10、12 卷，上海科技教育出版社，2005～2008 年 12 月。

5. 北京師範大學、上海市檔館編：《蔣作賓日記》，南京：江蘇古籍出版社，

1990 年。

6. 曹伯言整理：《胡適日記全集》，第 1、4～8 卷，台北：聯經出版事業股份有限公司，2004 年 4 月。

7. 曹伯言整理：《胡適日記全編》，第 2、4～7 卷，安徽教育出版社，2001 年 10 月。

8. 公安部檔案館編注：《在蔣介石身邊八年：侍從室高級幕僚唐縱日記》，北京：群眾出版社，1992 年 11 月。

9. 黃延復、王小寧整理：《梅貽琦日記，1941～1946》，清華大學出版社，2001 年 4 月。

10. 金毓黻：《靜晤室日記》，第 6 冊，遼瀋書社，1993 年 10 月。

11. 李學通等整理：《翁文灝日記》，北京：中華書局，2010 年 1 月。

12. 羅久芳注、邵銘煌校讀：《羅家倫先生日記》，《近代中國》（臺北），第 129 期，1999 年 2 月。

13. 羅榮渠：《北大歲月‧日記》，北京：商務印書館，2006 年 6 月。

14. 商金林編：《葉聖陶抗戰時期文集‧日記》，第 3 卷，北京：人民教育出版社，2005 年 4 月。

15. 上海市檔案館譯：《顏惠慶日記》，第 2 卷，中國檔案出版社，1996 年 12 月。

16. 王仰清、許映湖標注：《邵元沖日記，1924～1936 年》，上海人民出版社，1990 年。

17. 吳學昭整理注釋：《吳宓日記》，第 1～4、9 卷，北京：三聯書店，1998～1999 年。

18. 虞坤林整理：《徐志摩未刊日記（外四種）》，北京圖書館出版社，2003 年 1 月。

19. 中國社會科學院近史所整理：《黃炎培日記》，第 6、8 卷，北京：華文出版社，2008 年 9 月。

20. 朱喬森編：《朱自清全集‧日記》，第 9 卷、第 10 卷下，江蘇教育出版社，1998 年 3 月。

（二）書　信

1. 北京大學圖書館編：《北京大學圖書館藏胡適未刊書信日記》，清華大學出版社，2003 年 6 月。

2. 陳美延編：《陳寅恪集‧書信集》，北京：三聯書店，2001 年 6 月。

3. 耿雲志、歐陽哲生編：《胡適書信集（上）》，北京大學出版社，1996 年 9 月。

4. 耿雲志、歐陽哲生整理：《胡適全集·書信（1944～1955）》，第 25 卷，安徽教育出版社，2003 年 9 月。

5. 梁錫華選注：《胡適秘藏書信選（上）》，臺北：風雲時代出版公司，1990 年 11 月。

6. 上海圖書館歷史文獻中心近代文獻部編：《柳亞子家書》，嶽麓書社，1997 年 5 月。

7. 中國社會科學院近代史研究所中華民國史組編：《胡適來往書信選（上、中、下）》，香港：中華書局，1983 年 11 月。

（三）年　譜

1. 《陶希聖先生年表（1899～1988）》，陶希聖三子陶恒生惠贈。

2. 《王雲五文集》（商務印書館與新教育年譜），第 5 卷，江西教育出版社，2008 年 5 月。

3. 蔡仲德編：《三松堂全集附錄：馮友蘭先生年譜初編》，河南人民出版社，1994 年 11 月。

4. 丁文江、趙豐田編、歐陽哲生整理：《梁任公先生年譜長編（初稿）》，北京：中華書局，2010 年 4 月。

5. 傅宏星編撰：《錢基博年譜》，華中師範大學出版社，2007 年 2 月。

6. 傅樂成：《傅孟真先生年譜》，臺北：傳記文學出版社，1979 年 5 月。

7. 高平叔撰著：《蔡元培先生年譜長編》，第 3 卷，北京：人民教育出版社，1999 年 3 月。

8. 顧潮編著：《顧頡剛年譜》（增訂本），北京：中華書局，2011 年 1 月。

9. 郭榮年編著：《民國孔庸之先生祥熙年譜》，臺北：商務印書館，1981 年 11 月。

10. 胡頌平編著：《胡適之先生年譜長編初稿》，第 4、5、7 卷，臺北：聯經出版事業公司，1984 年 5 月。

11. 胡宗剛撰：《胡先驌先生年譜長編》，江西教育出版社，2008 年 2 月。

12. 姜建、吳為公編：《朱自清年譜》，安徽教育出版社，1996 年 5 月。

13. 劉延濤編：《民國于右任先生年譜》，臺北：商務印書館，1987 年 8 月。

14. 羅剛編著：《中華民國國父實錄》，第 1 冊，羅剛先生三民主義獎學金基金會，1988 年 7 月。

15. 馬勝雲、馬蘭編著：《李四光年譜》，北京：地質出版社，1999 年 9 月。

16. 蓬萊市歷史文化研究會主編、季培剛編注：《楊振聲編年事輯初稿》，黃河出版社，2007 年 8 月。

17. 沈雲龍編著：《黃膺白先生年譜長編》，臺北：聯經出版事業公司，1976

年 1 月。

18. 聞黎明、侯菊坤編：《聞一多年譜長編》，武漢：湖北人民出版社，1994年 7 月。

19. 姚松齡編著：《張公權先生年譜初稿（上）》，臺北：傳記文學出版社，1982年。

20. 趙新那、黃培雲編：《趙元任年譜》，北京：商務印書館，1998 年 12 月。

（四）個人文集、專著

1. 《陳獨秀文章選編（下）》，北京：三聯書店，1984 年 6 月。

2. 《李大釗文集（下）》，北京人民出版社，1984 年 12 月。

3. 《李濟深詩文選》，文史資料出版社，1985 年 10 月。

4. 《魯迅全集》，第 17 卷（日記、人物書刊注釋），北京：人民文學出版社，2005 年 11 月。

5. 《三松堂全集》，第 1 卷，河南人民出版社，2001 年 1 月。

6. 《陶行知全集》，第 1 卷，四川教育出版社，1991 年 7 月。

7. 《熊希齡集》，湖南人民出版社，2008 年 9 月。

8. 《張季鸞文集》，北京：東方出版社，2011 年 1 月。

9. 陳美延編：《陳寅恪集·金明館叢稿二編》，北京：三聯書店，2001 年。

10. 陳序經：《文化學概觀》，中國人民大學出版社，2005 年 2 月。

11. 費鞏文集編委會：《費鞏文集》，浙江大學出版社，2005 年 5 月。

12. 高平叔：《蔡元培全集》，第 5 卷，北京：中華書局，1988 年 8 月。

13. 國立武漢大學旅臺校友會編：《王世杰先生論著選集》，臺北：裕臺公司，1980 年 3 月。

14. 賀麟：《文化與人生》，世紀出版集團、上海人民出版社，2011 年 1 月。

15. 洪曉斌編：《丁文江學術文化隨筆》，北京：中國青年出版社，2000 年 4 月。

16. 胡適：《丁文江的傳記》，安徽教育出版社，1999 年 10 月。

17. 黎紅雷編：《朱謙之文集》，第 5、6 卷，福建教育出版社，2002 年 9 月。

18. 梁啟超：《飲冰室合集》，第 2 卷，北京：中華書局，2003 年 11 月。

19. 梁漱溟：《梁漱溟全集》，第 5、6 集，山東人民出版社，2005 年。

20. 劉寅生、房鑫亮編：《何炳松論文集》，第 2 卷，北京：商務印書館，1997年 5 月。

21. 歐陽哲生編：《傅斯年全集》，第 4、7 卷，湖南教育出版社，2003 年 9月。

22. 歐陽哲生編：《胡適文集》，第 11、12 卷，北京大學出版社，1998 年 11月。

23. 戚謝美、邵祖德編：《陳獨秀教育論著選》，人民教育出版社，1995 年 2月。

24. 孫敦恒等選編：《張奚若文集》，清華大學出版社，1989 年 9 月。

25. 王瑾、胡玫編：《胡政之文集》（上、下），天津人民出版社，2007 年 4月。

26. 王了一：《龍蟲並雕齋瑣語》，中國社會科學出版社，1993 年 12 月。

27. 王栻主編：《嚴復集》，第 5 冊，北京：中華書局，1986 年。

28. 武漢大學法學院國際法研究所編：《周鯁生文集》，武漢大學出版社，1993年 12 月。

29. 張光直主編：《李濟文集》，第 5 卷，上海人民出版社，2006 年。

30. 張君勱：《第三勢力》，臺北：稻鄉出版社，2005 年。

31. 張友仁編：《周炳琳文集》，浙江人民出版社，2009 年 12 月。

32. 鄭大華整理：《胡適全集·胡適文存三、四集》，第 3、4 卷；柳芳、季維龍整理：《胡適全集·教育·語言·雜著》，第 20 卷，安徽教育出版社，2003 年 9 月。

33. 中國蔡元培研究會編：《蔡元培全集》，第 16、17 卷，浙江教育出版社，1998 年。

34. 周作人：《知堂乙酉文編》，河北教育出版社，2002 年。

（五）回憶錄、自傳、紀念文集、文史資料

1. 〔美〕費正清著、陸惠勤等譯、章克生校：《費正清對華回憶錄》，上海：知識出版社，1991 年 5 月。

2. 《顧維鈞回憶錄》，第 3、5 分冊，北京：中華書局，1987 年 2 月。

3. 曹聚仁：《文壇五十年》，上海：東方出版中心，2006 年 1 月。

4. 曾憲林、萬雲主編：《鄧演達歷史資料》，華中理工大學出版社，1988 年5 月。

5. 陳翰笙：《四個時代的我》，北京：中國文史出版社，1988 年。

6. 陳流求、陳小彭、陳美延：《也同歡樂也同愁：憶父親陳寅恪母親唐篔》，北京：三聯書店，2010 年 4 月。

7. 陳之邁：《蔣廷黻的志事與生平》，臺北：傳記文學出版社，1967 年 1 月。

8. 程華平編選，《飲冰室主人自說》，南京：江蘇人民出版社，1999 年 3 月。

9. 范遂子：《九十回顧》，《文史資料選輯》，第 16 輯，1985 年 5 月。

10. 馮友蘭：《三松堂自序》，《馮友蘭全集》，河南人民出版社，2001 年 1 月。

11. 龔祥瑞：《盲人奧里翁：龔祥瑞自傳》，北京大學出版社，2011 年 6 月。

12. 桂崇基，《中國現代史料拾遺》，臺北：中華書局，1989 年 12 月。

13. 何炳棣：《讀史閱世六十年》，廣西師範大學出版社，2005 年 7 月。

14. 何廉：《何廉回憶錄》，北京：中國文史出版社，1988 年 2 月。

15. 何兆武口述、文靖撰寫：《上學記》（修訂版），北京：三聯書店，2008 年 9 月。

16. 何茲全：《大時代的小人物》，北京大學出版社，2010 年 1 月。

17. 黃仁霖：《黃仁霖回憶錄：我做蔣介石特勤總管 40 年》，團結出版社，2006 年 1 月。

18. 蔣廷黻著、謝鍾鏈譯：《蔣廷黻回憶錄》，臺北：傳記文學出版社，1979 年 3 月。

19. 林太乙：《我心中的父親——林語堂傳》，陝西師範大學出版社，2002 年。

20. 劉培育主編：《金岳霖的回憶與回憶金岳霖》（增訂本），四川教育出版社，2000 年 11 月。

21. 羅隆基：《我在天津〈益世報〉時期的風風雨雨》，《中華文史資料文庫》，第 16 輯，北京：中國文史出版社，1996 年。

22. 馬文彥：《李大釗派于右任赴蘇聯敦促馮玉祥回國的經過——進軍西北、解圍西安、出兵潼關、策應北伐（節錄)》，政協陝西省委員會文史資料研究委員會編：《馮玉祥在陝西》，陝西人民出版社，1988 年 8 月。

23. 潘大逵：《我參加民盟雲南省支部的回憶》，《雲南文史資料選輯》，第 30 輯，1987 年 12 月。

24. 龐鏡塘等著：《蔣家天下陳家黨》，香港：中原出版社，1989 年 3 月。

25. 浦薛鳳：《太虛空裏一遊塵——八年抗戰生涯隨筆》，臺北：商務印書館，1979 年 7 月。

26. 錢昌照：《錢昌照回憶錄》，中國文史出版社，1998 年 8 月。

27. 秦德純：《秦德純回憶錄》，臺北：傳記文學出版社，1967 年 1 月。

28. 全國政協陝西省戶縣政協文史資料委員會編：《關麟徵將軍》，中國文史出版社，1989 年 10 月。

29. 泉州市弘一大師學術研究會編、陳珍珍、陳祥耀主編：《弘一大師紀念文集》，福州：海風出版社，2005 年。

30. 沈益洪編：《羅素談中國》，杭州：浙江文藝出版社，2001 年。

31. 沈醉：《軍統內幕》，北京：中國文史出版社，2001 年。

32. 唐德剛注譯：《胡適口述自傳》，安徽教育出版社，1999 年 9 月。

33. 天津市政協文史資料研究委員會：《天津的洋行與買辦》，天津人民出版社，1987 年 2 月。

34. 王爲松編：《傅斯年印象》，學林出版社，1997 年 12 月。

35. 吳建雍等譯：《顏惠慶自傳——一位民國元老的歷史記憶》，北京：商務印書館，2003 年 3 月。

36. 伍啓元：《抗戰期間的教學生涯》，《傳記文學》，第 65 卷第 6 期，臺北：傳記文學出版社，1994 年 12 月號。

37. 蕭公權：《問學諫往錄》，臺北：傳記文學出版社，1972 年 1 月。

38. 謝慧紀念文集編委會：《生命謝幕，智慧永存——謝慧紀念文集》，北京中科印刷有限公司，2010 年 6 月。

39. 薛光前：《困行憶往：薛光前博士重要經歷編年自述》，臺北：傳記文學出版社，1974 年 6 月。

40. 楊步偉：《雜記趙家》，遼寧教育出版社，1998 年 3 月。

41. 中共吳縣縣委宣傳部、吳縣政協文史資料委員會，《吳縣歷史名人》，1990 年。

42. 中央社六十年社編：《中央社六十年》，中央社六十週年社慶籌備委員會，1984 年 4 月。

43. 周一良：《郊叟曝言：周一良自選集》，北京：新世界出版社，2001 年。

四、研究專著、論文集

1. 〔美〕費慰梅著、曲瑩璞等譯：《梁思成與林徽因：一對探索中國建築史的伴侶》，北京：中國文聯出版公司，1997 年 9 月。

2. 〔美〕約翰遜・查默斯著、黃得福譯、楊肅獻校訂：《社會主義花園中的思想毒草：以錢端升爲例》，史華茲等著：《中國近代思想人物論——自由主義》，臺北：時報出版公司，1980 年 6 月。

3. 《「傅斯年學術思想的傳統與現代」研討會論文集》，聊城傅斯年研究會、臺灣大學合辦，2010 年 8 月。

4. 《「一二・一」運動史》，雲南大學出版社，1989 年。

5. 《當代圖書館事業論集——慶祝王振鵠教授七秩榮慶論文集》，臺北：正中書局，1994 年。

6. 《生活書店史稿》，北京：三聯書店，2007 年。

7. 步平、高曉燕著：《陽光下的罪惡——侵華日軍毒氣戰實錄》，黑龍江人民出版社，1999 年 1 月。

8. 蔡國裕：《1920 年代初期中國社會主義論戰》，臺北：商務印書館，1988 年 4 月。

9. 倉理新：《書籍傳播與社會發展：出版產業的文化社會學研究》，首都師範大學出版社，2007 年 4 月。

10. 陳洪捷：《德國古典大學觀及其對中國的影響》（修訂本），北京大學出版社，2006 年 1 月。

11. 陳思和：《人格的發展：巴金傳》上海人民出版社，1992 年 6 月。

12. 陳夏紅：《1949 年後的錢端升》，《百年中國法律人剪影》，中國法制出版社，2006 年 7 月。

13. 陳宣良：《理性主義》，四川人民出版社，1988 年 5 月。

14. 陳儀深：《〈獨立評論〉的民主思想》，臺北：聯經出版事業公司，1989 年 5 月。

15. 程同順編著：《當代比較政治學理論》，南開大學出版社，2001 年。

16. 程中原：《張聞天傳》（修訂版），當代中國出版社，2006 年。

17. 戴晴：《在如來佛掌中：張東蓀和他的時代》，香港：中文大學出版社，2009 年。

18. 鄧麗蘭：《西方思潮與民國憲政運動的演進》，南開大學出版社，2010 年 5 月。

19. 鄧麗蘭：《域外觀念與本土制政制變遷——20 世紀二三十年代中國知識界的政制設計與參政》，北京：中國人民大學出版社，2003 年 11 月。

20. 杜剛建、范忠信：《基本權利理論與學術批判態度——王世杰、錢端升與〈比較憲法〉》，王世杰、錢端升：《比較憲法》，中國政法大學出版社，1997 年 12 月。

21. 杜鋼建：《錢端升的人權思想》，《中國近百年人權思想》，香港：中文大學出版社，2004 年。

22. 傅宏星：《吳宓評傳》，華中師範大學出版社，2008 年 12 月。

23. 耿立編著：《遮蔽與記憶》，上海：文匯出版社，2009 年 7 月。

24. 耿雲志：《抗戰時期的胡適》，《胡適研究叢錄》，北京：三聯書店，1989 年 2 月。

25. 耿雲志等：《西方民主在近代中國》，北京：中國青年出版社，2003 年 3 月。

26. 龔祥瑞：《比較憲法與行政法》，北京：法律出版社，1985 年。

27. 郭少棠：《權力與自由：德國現代化新論》，華東師範大學出版社，2001 年 1 月。

28. 何兆武：《何兆武學術文化隨筆》，中國青年出版社，1998 年。

29. 何兆武：《書前與書後》，湖北長江集團、湖北人民出版社，2007 年 6 月。

30. 胡偉希：《中國近現代思想與哲學傳統》，浙江工商大學出版社，2009 年 7 月。

31. 黃麗安：《朱家驊與中央研究院》，臺北：「國史館」印行，2010 年 11 月。

32. 黃旭主編：《百年之功——中國近代大學校長的教育家精神》，福建教育出版社，1994 年。

33. 紀宇：《青銅與白石——雕塑大師劉開渠傳》，北京人民文學出版社，1988年 5 月。

34. 賈中福：《中美商人團體與近代國民外交，1905～1927》，中國社會科學出版社，2008 年 11 月。

35. 姜朝暉：《民國時期教育獨立思潮研究》，中國社會科學出版社，2008 年 9 月。

36. 蔣永敬：《百年老店國民黨滄桑史》，臺北：傳記文學出版社，1993 年 5 月。

37. 金以林：《近代中國大學研究，1895～1949》，北京：中央文獻出版社，2000 年 2 月。

38. 李平：《中國文化散論》，安徽大學出版社，2001 年 10 月。

39. 李強：《自由主義》，吉林出版集團責任有限公司，2007 年 12 月。

40. 李強主編：《政治的概念》，北京大學出版社，2008 年。

41. 李世安：《太平洋戰爭時期的中英關係》，北京：中國社會科學出版社，1994 年 12 月。

42. 李世安編：《戰時英國對華政策》（反法西斯戰爭時期的中國與世界研究，第 7 卷），武漢大學出版社，2010 年 1 月。

43. 李雲漢：《宋哲元與七七抗戰》，臺北：傳記文學雜誌社，1978 年。

44. 林昶：《中國的日本研究雜誌史》，世界知識出版社，2001 年 9 月。

45. 樓均信主編：《法蘭西第三共和國興衰史》，北京人民出版社，1996 年 4 月。

46. 閭小波主編：《當代中國政府與政治》，南京大學出版社，2005 年 2 月。

47. 呂芳上：《從學生運動到運動學生，1919～1929》，臺北：中研院近代史研究所，1994 年 8 月。

48. 馬嘶：《百年冷暖：20 世紀中國知識分子生活狀況》，北京圖書館出版社，2003 年 6 月。

49. 馬藝主編：《天津新聞傳播史綱要》，北京：新華出版社，2005 年 6 月。

50. 歐陽哲生：《二十世紀中國文化》，北京大學出版社，2010 年 9 月。

51. 歐陽哲生：《科學與政治——丁文江研究》，北京大學出版社，2009 年 1 月。

52. 歐陽哲生：《探尋胡適的精神世界》，北京大學出版社，2012 年 2 月。

53. 歐陽哲生：《自由主義之累：胡適思想之現代闡釋》，江西教育出版社，2003 年 7 月。

54. 彭順生：《影響西方近現代思想的巨人：馬基雅維里思想研究》，天津古籍出版社，1995 年 1 月。

55. 薩本仁、潘興明著：《20 世紀的中英關係》，上海人民出版社，1998 年 9 月。

56. 邵德門編：《孫中山政治學說研究》，長春：東北師範大學出版社，1992 年。

57. 沈寂：《胡適史論拾零》，北京師範大學出版集團、安徽大學出版社，2011 年 4 月。

58. 沈寂：《胡適政論與近代中國》，香港：商務印書館，1993 年 10 月。

59. 沈宗靈：《再看比較憲法一書——爲紀念錢端升先生百歲冥誕而作》，趙寶熙等編：《錢端升先生紀念文集》，中國政法大學出版社，2002 年 2 月。亦見《中外法學》，1999 年第 5 期。

60. 孫關宏：《中國政治學：科學與人文的探索》，上海人民出版社，2008 年 4 月。

61. 孫有中：《美國精神的象徵——杜威社會思想研究》，上海人民出版社，2002 年 1 月。

62. 孫元濤：《教育學者介入實踐：探究與論證》，重慶大學出版社，2009 年 8 月。

63. 孫越生、陳書梅主編：《美國中國學手冊（增訂本）》，中國社會科學出版社，1993 年 9 月。

64. 唐培吉主編：《抗戰時期的對外關係（下）》，北京：燕山出版社，2007 年 6 月。

65. 完顏紹元：《王正廷傳》，河北人民出版社，1999 年 12 月。

66. 汪榮祖：《史家陳寅恪傳》（增訂版），臺北：聯經出版事業股份有限公司，2010 年 6 月。

67. 王光松：《在「德」「位」之間》，上海：華東師範大學出版社，2010 年 3 月。

68. 王滬寧：《二十世紀西方新學科評介：當代西方政治學分析》，成都：四川人民出版社，1988 年。

69. 王錦厚：《聞一多與饒孟侃》，成都：電子科技大學出版社，1999 年 8 月。

70. 王晴佳：《科學史學在近代日本和中國的興起及其異同——兼論中日史學的相互交流與影響》，李國章、趙昌平主編：《中華文史論叢》，第 77 輯，上海古籍出版社，2004 年 6 月。

71. 王向民：《民國政治與民國政治學——以 1930 年代爲中心》，上海世紀出版集團，2008 年 8 月。

72. 聞黎明：《第三種力量與抗戰時期的中國政治》，上海書店出版社，2004
年 10 月。

73. 吳東之主編：《中國外交史（中華民國時期，1911～1949）》，鄭州：河南
人民出版社，1990 年 2 月。

74. 吳季松：《從世界看臺灣》，清華大學出版社，2006 年 5 月。

75. 吳相湘：《第二次中日戰爭史（上、下）》，臺北：綜合月刊社，1973 年 5
月、1974 年 2 月。

76. 吳相湘：《近代史事論叢（2）》，臺北：傳記文學出版社，1978 年 7 月。

77. 謝慧：《知識分子的救亡努力——〈今日評論〉與抗戰時期中國政策的抉
擇》，北京：社會科學文獻出版社，2010 年 5 月。

78. 徐鼎新、錢小明：《上海總商會史，1902～1929》，上海社會科學院出版
社，1991 年 7 月。

79. 徐宗勉、張亦工等：《近代中國對民主的追求》，合肥：安徽人民出版社，
1996 年 11 月。

80. 許康編著：《中國 MBA 早期三傑》，湖南大學出版社，2006 年 6 月。

81. 許章潤：《所戒者何——錢端升的憲政研究與人生歷程》，《法學家的智
慧：關於法律的知識品格與人文類型》，清華大學出版社，2004 年 6 月。

82. 薛理勇編著：《上海舊影：老學堂》，上海人民美術出版社，1999 年。

83. 薛毅：《國民政府資源委員會研究》，北京：社會科學文獻出版社，2005
年 4 月。

84. 薛毅：《王世杰傳》，武漢大學出版社，2010 年 9 月。

85. 嚴如平、鄭則民：《蔣介石傳稿》，北京：中華書局，1992 年 12 月。

86. 楊奎松：《國民黨的「聯共」與「反共」》，北京：社會科學文獻出版社，
2009 年 3 月。

87. 楊奎松：《失去的機會？抗戰前後國共談判實錄》（修訂版），新星出版社，
2010 年 6 月。

88. 楊仁敬編著：《海明威在中國》，廈門大學出版社，2006 年 5 月。

89. 楊天石：《海外訪史錄》，北京：社會科學文獻出版社，1998 年 9 月。

90. 楊天石：《尋找真實的蔣介石（Ⅱ）》，北京：華文出版社，2010 年 6 月。

91. 楊天石：《尋找真實的蔣介石（下）》，山西人民出版社，2008 年 5 月。

92. 楊旭日：《自由主義與中國政治——李強先生訪談錄》，賀照田主編：《人
文譯叢：東亞現代性的曲折與展開》，吉林人民出版社，2002 年 1 月。

93. 于其多、陳雨人主編：《海上舊聞：〈星期五檔案〉選粹》，上海辭書出版
社，2003 年。

94. 余少川：《中國機械工業的拓荒者王守競》，雲南大學出版社，2003 年 9

月。

95. 余英時：《文史傳統與文化重建》，北京：三聯書店，2004 年 11 月。

96. 余英時著、沈志佳編：《余英時文集》，第 6 卷，廣西師範大學出版社，
2006 年。

97. 袁明、〔美〕哈里・哈丁主編：《中美關係史上沉重的一頁》，北京大學出
版社，1989 年 3 月

98. 岳謙厚：《顧維鈞外交思想的研究》，北京：人民出版社，2001 年 12 月。

99. 張靜如等主編：《中國現代社會史》，上冊，湖南人民出版社，2004 年 12
月。

100. 張鳴：《北洋裂變軍閥與五四》，廣西師範大學出版社，2010 年 5 月。

101. 張鳴等編：《百年大對照：中國與世界》，第 2 卷，吉林攝影出版社，2000
年 1 月。

102. 張賢明：《論政治責任——民主理論的一個視角》，長春：吉林大學出版
社，2000 年 10 月。

103. 張忠棟：《胡適五論》，臺北：允晨文化事業股份有限公司，1990 年 8 月。

104. 張忠正：《孫逸仙博士與美國》，臺北：廣達文化實業有限公司，2004 年
7 月。

105. 張茲暑：《美國兩黨制發展史》，河北教育出版社，2003 年 2 月。

106. 趙佳楹編著：《中國現代外交史》，世界知識出版社，2005 年 5 月。

107. 趙曉陽：《基督教青年會在中國：本土和現代的探索》，社會科學文獻出
版社，2008 年 10 月。

108. 鄭大華、鄒小站主編：《中國近代史上的自由主義》，社會科學文獻出版，
2008 年 8 月。

109. 智效民：《胡適和他的朋友們》，雲南人民出版社，2004 年。

110. 中國社會科學院中日歷史研究中心編：《九一八事變與近代中日關係——
九一八事變 70 週年國際學術討論會論文集》，北京：社會科學文獻出版
社，2004 年 7 月。

111. 周保巍、李宏圖：《「政治哲學史」到「政治語言史」——約翰・波考克
和政治思想史研究》，陳明明主編：《共和國制度成長的政治基礎》，上海
人民出版社，2009 年 11 月。

112. 周偉：《各國立法機關委員會制度比較研究》，山東人民出版社，2005 年
7 月。

113. 資中筠：《追根溯源：戰後美國對華政策的緣起與發展，1945～1950》，
中國社會科學出版社，2007 年 3 月。

114. 鄒讜：《中國廿世紀政治與西方政治學》，《二十世紀中國政治》，香港：

牛津大學出版社，1994 年。

五、高等教育史料、研究

1. 《北大英烈》，第 3 輯，北京大學出版社，1997 年 3 月。

2. 《北京高等學校英烈（上）》，北京大學出版社，2005 年。

3. 《國立西南聯合大學史料》，第 2、3 卷，雲南教育出版社，1998 年 10 月。

4. 《國立西南聯合大學校史：1937 至 1946 年的北大、清華、南開》，北京大學出版社，2006 年 1 月。

5. 《南開大學校史》，天津：南開大學出版社，1989 年 10 月。

6. 《清華大學史料選編（1）》，清華大學出版社，1991 年 3 月。

7. 《中國共產黨北京市組織史資料：普通高等學校卷（1949～2010）》，中央文獻出版社，2011 年 6 月。

8. 方惠堅、張思敬主編：《清華志》，清華大學出版社，2001 年 4 月。

9. 金以林：《近代中國大學研究，1895～1949》，北京：中央文獻出版社，2000 年 2 月。

10. 劉雙平編：《漫話武大》，武漢大學出版社，1993 年 10 月。

11. 清華大學校史編寫組：《清華大學校史稿》，北京：中華書局，1981 年 2 月。

12. 清華大學校史研究室編：《清華大學九十年》，清華大學出版社，2001 年 4 月。

13. 清華大學校史研究室編：《清華人物志（3）》，清華大學出版社，1995 年 4 月。

14. 清華大學校史研究室編：《清華人物志（5）》，清華大學出版社，2003 年 4 月。

15. 蘇雲峰：《從清華學堂到清華大學，1911～1929》、北京：三聯書店，2001 年 4 月。

16. 蘇雲峰：《從清華學堂到清華大學，1928～1937》，北京：三聯書店，2001 年 8 月。

17. 眭依凡：《大學校長的教育理念理治校》，人民教育出版社，2001 年 11 月。

18. 孫宏雲：《中國現代政治學的展開：清華政治學系的早期發展（1926～1937）》，北京：三聯書店，2005 年 5 月。

19. 田正平、周谷平主編：《教育交流與教育現代化》，浙江大學出版社，2005 年 3 月。

20. 王學珍、郭建榮主編：《北京大學史料》，第二卷上，1912～1937，北京大學出版社，2000 年 12 月。

21. 王學珍等主編：《北京大學紀事（上、下）》，北京大學出版社，1998 年 4 月。

22. 聞黎明：《抗日戰爭與中國知識分子——西南聯合大學的抗戰軌迹》，北京：社會科學文獻出版社，2009 年 10 月。

23. 吳貽谷主編：《武漢大學校史，1893～1993》，武漢大學出版社，1993 年 10 月。

24. 伍效挺、范方蘊編：《北大英烈簡介》，北京大學黨史校史研究室，1993 年。

25. 西南聯大北京校友會編：《我心中的西南聯大：西南聯大建校 70 週年紀念文集》，清華大學出版社，2008 年 9 月。

26. 蕭超然、寧騷等編：《北京大學政治學與行政管理系史》，未刊稿，1997 年。

27. 蕭超然等編：《北京大學校史》（增訂本），北京大學出版社，1988 年 4 月。

28. 蕭超然主編：《巍巍上庠 百年星辰：名人與北大》，北京大學出版社，1998 年

29. 徐葆耕：《紫色清華》，民族出版社，2001 年 4 月。

30. 徐正榜、陳協強主編：《名人名師武漢大學演講錄》，武漢大學出版社，2003 年 11 月。

31. 許小青：《政局與學府：從東南大學到中央大學，(1919～1937)》，中國社會科學出版社，2009 年 9 月。

32. 張耀傑：《北大教授：政學兩界的人和事》，上海：文匯出版社，2008 年 8 月。

33. 鍾叔河、朱純編：《過去的大學》，長江文藝出版社，2005 年 12 月。

六、譯　著

1. 〔德〕卡爾・施米特著、馮克利、劉鋒譯：《政治的浪漫派》，上海世紀出版集團、上海人民出版社，2004 年 8 月。

2. 〔德〕里德夏・范迪爾門：《歐洲近代生活》，北京：東方出版社，2005 年 8 月。

3. 〔德〕施耐德著、關山、李貌華譯：《眞理與歷史：傅斯年、陳寅恪的史學思想與民族認同》，社會科學文獻出版社，2008 年 6 月。

4. 〔德〕韋伯著、錢永祥等譯：《政治作爲一種志業》，《學術與政治：韋伯

選集（I)》，廣西師範大學出版社，2004 年 5 月。

5. 〔德〕尤爾根・奧斯特哈梅爾著、朱章才譯：《中國革命：1925 年 5 月 30 日，上海》，臺北：麥田出版社，2000 年 1 月。

6. 〔法〕阿蘭・庫隆著、鄭文彬譯：《芝加哥學派》，北京：商務印書館，2000 年 9 月。

7. 〔芬蘭〕凱瑞・帕羅內著、李宏圖、胡傳勝譯：《昆廷・斯金納思想研究：歷史・政治・修辭》，華東師範大學出版社，2005 年 12 月。

8. 〔加〕A.布來頓等著、毛丹等譯：《理解民主——經濟的與政治的視角》，上海：學林出版社，2000 年 12 月。

9. 〔加〕保羅・埃文斯著、陳同等譯：《費正清看中國》，上海人民出版社，1995 年 1 月。

10. 〔美〕舍斐德（W. J. Shepherd）著、王造時、謝詒徵譯：《社會科學史綱》，第 8 冊（政治學），上海：商務印書館，1931 年 7 月。

11. 〔美〕J. W.・湯普森：《歷史著作史（下)》，第 3 分冊，商務印書館，1988 年 5 月。

12. 〔美〕阿瑟・N・楊格、陳冠庸等譯校：《中國的戰時財政和通貨膨脹，1937～1945》，廣東省社會科學院原世界經濟研究室，2008 年。

13. 〔美〕艾德華・薩依德著：單德興譯：《知識分子論》，臺北：麥田出版社，1998 年 2 月。

14. 〔美〕貝思・J・辛格著、王守昌等譯、王守昌校：《實用主義、權利和民主》，上海譯文出版社，2001 年 12 月。

15. 〔美〕費俠莉著、丁子霖等譯：《丁文江：科學與中國新文化》，北京：新星出版社，2006 年 1 月。

16. 〔美〕格特魯德・希梅爾法布著、余偉譯：《新舊歷史學》，新星出版社，2007 年。

17. 〔美〕古德諾著、白作霖譯：《比較行政法》，中國政法大學出版社，2006 年。

18. 〔美〕哈耶克著、鄧正來譯：《自由秩序原理》，北京：三聯書店，1997 年 12 月。

19. 〔美〕漢娜・阿倫特著、陳周旺譯：《論革命》，南京：譯林出版社，2007 年 3 月。

20. 〔美〕何思謙著、何學良，李疏松譯：《海國學志：留美華人科學家》，上海人民出版社，2007 年 10 月。

21. 〔美〕胡蘇珊著、王海良、金燕、胡禮忠、許立冰譯、金光耀校對：《中國的內戰：1945～1949 年的政治鬥爭》，中國青年出版社，1997 年 11 月。

22. 〔美〕卡恩著、陳亮譯:《中國通:美國一代外交官的悲劇》,四川:新華出版社,1980 年 8 月。

23. 〔美〕柯文著、林同奇譯:《在中國發現歷史:中國中心觀在美國的興起》,北京:中華書局,1997 年。

24. 〔美〕利奧·施特勞斯著、申彤譯:《關於馬基雅維里的思考》,南京:譯林出版社,2009 年 9 月。

25. 〔美〕劉易斯·科塞著、郭方等譯:《理念人:一項社會學的考察》,中央編譯社,2001 年 1 月。

26. 〔美〕羅伯特·達萊克著、陳啓迪等譯:《羅斯福與美國對外政策,1932～1945（上、下）》,北京:商務印書館,1984 年 1 月。

27. 〔美〕梅里亞姆著、朱曾汶譯:《美國政治學說史》,北京:商務印書館,1988 年 11 月。

28. 〔美〕米爾斯著、王逸舟譯,《權力菁英》,臺北:桂冠圖書股份有限公司,1994 年 8 月。

29. 〔美〕娜塔莉·澤蒙·戴維斯著、劉永華譯:《馬丁·蓋爾歸來》,北京大學出版社,2009 年 1 月。

30. 〔美〕歐內斯特·梅、小詹姆斯·湯姆遜編:《美中關係論》,中國社會科學出版社,1991 年 4 月。

31. 〔美〕塞繆爾·P·亨廷頓著、王冠華、劉為等譯,沈宗美校,《變化社會中的政治秩序》,北京:三聯書店,1996 年 4 月。

32. 〔美〕施特勞斯等著、何地譯:《論僭政:色諾芬〈希耶羅〉義疏》,華夏出版社,2006 年 1 月。

33. 〔美〕史黛西·比勒著、張艷譯、張猛校訂:《中國留美學生史》,北京:三聯書店,2010 年 6 月。

34. 〔美〕斯蒂芬·L·埃爾金斯、卡羅爾·愛德華·索烏坦編、周葉謙譯:《新憲政論:為美好的社會設計政治制》,北京:三聯書店,1997 年。

35. 〔美〕陶涵著、林添貴譯:《蔣介石與現代中國的奮鬥（上、下）》,臺北:時報文化,2010 年 3 月。

36. 〔美〕威爾遜著、熊希齡等譯:《國會政體:美國政治研究》,北京:商務印書館,1986 年 3 月。

37. 〔美〕文森特·奧斯特羅姆著、毛壽龍譯:《複合共和制的政治理論》,上海:三聯書店,1999 年 6 月。

38. 〔美〕小查爾斯·愛德華·梅里亞姆著、畢洪海譯:《盧梭以來的主權學說史》,法律出版社,2006 年 7 月。

39. 〔美〕伊多·奧倫著、唐小松、王義桅譯:《美國和美國的敵人:美國的對手與美國政治學的形成》,上海人民出版社,2004 年 8 月。

40. 〔美〕易勞逸著、陳謙平、陳紅民等譯，錢乘旦校：《流產的革命——1927
～1937 國民黨統治下的中國》，北京：中國青年出版社，1992 年 2 月。

41. 〔美〕易社強著、饒佳榮譯：《戰爭與革命中的西南聯大》，臺北：傳記
文學出版社，2010 年 4 月。

42. 〔挪威〕托布約爾·克努成著、余萬里、何宗強譯：《國際關係理論史導
論》，天津人民出版社，2004 年。

43. 〔挪威〕文安立：《冷戰與革命：蘇美衝突與中國內戰的起源》，廣西師
範大學出版社，2002 年 10 月。

44. 〔日〕古屋奎二撰、蔣介古秘錄翻譯組：《蔣介石秘錄》，湖南人民出版
社，1988 年。

45. 〔日〕日本歷史學研究會編、金鋒等譯：《太平洋戰爭史（1）》，北京：
新華書店，1959 年 11 月。

46. 〔日〕升味準之助著、董果良，郭洪茂譯：《日本政治史》，第 3 冊，北
京：商務印書館，1997 年。

47. 〔日〕田滿著、唐亦農譯：《早稻田與現代美國政治學》，上海復旦大學
出版社，2003 年 10 月。

48. 〔蘇〕И. С. 加爾金著、董進泉譯：《歐美近代現代史學史（上）》，安徽
教育出版社，1986 年 3 月。

49. 〔意〕安東尼奧·葛蘭西著、陳越譯：《現代君主論》，上海世紀出版集
團、上海人民出版社，2006 年 8 月。

50. 〔意〕馬基雅維里著、潘漢典譯：《君主論》，北京：商務印書館，1997
年 4 月。

51. 〔英〕C. L. 莫瓦特編、中國社會科學院世界歷史研究組譯：《新編劍橋
世界近代史》，第 12 卷，中國社會科學出版社，1999 年 1 月。

52. 〔英〕Steve Bruce 著、蔣虹譯：《社會學的意識》，鳳凰出版集團、譯林
出版社，2010 年 11 月。

53. 〔英〕阿諾德·湯因比主編：《國際事務概覽·第二次世界大戰（5）·美
國、英國和俄國：它們的合作和衝突，1941～1946 年》，上海譯文出版
社，2007 年 3 月。

54. 〔英〕安東尼·阿巴拉斯特：《西方自由主義的興衰》，吉林人民出版社，
2004 年 10 月。

55. 〔英〕彼得·伯克著、姚朋等譯：《歷史學與社會理論（第二版）》，上海
世紀集團，2010 年 1 月。

56. 〔英〕金斯利·馬丁著、奚博銓譯、馬清槐校：《拉斯基評傳》，北京：
商務印書館，1995 年 1 月。

57. 〔英〕昆廷·斯金納著、李宏圖譯：《自由主義之前的自由》，上海：三

聯書店，2003 年 10 月。

58. 〔英〕昆廷・斯金納著、奚瑞森、亞方譯：《近代政治思想的基礎》，北京：商務印書館，2002 年。

59. 〔英〕理查德・艾文斯著、張仲民，潘瑋琳，章可譯：《捍衛歷史》，廣西師範大學出版社，2009 年 2 月。

60. 〔英〕羅威爾著、秋水譯：《英國政府：中央政府之部》，上海人民出版社，1959 年 8 月。

61. 〔英〕邁克爾・歐克肖特著、張汝倫譯：《政治中的理性主義》，上海譯文出版社，2004 年 6 月。

62. 〔英〕邁克爾・懷特著、周春生譯：《馬基雅維里——一個被誤解的人》，東北師範大學出版社，2008 年 12 月。

63. 〔英〕詹姆斯・布賴斯著、張慰慈等譯：《現代民治政體（上、下）》，吉林人民出版社，2003 年 1 月。

七、期刊、學位論文

（一）期　刊

1. 〔美〕查爾斯・R・里利著、張新譯：《蔣廷黻：局內的局外人？》，《檔案與史學》，1999 年第 3 期。

2. 〔日〕吉見義明著、步平譯：《日本軍隊的毒氣戰與美國——美國國家檔案館資料調查》，《抗日戰爭研究》，2004 年第 1 期。

3. 敖光旭：《國家主義與「聯俄與仇俄」之爭——五卅運動中北方知識界對俄態度之解析（上、下）》，《社會科學研究》，2007 年第 6 期、2008 年第 1 期。

4. 陳剩勇、李力東：《20 世紀 50 年代以來的西方比較政治學發展述評》，《政治學研究》，2008 年第 6 期。

5. 鄧麗蘭：《民國憲政史上追求「直接民主」的嘗試及論爭——從「國民大會」觀民國政制的演變》，《中國現代史（複印報刊資料）》，2004 年第 6 期。

6. 丁兆東：《太平洋戰爭爆發後的中英關係——以英國議會訪華團爲中心所作的考察》，《理論界》，2007 年第 6 期。

7. 丁兆東：《中國訪英團成員的選定》，《歷史教學（高校版）》，2007 年第 8 期

8. 丁兆東：《中國訪英團述評》，《抗日戰爭研究》，2008 年第 1 期。

9. 馮舒拉：《〈泛美 14 號國際航空郵路〉郵集》，《集郵博覽》，2010 年第 2 期。

10. 關國煊：《錢端升》（民國名人小傳），《傳記文學》，1992 年 1 月第 1 期。

11. 韓雯：《保存在國外檔案館的有關浙江細菌戰的幾則史料》，《浙江檔案》，2005 年第 9 期。

12. 胡偉希、田薇：《20 世紀中國自由主義的基本類型》，《中國人民大學學報》，2003 年第 5 期。

13. 胡偉希：《中國近代自由主義的基本悖論評述》，《南京社會科學》，1991 年第 4 期。

14. 黃見秋、江長仁：《只有社會主義才能救中國──關於 1920～1921 年的「社會主義論戰」》，《華南師院學報（社會科學版）》，1981 年第 3 期。

15. 梁琴：《差了一年》，《讀書》，1984 第 11 期。

16. 劉劍君、劉京希：《錢端升與中國政治學的發展》，《文史哲》，1998 年第 3 期。

17. 劉南燕：《陳啟修──第一位翻譯〈資本論〉的中國學者（上）》，《前進論壇》，2003 年第 9 期。

18. 馬光裕：《陳翰笙談〈現代評論〉周刊》，《中國現代文學研究叢刊》，1990 年第 2 期。

19. 馬光裕：《錢端升談〈現代評論〉周刊》，《中國現代文學研究叢刊》，1990 年第 2 期。

20. 莫紀宏、李岩：《比較憲法學研究方向舉隅》，《社科參考報》，1991 年 8 月。

21. 歐陽哲生：《中國近代文化流派之比較》，《中州學刊》，1991 年第 6 期。

22. 潘惠祥：《錢端升的美國政治學背景析論》，《中國政法大學學報》，2009 年第 5 期。

23. 潘惠祥：《三十年代的憲政運動──以〈獨立評論〉的探討為中心》，《燕園史學》，第 17 輯，2009 年 12 月。

24. 潘惠祥：《三十年代的憲政運動──以〈獨立評論〉的憲草探討為中心》，香港浸會大學歷史學系《歷史與文化》，第 4 卷，2009 年 1 月。

25. 潘惠祥：《一位真誠的愛國者──丁文江的政治思想、主張與他的時代》，香港浸會大學《歷史與文化》，第 5 卷，2009 年 5 月。

26. 彭敦文：《鄧演達〈南京欽定的國民會議和我們所要求的國民會議〉一文寫作時間訂正》，《江漢論壇》，1996 年第 6 期。

27. 沈志華：《斯大林的聯合政府政策及其結局（1944～1947）（上、下）》，《俄羅斯研究》，2007 年第 5、6 期。

28. 史建霞：《救國豈能瞻前顧後──記不畏艱險許身教育的著名教授高仁山烈士》，《北京黨史》，1994 年第 2 期。

29. 孫宏雲：《浦薛鳳「政治五因素」論的形成與展開——兼論其在中國現代政治學史上的意義》，《中山大學學報（社會科學版）》，2004 第 4 期。

30. 孫宏雲：《小野冢喜平次與中國現代政治學的形成》，《歷史研究》，2009 年第 4 期。

31. 汪子嵩：《政治學家的天眞》，《讀書》，1994 年第 6 期。

32. 王汎森：《中國近代思想文化史研究的若干思考》，《新史學》，第 14 卷第 4 期，2003 年 12 月。

33. 王明生：《羅素的兩大命題與 20 世紀初社會主義論戰的再審視》，《江蘇社會科學》，2010 年第 2 期。

34. 王奇生：《戰時大學校園中的國民黨：以西南聯大爲中心》，《歷史研究》，2006 年第 4 期。

35. 王晴佳：《學潮與教授：抗戰前後政治與學術互動的一個考察》，《歷史研究》，2005 年第 4 期。

36. 王衛星：《論國防設計委員會》，《學海》，2004 年第 6 期。

37. 聞黎明：《論抗日戰爭時期教授群體轉變的幾個因素——以國立西南聯合大學爲例的個案研究》，《近代史研究》，1994 年第 5 期。

38. 聞黎明：《論一二・一運動中的大學教授與聯大教授會——中國 40 年代的自由主義考察之一》，《近代史研究》，1992 年第 4 期。

39. 聞黎明：《西南聯大教授的去李宗黃鬥爭》，《百年潮》，2005 年第 5 期。

40. 謝冬慧：《錢端升法學思想述要》，《法學評論》，2011 年第 5 期。

41. 熊繼寧：《錢端升及其〈比較憲法〉》，《比較法研究》，2008 年第 2 期。

42. 徐有威：《從 20 年代〈東方雜誌〉和〈國聞周報〉看中國知識界對法西斯主義的評析》，《黨史研究與教學》，1997 年第 4 期，總第 136 期。

43. 許冠亭：《「五四」前後國民外交協會活動述論》，《江海學刊》，2007 年第 4 期。

44. 薛恒：《民初內閣制與宋教仁的政治理念》，《民國檔案》，2003 年第 4 期。

45. 閭潤魚：《民主、獨裁抑或「修正的民主政治」——關於近代中國宜於採取何種政體的爭論研究》，《中國現代史（複印報刊資料）》，2003 年第 3 期。

46. 嚴懷儒、高軍：《中國共產黨創立時期「關於社會主義的討論」》，《科學社會主義》，1981 年第 8 期。

47. 楊奎松：《國民黨人在處置昆明學潮問題上的分歧》，《近代史研究》，2004 年第 5 期。

48. 印少雲：《近代史上的「國民外交」》，《甘肅社會科學》，2003 年第 3 期。

49. 于化民：《「一二・一」運動中的西南聯大教授會與教授們》，《史學月刊》，

2008 年第 5 期。

50. 俞祖華、趙慧峰：《近代中國自由主義的類型及演變格局》，《煙臺大學學報（哲學社會科學版）》，2009 年第 3 期。

51. 張桂琳：《中國現代政治學的奠基人——錢端升》，《政治學》，2000 年第 5 期。亦見《光明日報》，2000 年 7 月 18 日。

52. 張豔玲：《赫伯特‧B‧亞當斯與美國專業史學》，《北大史學（13）》，2008 年 8 月。

53. 張執中：《從哲學方法到歷史方法：約翰‧波科克談如何研究政治思想史》，《世界歷史》，1990 年第 6 期。

54. 鄭大華、賈小葉：《中國近代思想史研究現狀與發展趨勢》，《社會科學管理與評論》，2004 年第 3 期。

55. 鄭世平：《美國比較政治學的發展》，復旦大學美國研究中心國際政治系編：《美國研究》，1986 年。

56. 周石峰：《「時代錯誤」抑或「國民先導」：五卅運動時期的馬寅初》，《江南大學學報（人文社會科學版）》，2009 第 2 期。

57. 左雙文：《「九一八」事變後的〈國民外交雜誌〉》，《史學月刊》，2007 年第 3 期。

（二）學位論文

1. 常希葆：《議會委員會制度研究》，北京大學法學院碩士論文，1998 年 6 月。

2. 陳友良：《〈太平洋〉雜誌（1917～1925 年）研究：以社會政治思想爲中心》，北京大學歷史學系博士論文，2006 年。

3. 范亞玲：《追夢的旅程——錢端升生平與思想研究》，華東師範大學人文學院歷史學系碩士論文，2007 年 5 月。

4. 戈洪偉：《音容宛在——張奚若的生平與思想》，華東師範大學歷史學碩士論文，2007 年。

5. 郭達祥：《抗戰前後錢端升政治思想與活動研究》，雲南師範大學碩士論文，2007 年 5 月。

6. 姜業清：《議會委員會制度比較研究》，北京大學法學院博士論文，2001 年 5 月。

7. 李來容：《院士制度與民國學術：1948 年院士制度的確立與運作》，南開大學歷史學院博士論文，2010 年 5 月。

8. 潘惠祥：《1930 年代憲政問題初探——以〈獨立評論〉的憲政討論爲中心》，北京大學歷史學系碩士論文，2004 年 12 月。

9. 陶鶴山：《試論三十年代法西斯主義思潮對中國現代政治之影響》，北京

大學政治學與行政管理學院碩士論文，1990 年。

10. 王興波：《學術與政治——以錢端升爲個案研究（1920～1949）》，華中師範大學碩士論文，2006 年 5 月。

11. 張太原：《〈獨立評論〉與 20 世紀 30 年代的教育變革》，中山大學博士學位論文，2004 年。

八、英文著作

（一）專　著

1. Bryce James, *Modern Democracies,* Vol. Ⅰ & Ⅱ, The MacMillan & Co., 1921.

2. Carl Schmitt, translated by Ellen Kennedy, *The Crisis Of Parliamentary Democracy*, Cambridge, Mass., and London, The MIT Press, 2000.

3. Farr James and Seidelman Raymond eds., *Discipline and History: Political Science in the United States*, Ann Arbor: University of Michigan Press, 1993.

4. Freeman, Edward A., *Comparative Politics with Unity of History*, Macmillan & Co., Ltd., 1896.

5. Freeman, Edward A., *The Ottoman Power in Europe, Its Nature, Its Growth, and Its Decline*, London：Macmillan & Co., 1877

6. Henry Aaron Yeomans, *Abbott Lawrence Lowell*, Cambridge, Mass., Harvard University Press, 1948.

7. Holcombe Arthur N., *The Chinese Revolution：A Phase in the Regeneration of a World Power*, Cambridge, Mass.: Harvard University Press, 1930.

8. Holcombe Arthur N., *The New Party Politics*, New York: W. W. Norton Co., 1933.

9. Holcombe Arthur N., *The Political Parties of Today*, New York: Harper and Brothers, 1924.

10. Holcombe, Arthur N., *The Spirit of the Chinese Revolution*, New York: Alfred. A. Knopf, 1930.

11. Lowell, A. Lawrence, *Essays on Government*, Boston and New York: Houghton, Mifflin and Co., 1889.

12. Lowell, A. Lawrence, *Governments and Parties in Continental Europe*, Vol. 1 & 2, Harvard University Press, 1896.

13. Seeley, J. Robert Sir, *The Growth of British Policy*, edited by G. W. Prothero with memoirs, Vol. 1, Cambridge University Press, 1895.

14. Seeley, J. Robert Sir, *Introduction to Political Science: Two Series of Lectures,* London: Macmillan & Co., 1896.

15. Stephens, W. R. W., *The Life and Letters of Edward A. Freeman*, London：

Macmillan & Co., 1895.

16. *The Harvard University Register*, 1921-1922, Vol. XLVII, Student Council of Harvard College, 1921.

17. Wilson Woodrow, *The State: Elements of Historical and Practical Politics, A Sketch of Institutional History and Administration*, Boston: D. C. Heath & Co., Publishers, 1890.

（二）期　刊

1. Benj. H. Williams, *The Protection of American Citizens in China: Extraterritoriality*, The American Journal of International Law, Vol. 16, No. 1 （Jan., 1922）

2. Earl H. Pritchard, *Far Eastern Bibliography 1943*, Far Eastern Quarterly, February 1944 .

3. Harry Elmer Barnes, *The Foundations of the Modern Commonwealth by Arthur N. Holcombe,* Journal of Social Forces, Vol. 2, No. 2, Jan., 1924.

4. Herbert B. Adams, *Is History Past Politics?* Johns Hopkins University Studies in Historical and Political Science, Ser. 13, no. 4., 1895.

5. Kenneth Colgrove, *Comparative Government, Reports on Round Table Conference Held in connection with Annual Meeting of the American Political Science Association*, New York, December 28-30, 1925, The American Political Science Review, Vol. 20, No. 2 （May, 1926）.

6. Lowell, A. Lawrence, *The Present Crisis in Democracy*, Foreign Affairs, Vol. 12, No. 2, Jan., 1934, pp. 183-192.

7. *Officers of the American Political Science Association for the Year 1908*, Proceedings of the American Political Science Association, Vol. 4, Fourth Annual Meeting （1907）.

8. *Officers of the American Political Science Association for the Year 1905-1914*, Proceedings of the American Political Science Association, Vol. 1-10, Annual Meeting 1905-1914.

九、報刊、網絡文章

1. 《陳寅恪是否獲得過學位》，《文匯讀書周報》，2001 年 3 月 17 日。

2. 《何茲全訪談：我一輩子沒離開政治》，《南方都市報》，2010 年 2 月 21 日。

3. 陳東：《楊天石看清蔣介石》，《南方人物周刊》，第 20 期，2006 年 8 月 11 日。

4. 陳夏紅：《錢端升：「我大大地錯了」》，香港中文大學《二十一世紀》，2006 年總第 46 期。

5. 侯傑、姜海龍：《歷史回眸〈益世報〉九十載》，《天津日報》，2004 年 7

月 10 日。

6. 賈葭：《處理黨產期限將至　國民黨：有錢是個大問題》，《南方周末》，2010 年 6 月 2 日。

7. 田建明：《泰勒：第一位對文化概念進行人類學定義的學者》，2009 年國際人類學與民族學聯合會第十六屆大會。

8. 聞黎明：《「一二・一運動」中的傅斯年——與李森先生〈傅斯年與「一二・一」〉一文的商榷》，中國社科院近代史研究所網頁。

9. 許紀霖：《現代中國的自由主義傳統》，香港中文大學《二十一世紀》，1997 年 8 月號。

十、工具書

1. 〔美〕Dwight Waldo 著、劉聿新譯：《政治學的發展：傳統、學科、專業、科學、事業》，《政治科學大全》，第 1 卷，政治學：範圍與理論，臺北：幼獅文化事業公司，1982 年。

2. 〔美〕羅伯特・古丁、漢斯—迪特爾・克林格曼主編：《政治科學新手冊》，北京：三聯書店，2006 年 5 月。

3. 〔美〕馬祖聖編著：《歷年出國、回國科技人員資料索引，1840～1949》，北京：社會科學文獻出版社，2007 年。

4. 《金華市教育志》編纂委員會編：《金華市教育志》，浙江人民出版社，2009 年 3 月。

5. 《社會科學人物辭典》，上海辭書出版社，1986 年 12 月。

6. 鄧正來主編：《布萊克維爾政治學百科全書》，北京：中國政法大學出版社，1992 年。

7. 丁守和主編：《辛亥革命時期期刊介紹（4）》，北京：人民出版社，1986 年。

8. 杜元載主編：《革命人物誌》，第 10 集，臺北：中央文物供應社，1972 年 2 月。

9. 郭廷以編：《中華民國史事日誌》，第 3 冊，臺北：中研院近代史研究所，1984 年 6 月。

10. 韓信夫、姜克夫主編：《中華民國大事記》，第 3 冊，北京：中國文史出版社，1997 年 2 月

11. 賈逸君編：《民國名人傳》，嶽麓書社，1993 年 3 月。

12. 李振民、張守憲主編：《陝西近現代名人錄（續集）》，西北大學出版社，1991 年 8 月。

13. 劉國銘主編：《中華民國國民政府軍政職官人物志》，北京：春秋出版社，

1989 年 3 月。

14. 劉壽林等編：《民國職官年表》，北京：中華書局，1995 年。

15. 上海復旦大學圖書館編：《復旦大學圖書館古籍簡目初稿》，第 5 冊子部，1956 年。

16. 施延鏞編：《中國叢書綜錄續編》，北京圖書館出版社，2003 年。

17. 王鐵崖主編：《國際條約集》（1945～1947），世界知識出版社，1959 年 2 月。

18. 徐友春主編、王卓豐等編撰：《民國人物大辭典》，河北人民出版社，1991 年 5 月。

19. 張憲文、方慶秋等主編：《中華民國史大辭典》，江蘇古籍出版，2001 年 8 月。

20. 中共北京市委黨史研究室編：《中共北京黨史人物傳》，第 2 卷，中共黨史出版社，1994 年 12 月。

21. 中共中央宣傳部圖書資料室編：《關於資產階級社會學、政治學、法學、經濟學資料索引》，1958 年 5 月。

22. 中國社會科學院情報研究所楊承芳主編、王興權等編：《當代國外社會科學手冊》，江蘇人民出版社，1985 年 4 月。

23. 中國社科院近代史研究所、中華民國史研究室編：《中華民國史資料叢稿譯稿‧民國人物傳記辭典》，第 4、22 分冊，中華書局，1987 年。

24. 中科院臺灣所編：《中國國民黨全書》，下冊，陝西人民出版社，2001 年 4 月。

25. 朱傑勤、黃邦和主編：《中外關係史辭典》，湖北人民出版社，1992 年。

後　記

　　放在自己面前的是六年來沉甸甸的學習成果。在這份成果當中，有喜亦有淚、有苦亦有樂。至於哪個更多，恐怕一言難盡。

　　古語有云：「畫虎畫皮難畫骨」。研究「思想史」，應當說，比「畫骨」更縹緲。研究錢端升的得益之一是他的治學方法和治學精神。他所採用的歷史比較法，與當代的英國劍橋學派，有不少暗合之處。不僅十分注重歷史背景，再三勾畫，且關注不同作品之間的文脈和思想關聯。相較錢端升所展示的治學方法，本文所刻畫的錢端升，充其量只是「畫骨」而已，其宏偉的精神風貌，仍有待將來深耕。

　　儘管下面說法，有臉譜化之嫌。就我看來，錢端升是一個思想十分簡單又很複雜的人。說其思想簡單，指的是他的思想渾厚純樸。說其思想複雜，是他的思想反映了上個世紀20～40年代中國的困境。有時候聽流行歌曲，偶而會聯想，錢端升的命運是否也是如此：「為什麼最真的心碰不到最好的政府」。這或許是他一生之悲劇所在。論文本有涉獵49年後的錢端升，後因各種原因，只得放棄。

　　要感謝的人很多。

　　此論文的完成，首先必須感謝的是父母親的支持。對於年事已高的父母來說，兒子長期在外總是一種牽掛。父母教育程度雖不高，但對於兒子的選擇，一直支持無間。父親的叮嚀：只要生活健康快樂，其他得失不必計較，一直是我人生的座右銘。遺憾的是，父親在11年出家為僧。父親天生善良，嚮往自由，熱愛大自然。他一生困苦，從來沒有好好享受過生活。樹欲靜而風不止，這是一個永不可彌補的遺憾，養育之恩，只能來生再報。

感謝導師歐陽老師不棄，讓我從遙遠的南方來到中國最高學府就讀。對於老師在學習上的指導和生活上的照顧，無以爲報，只能銘感五內。老師不但溫文爾雅，讓人如沐春風，而且爲人處事，頗有胡適先生的容忍雅量。惜生性魯鈍，對於老師言行身教，只能高山仰止，愧對教澤。

特別感謝錢端升先生長子錢大都老師惠允閱讀錢端升遺稿、惠贈複印件及拍攝大部分遺稿和接受口述訪問。其中特別感謝提供《錢端升留美日記》，使論文倍添生色。以及協助查閱北京大學校史館錢端升檔案。

特別感謝美國田納西州大學圖書館免費提供錢端升與美國前參議員、田納西州管理局局長波普之間信函十一通；美國芝加哥紐伯利圖書館免費提供錢端升致《芝加哥日報》駐外通訊處主管賓德信函一通。

特別感謝北大政府管理學院圖書館陳佳俊、楊小立老師提供方便，查閱所有錢端升捐書。

特別感謝北京大學張友仁老先生饋贈書籍、部分周炳琳史料和接受筆者的口述訪問。

再次感謝香港嶺南大學本科論文導師陳晢博老師，還有黃耀宗老師。他們不但撰寫了讀博推薦信，還給予就業意見。還有盧傑雄老師，感謝協助代借書籍。特別感謝復旦大學博士區兄永超提供就業協助。

感謝北大歷史學系各位老師們，不論在課業，還是論文開題和預答辯過程中，用心的解答和細心的評價和建議。他們包括：房德鄰、郭衛東、劉一皐、茅海建、牛大勇、尚小明、王曉秋、徐勇、楊奎松、臧運祜。感謝匿名評審老師們的寶貴意見。感謝正式答辯會的老師們：王曉秋、徐勇、臧運祜老師、清華大學蔡樂蘇教授、社科院近代史所聞黎明研究員。特別感謝聞老師，不僅抱恙出席，還饋贈他辛苦從臺灣手抄回來的錢端升史料。

感謝歐陽老師、王耀宗老師、區兄永超、南開大學鄧麗蘭老師、黃麗安學姐、劉慧娟學妹、陳巍、鄧偉權同學、東方出版社馮文丹同學、《中國政法大學學報》編輯陳夏紅先生、群言出版社陳丹丹老師等惠贈各種書籍。感謝教育學系周詳同學和王蕊學妹在留美期間，代爲複印錢端升的博士論文和部分書信、感謝王蕊學妹贈書和贈送錢端升部分信件。感謝謝慧學姐和聞黎明老師提供錢端升在《雲南日報》、《益世報》、《朝報》等報刊上發表的文章。特別感謝澳門大學教育學院鄭潤培老師，將我的兩篇文章錄在其主編的《新亞論叢》上。感謝香港浸會大學歷史學系范永聰老師，容許我的兩篇長文刊

登在浸大《歷史與文化》季刊上。感謝陶希聖三子陶恒生先生贈閱《陶希聖先生年表（1899～1988)》，感謝范泓先生居中代爲聯繫。感謝郭衛東、楊琥老師協助查閱北大校史館錢端升檔案。

感謝黃麗安學姐提供《朱家驊檔案》部分複印件。感謝孫成旭、高誼學弟提供了大量電子史料和書籍。感謝成旭學弟提供各種不同電子資源和使用方法；感謝高誼學弟在臺灣代爲購買書籍、複印材料。感謝月峰同學提供《清華週刊》閱覽途徑。如果沒有他指引，錢端升與清華「教授治校」一節不會是目前模樣。感謝中國人民大學圖書館提供方便，查閱天津《益世報》。感謝哈佛大學圖書館老師們不嫌麻煩地對筆者郵件所作的詳盡答覆。感謝黃麗安學姐閱讀部分章節，並提供寶貴意見。感謝歷史學系教務衛茗、賈彥敏和系圖的老師們。感謝蔡萌同學、王蕊學妹將論文中的引文轉成楷體，使論文更易閱讀和美觀。感謝秘書劉會文學弟的鼎力協助。

感謝小學同學黃堅、林銘、袁熾明、陳嘉燕、黃春化；本科同學方銳洪、杜春風、盧福民、梁曉光，自認識以來，從不間斷的包容、支持和關愛，尤其是室友方銳洪和黃麗安學姐，在最需要的時候，提供經濟借貸，解除燃眉之急。

感謝同門謝慧、黃麗安、馮夏根、胡少誠、張靜、王蕊、趙倩、劉慧娟、劉召興、孫成旭、高誼、劉會文、賴志偉、曾小順各種生活和學習上的照顧，特別感謝謝慧學姐在學業上和馮夏根學長在就業上提供意見。謝慧學姐在北大十年，不僅爲人處事低調幽默，且對學術十分專致執著。由於我們研究題目相近，交流頗多，還記得曾一起拜訪錢大都和張友仁兩先生。遺憾的是，在 09 年在社科院近代史所完成西南聯大研究博士後報告後，不幸因病去世。不論對同門還是對學界來說，是一個永不可補的缺失。

感謝 06 博班同學各種在生活和學習上的照顧。特別感謝陳巍和黃維，他們是我在北大認識的最好朋友，在宿舍限電的日子裏，一起別開生面用電飯鍋吃火鍋，那是讀博生涯中最快樂和難忘的時光。感謝 32 樓的兄弟們，尤特別感謝賀大興和程令國，一起打牌和吃飯的日子，將永遠懷念。

最後，特別感謝室友雷博，不僅人如其名，知識淵博，且爲人敦厚寬容。與之交談，每每獲益良多。感謝他撥冗校閱了論文部分章節，更感謝他將書籍搬移新居後，騰出的半邊空間，也給我的書籍堆滿了。原本延期半年，結

果變成二年，實在非常抱歉和愧疚之至。

再次感謝上述師友和各學術單位的支持！

潘惠祥謹記

北大 32 樓 332 室

2012 年 6 月 10 日

2014 年 12 月 3 日再訂